Diercke Spezial

Russland
und die asiatischen Nachfolgestaaten der Sowjetunion

Autoren:
Ursula Brinkmann-Brock
Klaus Claaßen
Thilo Girndt
Frank Morgeneyer
Rainer Starke

unter Mitwirkung der Verlagsredaktion

westermann

Zusatzaufgaben

(Z) Die Aufgaben festigen das vorhandene Wissen und können zusätzlich zu den anderen Aufgaben bearbeitet werden.

Titelbild: Moskau (istockphoto.com Calgary: Mordolff)

westermann GRUPPE

© 2021 Westermann Bildungsmedien Verlag GmbH, Georg-Westermann-Allee 66, 38104 Braunschweig
www.westermann.de

Das Werk und seine Teile sind urheberrechtlich geschützt. Jede Nutzung in anderen als den gesetzlich zugelassenen bzw. vertraglich zugestandenen Fällen bedarf der vorherigen schriftlichen Einwilligung des Verlages. Nähere Informationen zur vertraglich gestatteten Anzahl von Kopien finden Sie auf www.schulbuchkopie.de.

Für Verweise (Links) auf Internet-Adressen gilt folgender Haftungshinweis: Trotz sorgfältiger inhaltlicher Kontrolle wird die Haftung für die Inhalte der externen Seiten ausgeschlossen. Für den Inhalt dieser externen Seiten sind ausschließlich deren Betreiber verantwortlich. Sollten Sie daher auf kostenpflichtige, illegale oder anstößige Inhalte treffen, so bedauern wir dies ausdrücklich und bitten Sie, uns umgehend per E-Mail davon in Kenntnis zu setzen, damit beim Nachdruck der Verweis gelöscht wird.

Druck A[1] / Jahr 2021
Alle Drucke der Serie A sind im Unterricht parallel verwendbar.

Redaktion: Thilo Girndt
Druck und Bindung: Westermann Druck GmbH, Georg-Westermann-Allee 66, 38104 Braunschweig

ISBN 978-3-14-**115656**-0

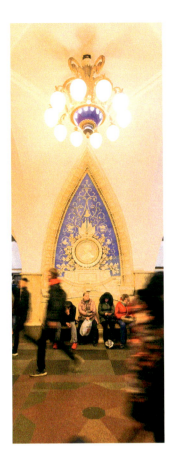

Inhaltsverzeichnis

1 ÜBERBLICK UND NATURRAUM	5
1.1 Von Sankt Petersburg nach Wladiwostok	6
1.2 Russland – ein Land auf zwei Kontinenten	8
1.3 Werden, Zerfall und Wiedererstarken einer Weltmacht	10
1.4 Die asiatischen Nachfolgestaaten der Sowjetunion	12
1.5 Geologie, Klima, Vegetation	14
1.6 Naturräumliche Grenzen für die agrarische Nutzung	16
1.7 Klimawandel im hohen Norden	18
1.8 Permafrost und Klimawandel	20
1.9 Leben mit dem (tauenden) Permafrost	22
1.10 Eisschmelze in der Arktis – wird das Nordpolarmeer schiffbar	24
Zusammenfassung, weiterführende Literatur/Internetlinks	26

2 BEVÖLKERUNG UND STADT	27
2.1 Viermal Russland: räumliche Disparitäten	28
2.2 Natürliche Bevölkerungsentwicklung	30
2.3 Soziale Disparitäten	32
2.4 „Die Rolle rückwärts" – Binnenmigration in Russland	34
2.5 Internationale Migration – Brain Drain durch Auswanderung	36
2.6 Arbeitsmigranten aus Zentralasien	38
2.7 Ethnische Minderheiten in Russland	40
2.8 Transformation im städtischen Raum	42
2.9 Herausforderungen für die Megastadt Moskau	44
2.10 Russlands Städte – Wachstum und Schrumpfung	46
2.11 Nur-Sultan – Planhauptstadt Kasachstan	48
Zusammenfassung, weiterführende Literatur/Internetlinks	50

3 ROHSTOFFE UND NACHHALTIGKEIT	51
3.1 Bodenschätze und deren nachhaltige Nutzung	52
3.2 Arktis – Rohstoffe ohne Ende?	54
3.3 Die Abhängigkeit vom schwarzen Gold	56
3.4 Jamal: Koexistenz von Nenzen und Erdgasindustrie?	58
3.5 Kohle – ein nachhaltiger Energierohstoff?	60
3.6 Norilsk – Bergbaustadt am Polarkreis	62
3.7 Auf dem Weg zur nachhaltigen Forstwirtschaft?	64
3.8 Nachhaltige Energiegewinnung aus Wasserkraft?	66
3.9 Kasachstan – Zukunft mit Rohstoffen?	68
Zusammenfassung, weiterführende Literatur/Internetlinks	70

4 WIRTSCHAFT UND TRANSFORMATION	71
4.1 Von zentraler Plan- zur Marktwirtschaft	72
4.2 Transformation der landwirtschaftlichen Besitzstrukturen	74
4.3 Entwicklungsperspektiven der russischen Landwirtschaft	76
4.4 Verarbeitendes Gewerbe – der vernachlässigte Sektor	78
4.5 Russland – ein Staat mit Spitzentechnologie?	80
4.6 Tourismus – eine Entwicklungschance für Kirgisistan?	82
4.7 Wirtschaftsräumliche Verflechtungen mit der EU	84
4.8 Wirtschaftsräumliche Verflechtungen der Nachfolgestaaten	86
4.9 Wirtschaftsräumliche Verflechtungen mit China	88
4.10 Klausurtraining „Nomadische Weidewirtschaft in Kirgisistan – ein zukunftsfähiger Wirtschaftszweig?"	90
Zusammenfassung, weiterführende Literatur/Internetlinks	92

ANHANG	93

Russland oder besser die Russische Föderation oder genauer die Russländische Föderation ist ein großes Land, das größte Land der Erde. Und das, obwohl ihm nach dem Zusammenbruch der Sowjetunion (UdSSR, Union der Sozialistischen Sowjetrepubliken) 1991 einige dieser Sowjetrepubliken „verloren gingen", knapp 24 Prozent seines Territoriums. Kerngebiet der UdSSR war schon zuvor die Russische Sozialistische Föderative Sowjetrepublik, aus der Russland wurde – offizieller Nachfolgestaat mit Sitz im UN-Sicherheitsrat und im Besitz aller sowjetischer Atomraketen.

Die übrigen Sowjetrepubliken wurden souveräne Staaten. Im Baltikum Estland, Lettland und Litauen, in Osteuropa Belarus (Weißrussland), Moldau und die Ukraine. Die sogenannten asiatischen Nachfolgestaaten liegen im Kaukasus (Armenien, Aserbaidschan und Georgien) und in Zentralasien (Kasachstan, Kirgisistan, Tadschikistan, Turkmenistan und Usbekistan).

Inwieweit nun der größte Nachfolgestaat europäisch oder asiatisch ist, darüber kann man trefflich streiten. Geographisch ist Russland beides, wobei allerdings die genaue Grenze zwischen Europa und Asien ebenfalls ein jahrhundertealter Streitpunkt ist. Eine klare geographische Grenzlinie gibt es nicht, sodass in Europadefinitionen immer auch historische, kulturelle, politische, wirtschaftliche, rechtliche und ideelle Aspekte mit einfließen. Meist werden das Uralgebirge und der Uralfluss als Grenze der beiden Kontinente angelegt, was bedeutet, dass nur knapp ein Viertel Russlands in

Europa liegen. Allerdings leben umgekehrt nur etwa 18 Prozent der russischen Bevölkerung in den Weiten Sibiriens jenseits des Urals. In der Geschichte gab es Phasen, in denen sich Russland stark Europa zuwandte, aber immer auch Perioden, in denen es sich abgrenzte oder gegen europäische Aggressoren wehren musste. Große russische Künstler von Dostojewski über Strawinsky zu Kandinsky werden allgemein der europäischen Kunst zugeordnet. Die meisten internationalen Organisationen zählen Russland ebenfalls bei den europäischen Staaten mit.

Auch wenn es weiterhin enge wirtschaftliche Verflechtungen gibt, ist es politisch gerade in den letzten Jahren zu einer Entfremdung zwischen Russland und Europa gekommen. Nato-Erweiterung nach Osteuropa, Annexion der Krim und Krieg in der Ukraine und Wirtschaftssanktionen sind nur einige der Krisenpunkte. Kein Wunder also, wenn sich Russland in den letzten Jahren immer mehr der asiatischen Großmacht China zuwendet.

Und was denken die Menschen? In einer Umfrage von 2016 sind 51 Prozent der Russen (und übrigens auch 50 Prozent der Deutschen) der Ansicht, Russland gehöre nicht zu Europa, Tendenz steigend. Dabei spielt weniger die geographische Lage eine Rolle, als vielmehr, dass man nicht dieselben Werte habe und kaum kulturelle Gemeinsamkeiten. Der Wunsch nach einer Annäherung in der Zukunft haben aber – laut der Umfrage – Russen wie Deutsche.

Gliederung des Bandes

Der vorliegende Themenband stellt Russland in den Mittelpunkt der Betrachtungen. In allen Kapiteln wird aber auch auf einzelne asiatische Nachfolgestaaten der Sowjetunion exemplarisch eingegangen. Auf diese Weise entsteht ein differenziertes Gesamtbild des Großraums.

- Im ersten Kapitel werden die Dimensionen und die Geschichte Russlands betrachtet und die asiatischen Nachfolgestaaten der Sowjetunion vorgestellt. Ausgehend von einer kurzen Analyse des Naturraums werden seine Beschränkungen für eine landwirtschaftliche Nutzung dargestellt. Zweiter Schwerpunkt sind die Klimawandelfolgen der Region, insbesondere die Probleme die aus dem Tauen des Permafrosts resultieren sowie die eventuellen Chancen, die sich aus einer Abnahme des arktischen Eises für Russland ergeben.
- Im zweiten Kapitel werden die Bevölkerung, ihre ethnische Zusammensetzung und die demografische Entwicklung thematisiert, daneben auch die internen und internationalen Migrationsbewegungen. Die räumlichen Disparitäten der Region bilden ein durchgehendes Motiv. Im zweiten Teil des Kapitels werden stadtgeographische Fragestellungen behandelt: Die russische Stadtstruktur

und der Einfluss der Transformation seit den 1990er-Jahren auf die Stadtentwicklung werden ebenso beleuchtet wie konkrete Fragestellungen zu Moskau und Kasachstans Planhauptstadt Nur-Sultan.
- Im dritten Kapitel stehen die scheinbar unermesslichen Rohstoffvorkommen Russlands im Fokus. Dabei werden insbesondere die Möglichkeiten einer nachhaltigen Entwicklung erörtert. So werden an den Beispielen Erdöl, Erdgas und Kohle die wirtschaftliche, soziale und ökologische Dimension der Nachhaltigkeit näher betrachtet. Außerdem widmet sich das Kapitel der Rohstoffausbeutung in der Arktis, der Forst- und Energiewirtschaft in Russland sowie der Rohstoffwirtschaft Kasachstans.
- Im vierten Kapitel steht die Transformation von der Zentralverwaltungs- zur Marktwirtschaft im Mittelpunkt. Dabei wird der Wandel des Landwirtschafts- und Industriesektors betrachtet. Zweiter Schwerpunkt sind die wirtschaftsräumlichen Verflechtungen mit der EU und China sowie der Nachfolgestaaten der Sowjetunion untereinander. Schließlich werden der Tourismus und die Weidewirtschaft in Kirgisistan thematisiert.

Zur Konzeption der Reihe

Das vorliegende Konzept der Reihe Diercke Spezial stellt das selbstständige, problemorientierte Arbeiten und Lernen in den Vordergrund. Erklärende Autorentexte treten in diesem Konzept hingegen weitgehend zurück. Fertige Antworten wird man vergebens suchen. Es wird eine Vielzahl von Materialien wie Grafiken, Karten, Diagramme und Textquellen eingesetzt. So wird nicht nur Fachwissen vermittelt und räumliche Orientierung ermöglicht, sondern auch Methodenkompetenz angebahnt, Kommunikation angeregt und Beurteilungsfähigkeit gefördert.

Die doppelseitigen, aufgabengeleiteten Arbeitsseiten beginnen jeweils mit einer kurzen Einleitung in die Thematik und der Problematisierung. Die Erschließung des Themas ist an die Bearbeitung der Aufgaben gebunden, die mithilfe der Materialien dann in der

Regel individuell oder kooperativ erfolgt. Webcodes führen zum Internetangebot schueler.diercke.de bzw. zu den Atlasseiten. Die ersten Doppelseiten eines Kapitels haben zudem die Aufgabe, in das Thema einzuführen und wichtige Frage aufzuwerfen.

Neben normalen thematischen Doppelseiten gibt es Sonderseiten mit Methodentrainings sowie einem Klausurtraining am Ende des Buches. Schließlich wird auf der jeweils letzten Seite das Kapitel inhaltlich zusammengefasst. Hinweise auf weiterführende Literatur und Internetlinks runden das Angebot ab. Neu eingeführte Fachbegriffe werden entweder an Ort und Stelle auf der jeweiligen Arbeitsseite oder im Glossar im Anhang (Hinweis *) erklärt. Mithilfe dieser Konzeption wird angestrebt, dass die Thematik des Bandes selbstständig im Sinne des entdeckenden Lernens erschlossen wird.

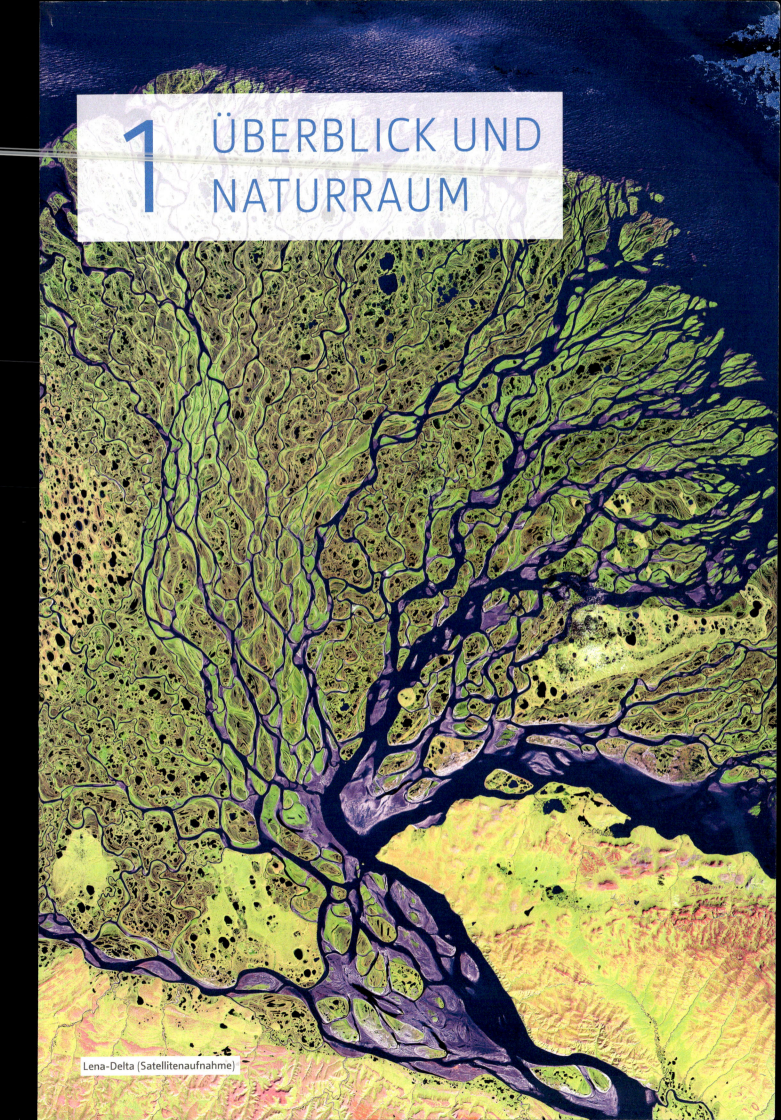

1 ÜBERBLICK UND NATURRAUM

Lena-Delta (Satellitenaufnahme)

1.1 Von Sankt Petersburg nach Wladiwostok

St. Petersburg (Russland)
St. Petersburg ist mit 5,35 Millionen Einwohnern die zweitgrößte Stadt Russlands. Die Gründung erfolgte 1703 durch Peter den Großen als „Fenster nach Europa". Bis ins 20. Jahrhundert war sie Hauptstadt des Kaiserreichs. Seit langer Zeit sucht das zwei Kontinente umspannende Russland nach seiner Identität zwischen West und Ost. In St. Petersburg mit seinen Palästen und Prunkbauten ist es am europäischsten.

Bowanenko (Jamal, Russland)
Die Lagerstätte Bowanenkowskoje gilt als das größte Erdgasvorkommen der Welt. Der Abtransport des Gases nach Westeuropa erfolgt durch verschiedene Pipelines und als Flüssigerdgas über den neuen Hafen Sabetta mittels Tankern. Zur Versorgung der Werksarbeiter unterhält der Energiekonzern Gazprom die nördlichste Eisenbahnlinie der Welt.

Kreml in Moskau
Der Kreml ist der älteste Teil der russischen Hauptstadt Moskau. Ursprünglich war er eine Burg an der Moskwa. Der Befestigungskomplex besteht aus einer 2235 m langen, 5 bis 19 m hohen und 3,5 m dicken roten Backsteinmauer mit 20 Türmen. Im Innern dieses Ringes befinden sich Paläste, Kirchen und Verwaltungseinrichtungen. Der Kreml war die Residenz der Zaren, heute ist er Sitz des russischen Präsidenten.

Kloster Tsminda Sameba (Georgien)
Im Spätsommer klettern Tausende von Wallfahrern im Schatten des Kasbek, eines der höchsten Berge des Kaukasus, bei der Bergstadt Stepanzminda zum Kloster, um den höchsten Feiertag der orthodoxen Kirche „Maria Entschlafung" zu begehen. Fast jede Familie opfert einen Hammel. Heidnische und christliche Rituale vermischen sich hier seit der frühen Christianisierung.

Aralsee (Usbekistan)
Heute ist der einst 68 000 km² große Aralsee in Folge der Nutzung der Zuflüsse zur Bewässerung riesiger Anbauflächen für Baumwolle seit den 1960er-Jahren weitgehend eine Salz- und Staubwüste („Aralkum"), zusätzlich vergiftet durch jahrzehntelange hohe Einträge an künstlichen Düngemitteln, Herbiziden und Pestiziden.

Von Sankt Petersburg nach Wladiwostok 7

Norilsk (Russland)
300 km nördlich des Polarkreises gelegen, gilt Norilsk (180 000 Einwohner) als die nördlichste Großstadt der Erde. Die Stadt wurde 1935 zur Verhüttung der Nickelvorkommen gegründet. Auch Kupfer, Kobalt, Platin und Palladium werden heute abgebaut. Seit vielen Jahren gehört Norilsk zu den schmutzigsten Orten der Welt. Jährlich werden über zwei Millionen Tonnen Schadstoffe in die Luft ausgestoßen.

Arktis
Das arktische Meereis schwindet und die polare Eiskappe nimmt an Masse ab. Durch den Klimawandel, der hier weltweit zu der höchsten Temperaturzunahme geführt hat, werden für Russland die bisher unter einem Eispanzer liegenden Rohstoffe erschließbar. Der Transport der Rohstoffe ist über das dann eisfreie Nordpolarmeer möglich. Entsprechend sieht Russland die Arktis als wirtschaftlichen Reserveraum an und macht Gebietsansprüche geltend.

Oimjakon (Ferner Osten Russland)
Oimjakon heißt in der Sprache der Jakuten „heiße Quelle". Dabei gilt der Ort, 680 km nordöstlich von Jakutsk im Hochland von Oimjakon (675 m) gelegen, als Kältepol der bewohnten Gebiete der Erde. Am 6.2.1933 wurden hier -67 °C gemessen. Die am Kältepol-Denkmal in Oimjakon angegebenen -71,2 °C von 1926 sind nicht anerkannt. Allerdings: Im Sommer wird es regelmäßig über 30 °C warm.

Wladiwostok (Russland)
Die Großstadt am Japanischen Meer ist Russlands wichtigster Hafen zum Pazifik, da er auch in den Wintermonaten eisfrei ist. Wirtschaftliche Bedeutung hat Wladiwostok (russ. „Beherrsche den Osten") besonders wegen der Grenznähe zur Volksrepublik China und der Fährverbindungen nach Südkorea und Japan.

Transsibirische Eisenbahn (Transsib)
Die Entwicklung der Industriestadt Nowosibirsk wie auch der Industriestädte Krasnojarsk, Irkutsk, Ulan-Ude, Tschita, Chabarowsk und Wladiwostok ist unmittelbar mit dem Bau der Transsibirischen Eisenbahn verbunden. Die Strecke verbindet den europäischen Teil Russlands mit dem Pazifik und ist heute Teilstrecke der „Neuen Seidenstraße (Belt and Road Initiative, BRI)" zwischen China und Russland.

---

1. Sammeln Sie in ihrem Kurs Schlagworte, die ihre Vorstellungen und ihr Wissen über Russland wiedergeben. Stellen Sie diese zu einem „Wordle" (Wortwolke, Schlagwortmatrix) zusammen.
2. Bestimmen Sie die Großlandschaften Russlands zwischen St. Petersburg und Wladiwostok (Karte, Atlas).
3. Ordnen Sie den Großlandschaften in einer tabellarischen Übersicht Großstädte, Flüsse, Seen und Gebirge zu.

1.2 Russland – ein Land auf zwei Kontinenten

Russland erstreckt sich wie nur wenige Länder der Erde über zwei Kontinente. Seine Größe von West nach Ost, aber auch von Nord nach Süd ist unvorstellbar. Wenn in Moskau der Tag beginnt, geht er an der Ostküste zu Ende.

1. a) Berechnen Sie, wie viele Male Niedersachsen, Deutschland, Europa und die USA in Russland hineinpassen (M4, M6, Atlas).
   b) Finden Sie eigene Vergleiche, die die Größe Russlands veranschaulichen.
2. Vergleichen Sie die größten Staaten der Erde hinsichtlich ihrer Bevölkerungsdichte (M4).
3. Erläutern Sie die Bedeutung des Flugverkehrs in Russland (M9, M10).
4. „Nach der Entdeckung Amerikas und dem Bau des Suezkanals kennt die Geschichte kein anderes Ereignis, das so große direkte und indirekte Konsequenzen hätte wie der Bau der Transsibirischen Eisenbahn." Erläutern Sie.
5. Beurteilen Sie die Möglichkeiten der räumlichen Erschließung Russlands.

Russland
- 17,1 Millionen km² (davon Sibirien 13,1 Mio. km²),
- 9000 km von West nach Ost,
- elf Zeitzonen,
- 22 000 km Grenze,
- 37 600 km Küste,
- 120 000 Flüsse und zwei Mio. Seen.

Rang	Staat	Fläche (in km²)	Rang	Staat	Ew. (in Mio.)
1	Russland	17 075 400	1	China	1 439,3
2	Kanada	9 984 670	2	Indien	1 380,0
3	USA	9 809 155	3	USA	331,0
4	China	9 572 419	4	Indonesien	273,5
5	Brasilien	8 547 404	5	Pakistan	220,9
6	Australien	7 692 030	9	Russland	143,7
62	Deutschland	357 168	19	Deutschland	83,8

M 4 Die größten Staaten der Erde (2020)

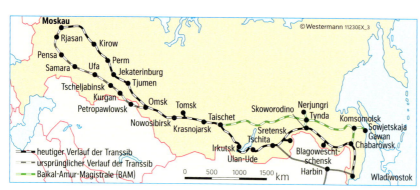

M 1 Route der Transsibirischen Eisenbahn und der Baikal-Amur-Magistrale

Bahnhof	Zeitzone	Ankunft	Abfahrt	km	Tage-Std.-Min.
Moskau	MOZ		17:06		0-00-00
Perm	MOZ + 2 Std.	12:52	13:12	1397	0-19-46
Nowosibirsk	MOZ + 3 Std.	15:19	15:40	3303	1-22-13
Krasnojarsk	MOZ + 4 Std.	03:44	04:04	4065	2-10-38
Irkutsk	MOZ + 5 Std.	22:13	22:36	5153	3-05-07
Tschita	MOZ + 6 Std.	15:09	15:30	6166	3-22-03
Birobidschan	MOZ + 6 Std.	03:34	06:36	8320	5-13-28
Wladiwostok	MOZ + 7 Std.	22:05		9259	6-04-59

Die Zeitangaben innerhalb Russlands erfolgen üblicherweise in Moskauer Zeit (MOZ). Um die Ortszeit zu ermitteln, muss die Zeitverschiebung (Spalte Zeitzone) zur Fahrplanzeit addiert werden.

M 2 Fahrplan des Zuges Nr. 2 der Transsibirischen Eisenbahn (Auszüge)

M 3 Ein Personenzug der Transsibirischen Eisenbahn

Eine Fahrt mit der Transsibirischen Eisenbahn gewährt Einblick in die russische Seele und die wilde Schönheit Sibiriens. Mit 9288 km ist die Transsib die längste Eisenbahnstrecke der Welt, was in etwa einem Viertel der Äquatorlänge entspricht. In verschiedenen Teilstücken wurde die Strecke ab 1891 gebaut, mit einfachsten Mitteln wie Spitzhacke und Schaufel und zum großen Teil von Saisonarbeitern aus China, Japan und Korea. 1916 war der letzte Abschnitt fertiggestellt. Auf der Fahrt vom Moskauer Jaroslawler Bahnhof nach Wladiwostok werden nicht nur zwei Kontinente und circa 100 Städte berührt, sondern auch 16 große Ströme und 485 Brücken überquert. Nördlich parallel zur Transsib verläuft ab Taischet die Baikal-Amur-Magistrale (BAM) zum Pazifik. Die Transmongolische und die Transmandschurische Eisenbahn zweigen von der Transsib jeweils mit dem Endpunkt Peking ab. Verläuft die Fahrt in den ersten Tagen durch Laub- und Mischwälder, so folgt dann die Steppe. Auf der Fahrt findet das Leben im Abteil und im jeweiligen Waggon statt. Die Fernverkehrszüge auf der Transsib verfügen zwar über einen Speisewagen, doch weiter im Osten können noch immer auf den Bahnsteigen Speisen von den Babuschkas (dt. „Großmütter") erworben werden. Für die Zubereitung von Suppen und kleinen Gerichten befindet sich in jedem Wagen ein Samowar. Neben Personenzügen auf verschiedenen Linien wird die Strecke auch für den Güterverkehr genutzt. So transportiert BMW beispielsweise Autoteile von Leipzig ins Montagewerk im nordostchinesischen Shenyang, was die Transportzeit (20 Tage) gegenüber dem Seeweg um 50 Prozent verkürzt.

M 5 Transsibirische Eisenbahn

Russland – ein Land auf zwei Kontinenten

M 6 Russland (europäischer und asiatischer Teil): Größenvergleich

M 7 Russland: Zeitzonen

M 9 Russland: Flugrouten

M 8 Zwei Trucks überqueren den zugefrorenen Fluss Indigirka in der Republik Sacha (Jakutien) im Fernen Osten Russlands. Wenn die Flüsse und Sümpfe der sibirischen Tundra im Winter bei unter -30 °C knallhart gefroren sind, können sie als Verkehrswege genutzt werden. Doch die durch den Klimawandel gerade in arktischen Regionen erhöhten Temperaturen bedrohen auch die Tragfähigkeit der Eisstraßen.

M 10 Ein Hubschrauber sammelt auf der Halbinsel Jamal Mitglieder der ethnischen Minderheit der Nensen auf. Für die Rentiernomaden ist dieses Verkehrsmittel im Sommer die einzige Möglichkeit, sich in den wenigen Kleinstädten mit bestimmten Gebrauchsgütern einzudecken. Auch die Schulkinder der Nensen werden nach den Sommerferien in der Tundra per Hubschrauber in die Schule gebracht.

1.3 Werden, Zerfall und Wiedererstarken einer Weltmacht

In Deutschland wird Michail Sergejewitsch Gorbatschow bewundert. Er gilt als der Staatspräsident, der den „Kalten Krieg" zwischen Ost und West beendete und die friedliche Wiedervereinigung Deutschlands ermöglichte. In Russland gilt er vielfach als Staatspräsident, der durch seine Politik ein riesiges Reich mit dem Status einer Weltmacht verspielt hat. Die Ursprünge Russlands gehen in das 9. Jahrhundert zurück, als eingewanderte Wikinger und heimische Slawen den ersten „russischen" Staat gründen, die Kiewer Rus. Später expandierte das Großfürstentum Moskau immer weiter nach Osten. Russland wird im 18. und 19. Jahrhundert zur europäischen Großmacht – mit gewaltigem asiatischem Anhang. Nach dem Sturz des Zarenregimes und einem mehrjährigen Bürgerkrieg wird 1922 die Union der Sozialistischen Sowjetrepubliken, kurz UdSSR oder Sowjetunion gegründet. Der jetzige russische Präsident Wladimir Putin will der 1991 zerfallenen Sowjetunion in Form Russlands wieder Weltgeltung verschaffen.

1. Fassen Sie die Entwicklung Russlands von der Kiewer Rus zur Weltmacht Sowjetunion zusammen (M1, M2, Internet).
2. Erläutern Sie im Einzelnen den Zerfall der Sowjetunion (M3, Internet).
3. Ordnen Sie Russlands Stellung innerhalb der GUS-Staaten und in der Welt ein (M4, M5, M6, M8).
4. Nehmen Sie Stellung zu den Szenarien zur Zukunft Russlands (M7).

862 - 1240	Kiewer Rus, altrussisches Reich (Hauptstadt Kiew)
13. - 15. Jh.	mongolische Fremdherrschaft
1462 - 1505	Moskauer Großfürst Iwan III.; Beendigung der Mongolenherrschaft
1533 - 1584	Aus Großfürstentum Moskau wird russisches Zarenreich. Ausweitung des Herrschaftsgebiets durch Iwan IV.
17.Jh	weitere Expansion Russlands
1689 - 1725	Zar Peter der Große; russischer Staat wird Großmacht; Modernisierung des Staates; Öffnung nach Westen
1762 - 1796	Zarin Katharina II.; Reformen im Innern; Eroberung weiterer Gebiete
1801 - 1825	Zar Alexander I.; Scheitern der Eroberungskriege des französischen Kaisers Napoleon
1914 - 1922	Teilnahme Russlands am 1. Weltkrieg; Abdankung des Zaren, Oktoberrevolution, Bürgerkrieg
1922 - 1939	Rote Armee siegt über die Gegenrevolution; Gründung der Union der Sozialistischen Sowjetrepubliken (UdSSR); Kollektivierung der Landwirtschaft; brutale Unterdrückung der Opposition durch Stalin
1939 - 1945	Teilung Polens zwischen Deutschland und der UdSSR, verlustreicher Krieg mit Deutschland
1945	Potsdamer Konferenz der Siegermächte; Verschiebung der Einflusssphäre bis an die Elbe (DDR)
1947 - 1987	Kalter Krieg; UdSSR wird Atommacht; Berlin-Blockade, Ungarn-Aufstand; Kuba-Krise
1987 - 1991	Perestroika*; Auflösung der UdSSR; Gründung der Gemeinschaft Unabhängiger Staaten (GUS)

M2 Geschichte Russlands bis 1991

Russisch
Abgeleitet vom altslawischen Begriff Rus (mit wahrscheinlich normannischem Ursprung). Das Deutsche unterscheidet meist nicht zwischen Russe (*russkij*, Angehöriger der russischen Ethnie) und Russländer (*rossijanin*, Staatsbürger Russlands).

Russland – Russische Föderation
Russland ist die Kurzform für Russische Föderation. Diese gliedert sich in die acht Föderationsbezirke: Zentraler Bezirk, Südlicher Bezirk, Nordkaukasus, Nordwestlicher Bezirk, Wolga, Ural, Sibirien und Fernost mit 83 Territorialeinheiten (Subjekte der Föderation). Die Bezirke gliedern sich in 22 autonome Republiken, neun Regionen (krai), 46 Gebiete (oblast), ein autonomes Gebiet, vier autonome Kreise (okrug) und zwei Städte mit Subjektstatus (Moskau und St. Petersburg).

GUS / Gemeinschaft Unabhängiger Staaten
Kurz nach der Auflösung der Sowjetunion gründeten 1991 Russland, Weißrussland und die Ukraine die Gemeinschaft Unabhängiger Staaten (Sitz Minsk), der noch im gleichen Jahr Armenien, Aserbaidschan, Kasachstan, Kirgisistan, Moldawien, Tadschikistan, Turkmenistan und Usbekistan beitraten (Georgien 1993). Georgien und die Ukraine sind mittlerweile ausgetreten. Ziel der Institution war die Schaffung eines Wirtschafts- und Sicherheitsraumes. Auch aufgrund anderer zwischenstaatlicher Organisationen hat die Bedeutung der GUS abgenommen.

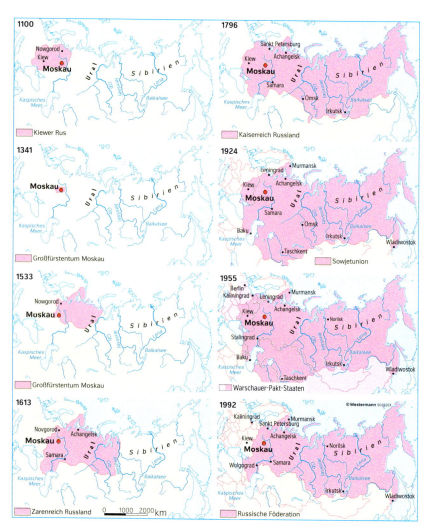

M1 Von der Kiewer Rus zur Russischen Föderation

Werden, Zerfall und Wiedererstarken einer Weltmacht

(1) 1991/92 war Russland nachvollziehbarerweise so mit sich selbst beschäftigt, dass die Beziehungen zu den übrigen ehemaligen Sowjetrepubliken konzeptionslos blieben und der Rahmen der GUS auch keinen weiteren Handlungsbedarf aufzuwerfen schien. (2) Im Zeitraum von 1993 bis 1999 betrachtete die politische Elite Russlands die übrigen 14 neu entstandenen Staaten als eine Sphäre russischer Interessen, die im Russischen den Namen „Nahes Ausland" erhielt. Russland ignorierte dabei zusehends den Rahmen der GUS und agierte von Fall zu Fall bilateral mit den Nachfolgestaaten der Sowjetunion. In der internationalen Politik beanspruchte Russland vor allem in den späten 1990er-Jahren, wieder als Großmacht (velikaja derschawa) respektiert zu werden. (3) Von 2000 bis 2007 insistierte Putin auf dem Nahen Ausland als russischer Interessensphäre, kritisierte die Aufnahme Polens, Tschechiens und Ungarns (1999) sowie Bulgariens, Estlands, Lettlands, Litauens, Rumäniens, der Slowakei und Sloweniens (2004) in die NATO und errichtete in der Russländischen Föderation seine sogenannte Machtvertikale, die den ursprünglich demokratischen Institutionen wie Parteien, dem Parlament (Duma) und den Gouverneuren ihre Plätze in einer scheindemokratischen autoritären Herrschaft zuwies. (4) Mit Putins Rede auf der Münchner Sicherheitskonferenz 2007 begann eine neue Phase, die darauf abzielt, Russlands Position als Großmacht in einer multipolaren Welt abzusichern. Diese Phase hat seit der Annexion der Krim 2014 eine deutliche Verschärfung erfahren. Die Abgrenzung vom Westen, der USA und der EU sind politische Ziele, und der Konflikt mit ihnen wird hinter einer Rhetorik der Partnerschaft kaschiert.
Quelle: Martin Aust: Die Schatten des Imperiums. München: Beck 2019, S. 65

M 3 Quellentext zu den vier Phasen der postsowjetischen Zeit

(1) **Neoimperiale Entfaltung**: In einer Mischung aus ökonomischem Autarkiestreben und ökonomischen Verflechtungen in Eurasien und unter den BRICS-Staaten gelingt eine ökonomische Stabilisierung, die es Russland weiterhin erlaubt, sein Militär zu modernisieren und seine Rolle als Großmacht zu spielen. Gelegenheiten zur begrenzten Expansion in der post-sowjetischen Welt werden wahrgenommen, etwa in Belarus. (2) **Stagnation**: Unter steigendem Sanktionsdruck der USA und fortdauernden Sanktionen der EU gelingen Russland keine ökonomischen Substitute in Eurasien und unter den BRICS-Staaten. Die Wirtschaftskraft Russlands lässt weiter nach, die Unzufriedenheit in der Bevölkerung steigt – nicht zuletzt aufgrund der jüngst unter finanziellem Druck nötigen Erhöhung des Renteneintrittsalters. Abstriche beim Militär und damit eine reduzierte weltpolitische Rolle werden unausweichlich. (3) **Unordnung beim Machttransfer in die Post-Putin-Zeit oder gar Revolution**: Die Jugend und die Schüler beteiligen sich in steigender Zahl an Kundgebungen und Demonstrationen. Neben den Protesten der verlorenen Jugend zieht der Versuch eines Machttransfers zu einem Nachfolger Putins in dessen personalisierter Politik neofeudale und regionale Konflikte nach sich – sofern Putin nicht bereits vor einem Machttransfer an die Grenzen seiner Moderationsfähigkeit zwischen unterschiedlichen Interessengruppen im Machtzirkel gerät. In dem einen wie dem anderen Fall entsteht eine Leere der Macht im Zentrum Russlands, die auf die Regionen ausstrahlt. Die Stabilisierung der Macht im Zentrum und der Erhalt des territorialen Status quo können in diesem Szenario fraglich erscheinen.
Quelle: Martin Aust: Die Schatten des Imperiums. München: Beck 2019, S. 133

M 7 Quellentext: Szenarien zur zukünftigen Entwicklung Russlands

M 4 Russlands Autoritätsverlust im postsowjetischen Raum

		in Mrd. US-$	in % BIP	in % Welt[1]
1	USA	778,0	3,7	39,0
2	China	252,0	1,7	13,0
3	Indien	72,9	2,9	3,7
4	Russland	61,7	4,3	3,1
5	UK	59,2	2,2	3,0
6	Saudi-Arabien	57,5	8,4	2,9
7	Deutschland	52,8	1,4	2,7
	Welt	1981,0		2,4

Anteil an den globalen Militärausgaben Quelle: SIPRI

M 5 Militärausgaben der führenden Länder (2020)

		BIP (in Mrd. US-$)	BIP/Ew. (in US-$)
1	USA	20936,6	63544
2	China	14722,7	10500
3	Japan	5064,9	40113
4	Deutschland	3806,1	45724
5	UK	2707,7	40285
11	Russland	1483,5	10127
	GUS	1848,8	7677
	EU	15192,7	33960
	Welt	84705,4	10926

Quelle: World Bank

M 6 Wirtschaftskraft der führenden Länder (2020)

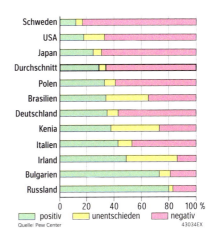

M 8 Ansehen Russlands in der Welt (2019)

1.4 Die asiatischen Nachfolgestaaten der Sowjetunion

Mit der Auflösung der Sowjetunion 1991 wurden die ehemaligen 14 Teilrepubliken unabhängig. Der politische, militärische und wirtschaftliche Einfluss Russlands blieb zunächst nur in Weißrussland (Belarus) und den asiatischen Nachfolgestaaten der Sowjetunion hoch. Die zum europäischen Kontinent gehörigen Länder Estland, Lettland und Litauen gehören seit 2004 der Europäischen Union an, Moldawien und die Ukraine suchen die Nähe zur EU. Aber auch die Beziehungen der Kaukasus-Staaten zu Russland sind nicht spannungsfrei und die zentralasiatischen Staaten suchen zunehmend eine Annäherung an China.

1. Erstellen Sie eine Tabelle der naturgeographischen Gemeinsamkeiten und Unterschiede der asiatischen Nachfolgestaaten.
2. Erläutern Sie anhand der Länderbeschreibungen die Möglichkeiten der wirtschaftlichen Entwicklung der einzelnen Staaten.
3. Erörtern Sie die Klimawandelfolgen in den einzelnen Staaten.

Georgien

Georgien liegt an der Nahtstelle Eurasiens im Südkaukasus. Der Wahlspruch des Landes lautet „Kraft durch Einheit". Allerdings sind die Landesteile Abchasien und Südossetien abtrünnig, auch wenn deren Souveränität nur von Russland und wenigen weiteren Staaten anerkannt wurde. 87 Prozent des Landes sind Gebirge und Vorgebirge. Der Kaukasus hält die Kaltluft aus Norden ab, und die Luft vom Schwarzen Meer erwärmt das Land. So ist der Westteil subtropisch-feucht und der Osten trocken-gemäßigt. Der Klimawandel macht sich im Großen Kaukasus durch Überschwemmungen und Hanginstabilitäten bemerkbar. Gefördert werden Steinkohle, Mangan und Kupfer. Die Landwirtschaft ist noch ein wichtiger Wirtschaftsfaktor. Wichtige Agrarprodukte sind Zitrusfrüchte, Wein und Tee. Hinzu kommt die Haltung von Rindern und Schafen.

Aserbaidschan

Zwischen Kaukasus und Kaspischem Meer liegt das überwiegend muslimische Aserbaidschan. Die Exklave Nachitschewan ist eine autonome Republik. Um das mehrheitlich armenisch besiedelte Bergkarabach entbrannten 1992 und 2020 kriegerische Auseinandersetzungen, 2020 mit militärischer Unterstützung der Türkei. Russland setzte einen Waffenstillstand durch, der Gebietsgewinne für Aserbaidschan beinhaltete. Das Klima in Aserbaidschan ist subtropisch; nur in der Küstenregion gibt es ein feuchtes Klima, ansonsten herrscht Halbwüste vor. Die Öl- und Gasindustrie erwirtschaftet 92 Prozent der Exportgewinne. Der Transport erfolgt über die BTC-Ölpipeline (Baku – Tiflis – Ceyhan) in die Türkei. Wegen der lukrativen Öl- und Gasförderung wurde bisher jedoch die industrielle und landwirtschaftliche Produktion vernachlässigt. Aserbaidschans Hauptstadt Baku ist eine bedeutende Hafenstadt.

M3 Die Kaukasus-Staaten

Armenien

Der größte Teil des historischen Siedlungsgebietes der Armenier liegt in der Türkei. Aufgrund des türkischen Völkermordes lebt von den heute zehn Mio. Armeniern nur maximal ein Drittel in Armenien selbst; große Gemeinden gibt es im Libanon, den USA und Frankreich. Deren Rücküberweisungen tragen erheblich zu den Einnahmen des Landes bei. Aufgrund der Konflikte sind nach wie vor die Grenzen zur Türkei und nach Aserbaidschan geschlossen. Die Industrie ist wenig entwickelt. Allerdings gibt es eine Reihe von Bodenschätzen wie Kupfer und Gold. Armenien ist ein ausgeprägtes Gebirgsland; 90 Prozent der Landesfläche liegen über 1000 m; die mittlere Höhe beträgt sogar 1800 m. Die Faltengebirge sind durch den Zusammenstoß der Eurasischen und der Arabischen Platte entstanden. Das Land ist stark erdbebengefährdet.

M1 Ölförderung im Kaspischen Meer (Aserbaidschan)

	Einwohner (in Mio.)	Fläche (in km^2)	Staats-/Regierungsform	Wichtigste Bevölkerungsgruppe (Anteil Russen)	Religionen
Russland	145,9	17 075 400	Republik[1], semipräsidentiell[2]	Russen 81 %	Christen 73 %, Muslime 11 %
Armenien	3,0	29 743	Republik, semipräsidentiell[2]	Armenier 98 % (1 %)	Christen 95 %
Aserbaidschan	10,1	86 600	Präsidialrepublik (autoritär)	Aserbaidschaner 92 % (1 %)	Muslime 96 %, 3 % Christen
Georgien	4,0	69 700	Republik, semipräsidentiell[2]	Georgier 87 % (1 %)	Christen 87 %, Muslime 11 %
Kasachstan	18,8	2 724 900	Präsidialrepublik (autoritär)	Kasachen 69 % (19 %)	Muslime 70 %, Christen 26 %
Kirgisistan	6,5	199 900	parlamentarische Republik	Kirgisen 74 % (5 %)	Muslime 89 %, Christen 10 %
Tadschikistan	9,5	143 100	Präsidialrepublik (autoritär)	Tadschiken 84 % (1 %)	Muslime 96 %, Christen 2 %
Turkmenistan	6,0	488 100	Präsidialrepublik (autoritär)	Turkmenen 86 % (5 %)	Muslime 93 %, Christen 6 %
Usbekistan	33,5	447 400	Präsidialrepublik (autoritär)	Usbeken 84 % (2 %)	Muslime 95 %, Christen 1 %

[1] Das russische Regierungssystem enthält föderale Elemente. [2] semipräsidentiell = Elemente des Parlamentarismus und des Präsidialsystems. Quelle: diverse Zensi

M2 Russland und die asiatischen Nachfolgestaaten der UdSSR (2020)

Die asiatischen Nachfolgestaaten der Sowjetunion

M 4 Nur-Sultan, Hauptstadt von Kasachstan

M 6 Jurten-Camp in Kirgisistan

Kasachstan

Der neuntgrößte Staat der Welt ist sehr rohstoffreich. Am Kaspischen Meer befinden sich riesige Erdöl- und Erdgasfelder. So machen Energierohstoffe auch knapp 70 Prozent der kasachischen Exporte aus. Weltweit bedeutend sind auch die kasachischen Uranvorkommen. Nach Russland besitzt Kasachstan das zweithöchste Pro-Kopf-Einkommen der Nachfolgestaaten. In Baikonur befindet sich der größte Weltraumbahnhof der Welt. Der größte Teil des Landes sind Ebenen (Steppen und Wüsten). Die Berge des Tian Shan erheben sich bis 7010 m; die Karagije-Senke liegt 132 m unter dem Meeresspiegel. Die Temperaturen bewegen sich über das Jahr von -40 °C bis 40 °C. Der Staat ist zu 41 Prozent auf die Wasserzufuhr aus Kirgisistan angewiesen.

Kirgisistan

94 Prozent Kirgisistans sind gebirgig. Das Hochgebirge des Tian Shan weist etwa 2200 Gletscher auf. Es ist tektonisch weiter aktiv und Kirgisistan somit erdbebengefährdet. Der Klimawandel führt zu rasanter Gletscherschmelze und bringt die Gefahr von Überschwemmungskatastrophen. Nach dem Abschmelzen wird es zur Wasserknappheit kommen. In Kirgisistan ist halbnomadische Weidewirtschaft noch weit verbreitet. Ackerbau ist nur auf 20 Prozent der Landesfläche möglich. Angebaut werden Weizen, Kartoffeln, Zuckerrüben und Gemüse, im Süden des Landes auch Tabak und Baumwolle. Gefördert werden Erdöl, Erdgas und Kohle. Eine beträchtliche Anzahl von Kirgisen arbeitet in Russland und Kasachstan.

Turkmenistan

Durch Turkmenistan verlief die Seidenstraße – einst der wichtigste Handelsweg zwischen Asien und Europa. 95 Prozent der Landesfläche werden von der Wüste Karakum (Sand- und Geröllwüste) eingenommen. Das kontinentale Klima bringt heiße, trockene Sommer und kalte Winter. Auf Bewässerungsflächen wird Baumwolle angebaut. Der Klimawandel führt zunehmend zu Wassermangel. 97 Prozent ist Fremdwasser aus den Anrainerstaaten. Das Land verfügt über reiche Erdgas- und Erdölvorkommen. Entsprechend wurde in Turkmenistan eine Textil- und Chemieindustrie auf Petrolbasis aufgebaut. In Turkménistan sind Gas, Elektrizität, Wasser und Salz für die Bevölkerung kostenlos erhältlich. Das präsidiale Regierungssystem weist – wie in vielen anderen asiatischen Nachfolgestaaten – stark autoritäre Züge auf.

M 5 Die zentralasiatischen Staaten

Usbekistan

Usbekistans Landschaft ist geprägt von Steppen und Wüsten (80 %). Allein die Kysylkum-Wüste nimmt vier Zehntel der Staatsfläche ein. Auf 80 Prozent der landwirtschaftlichen Nutzfläche wird Baumwolle angebaut. Das vom Syrdarja durchflossene, von fruchtbarem Lössboden bedeckte Ferganatal gilt als Perle Zentralasiens. Für den Anbau wird übermäßig Wasser aus den Flüssen entnommen. 2020 brach wegen Baumängeln und Unwettern in Folge des Klimawandels der Sardoba-Staudamm, was zur Überflutung Tausender Hektar Ackerland führte. In der Stadt Asaka werden Pkws (seit 2020 Kooperation mit VW) hergestellt und in Taschkent Militärtransportflugzeuge für Russland. Deutschland bezieht Erdgas aus Usbekistan.

Tadschikistan

Im Osten Tadschikistans befindet sich das Pamir-Gebirge (7495 m) – das Dach der Welt. Zwei Drittel des Landes werden durch Hochgebirge eingenommen, daher herrscht landwirtschaftlich die extensive Viehzucht (Rinder, Schafe, Ziegen) vor. Gezüchtet werden auch Seidenraupen. Nur im äußersten Norden (Tiefland) findet intensiver Bewässerungsfeldbau statt (Baumwollanbau). Tadschikistan ist das ärmste Land Zentralasiens. 45 Prozent der Erwerbstätigen sind noch in der Landwirtschaft beschäftigt. 2013, 2014 und 2021 gab es bereits wegen der Wasserversorgung Auseinandersetzungen mit Schusswechseln an den Grenzen zu Kirgisistan und Usbekistan. Auch in Tadschikistan schreitet die Gletscherschmelze voran.

1.5 Geologie, Klima, Vegetation

In Russland erstrecken sich wie in den USA die Gebirge von Norden nach Süden (z. B. Ural, Werchojansker Gebirge) und nicht wie in Mitteleuropa die Alpen von Westen nach Osten. Deshalb kann im Frühjahr und Herbst die arktische Kaltluft in Russland weit nach Süden vordringen. Große Teile des Landes liegen an der Grenze zwischen Ökumene und Anökumene. Unter Anökumene werden die nicht auf Dauer durch sesshafte Bevölkerung bewohnbaren Teile der festen Erdoberfläche verstanden, zu der insbesondere Kälte- und Trockenwüsten sowie Hochgebirge zählen. Die Ökumene ist dann die Gesamtheit aller Räume, die vom Menschen als Wohn- und Wirtschaftsraum besiedelt sind.

1. Beschreiben Sie die Großlandschaften Russlands (M3, M4, M6). Vergleichen Sie diese mit den Großlandschaften in Deutschland.
2. Erklären Sie die tektonischen Vorgänge in Russland (M1, M5).
3. Charakterisieren Sie anhand der Diagramme das Klima Russlands (M9).
4. Erläutern Sie das Nord-Süd-Profil der Vegetation (M7).
5. Ordnen Sie den Vegetationszonen Russlands Klimazonen zu (M8, Atlas).

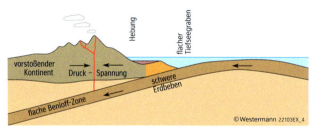

M1 Plattentektonik: Zusammenstoß der Pazifischen und Eurasischen Platte

Flächen	Anteil	Flächen	Anteil
Wald	47,7 %	Sümpfe, Moore	13,2 %
Oberflächengewässer	12,6 %	Bebaute Fläche	1,5 %
Landwirtschaftliche Nutzfläche	12,9 %	Sonstige Fläche	12,1 %

M2 Flächenanteile am Territorium Russlands

Weite Teile Russlands entstanden vor langer Zeit. Im europäischen Teil lagern auf dem Urkontinent, der den Baltischen Schild nach Osten fortsetzt, Sedimente, die seit ihrer Entstehung vor über 350 Millionen Jahren kaum bewegt wurden und über denen sich in jüngster geologischer Vergangenheit noch Ablagerungen der Kaltzeiten bildeten. Die sanfte Wellung des Untergrunds paust sich in flachen und weitgestreckten Höhenzügen wie dem Timanrücken im Norden oder im mittelrussischen Hügelland durch. Flache, oft Hunderte von Kilometern breite Senken wie die Moskauer Synklinale werden heute von Flüssen genutzt. Nach Süden begrenzen der Übergang zu den ukrainischen Lössgebieten, die Flach- und Hügelländer Nordkaukasiens und die Absenkung zur Kaspischen Senke das Russische Tiefland. Südlich anschließend ragt der Große Kaukasus auf (Elbrus, 5633 m). Er entstand nach plattentektonischer Interpretation beim Abtauchen der iranischen unter die eurasische Platte.

Nach Osten bildet der Ural eine sanfte Gebirgsschwelle. Hier schließt sich das Westsibirische Tiefland als ein in sich gegliederter, ebenfalls auf einer paläozoischen Plattform liegender Ablagerungsraum an, dessen Sedimente das Speichergestein für Erdöl- und Erdgasvorkommen sind. Das entwässernde Flusssystem von Ob und Irtysch ist das größte des Kontinents. Östlich des Jenissej steigt das Gelände zum Mittelsibirischen Bergland an, das sich im Putorana-Bergland bis 1700 m erhebt und von ausgedehnten Decken vulkanischer Gesteine eingenommen wird. Nach Osten fällt das Bergland sanft zum Jakutischen Becken ab. Daran schließen nach Osten Gebirgszüge an, die im Erdmittelalter aufgefaltet wurden und bis 3000 m Höhe erreichen. Nach Süden begrenzen Gebirge wie Altai und Sajany westlich des Baikalsees die Tief- und Bergländer, während östlich des Baikalsees die Gebirgszüge zu den steppenartigen Niederungen des Amur abfallen. Im Süden des Fernen Ostens bildet der stark bewaldete Gebirgszug Sichote-Alin eine eigenständige Landschaftseinheit. Auf der Halbinsel Kamtschatka zeigen mehrere Vulkane, [...] dass der Ostrand des Kontinents durch die Unterschiebung der Pazifischen Platte unter die Eurasische gebildet wurde. Dieser Bereich weist ebenso wie die Baikalregion und die Gebirgszüge an der Grenze zur Mongolei eine hohe Erdbebengefährdung auf.

Quelle: Jörg Stadelbauer: Russlands Geografie. Landschaftszonen, Bodenschätze, Klimawandel und Bevölkerung. Länderbericht Russland. Bonn: bpb 2010

M5 Quellentext zur Geologie Russlands

M3 Westsibirisches Tiefland

M4 Mittelsibirisches Bergland

M6 Altai-Gebirge

Geologie, Klima, Vegetation   15

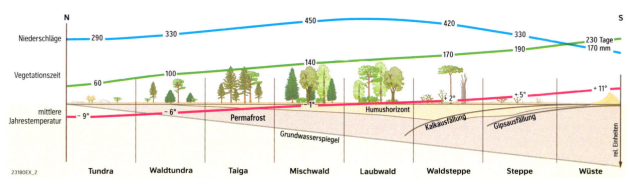

M 7   Russland: Vegetation (Nord-Süd-Profil)

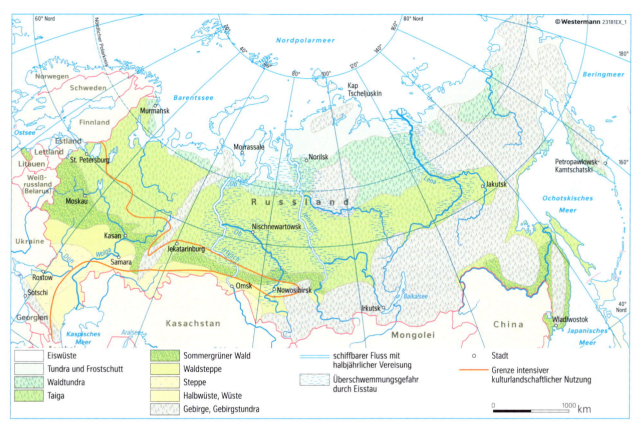

M 8   Russland: Vegetationszonen

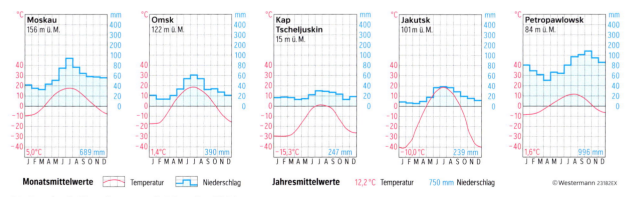

M 9   Russland: Klimadiagramme in West-Ost-Abfolge

Taiga

Vegetationszone des borealen Nadelwalds im kaltgemäßigten Klima mit Hauptverbreitungsgebiet in Eurasien und im nördlichen Nordamerika. Die Taiga ist ein Gebiet mit eigenständiger Flora. Sie umfasst überwiegend urwaldartige Nadelwaldformationen aus Lärche, Zirbelkiefer, Tanne, Fichte und Kiefer und tritt in verschiedenen räumlich sehr ausgedehnten Varianten – wie der Sumpftaiga – auf.

Tundra

Baumfreie bis baumarme niedrige Vegetationszone der Subpolargebiete, von Moosen, Flechten, Grasfluren, Zwergsträuchern und zum Teil echten Sträuchern gebildet. Pflanzen zeigen starke Anpassung durch Spezialisierung. Die Tundra ist heute zwar nur innerhalb des Polarkreises verbreitet, reichte aber im Pleistozän bis in die heute gemäßigten Breiten Mitteleuropas.

100800-254-01 schueler.diercke.de   100800-258-01 schueler.diercke.de   100800-260-01 schueler.diercke.de

1.6 Naturräumliche Grenzen für die agrarische Nutzung

Russland ist zwar das größte Land der Erde, aber bei Weitem nicht der größte Produzent von Agrarerzeugnissen. Zu Zeiten der Sowjetunion sorgte es regelmäßig für Spott aus dem Westen, wenn Missernten dazu führten, dass das kommunistische Land auf Getreideimporte aus dem kapitalistischen Ausland angewiesen war. Die agrarische Produktivität der UdSSR war aber nicht nur auf die streckenweise ineffektive Landwirtschaft zurückzuführen. Weite Gebiete des Landes sind aufgrund der Böden und des Klimas landwirtschaftlich nicht zu nutzen. Zu Sowjetzeiten war lediglich ein Viertel der Landesfläche agrarisch nutzbar. Nach der Auflösung der Sowjetunion hat sich die agrarische Nutzfläche noch weiter verkleinert. Lediglich 215,5 Mio. ha – 12,6 Prozent der Landesfläche – können landwirtschaftlich bearbeitet werden.

1. Beschreiben Sie die natürlichen Voraussetzungen für die agrarische Nutzung (M2, Kap 1.5: M7 – M9, Atlas).
2. a) Erläutern Sie das Agrardreieck in Russland (M2, Kap. 1.5: M8).
   b) Erörtern Sie diese räumliche Verteilung der Landwirtschaft.
3. Charakterisieren Sie die Böden Russlands (M5 – M10, Atlas).
4. Analysieren Sie die Gefährdung des Ökosystems „Schwarzerde" (M11).
5. Erläutern Sie die Entwicklung der sowjetischen und russischen Landwirtschaft (M1).
6. Ordnen Sie anhand der Vegetationszeiten die Pflanzen dem Nord-Süd-Profil zu (M4, Kap. 1.5: M7).

M3 Getreidefelder im südlichen Russland

Im Gegensatz zur Vegetationsruhe in Jahreszeitenklimaten ist die Vegetationszeit die Zeitdauer, während der pflanzliches Wachstum möglich ist (d. h. in der die Pflanzen blühen, fruchten und reifen).
- Pflanzenwachstum: an Tagen mit mehr als +5 °C,
- Nadelbäume: 2 bis 3 Monate mehr als +5 °C, davon 30 Tage mehr Vegetationszeit (Vegetationsperiode, Wachstumszeit)
- Gerste: 90 Tage mehr als +10 °C,
- Weizen: 120 Tage mehr als +10 °C.

M4 Vegetationszeit (Vegetationsperiode, Wachstumszeit)

	1913	1920	1932	1946	1950	1960	1970	1980	1992	2000	2010	2019
Landwirt. Nutzfläche (in Mio. ha)	k.A.	k.A.	k.A.	k.A.	k.A.	541	548	553	222	217	215	216
Ackerland (in Mio. ha)	105	90	134	130	146	203	207	217	132	124	123	123
Getreideproduktion (in Mio. t)	86	26	72	75	81	125	186	189	103	64	59	117
Getreideanbaufläche (in Mio. ha)	105	k.A.	92	k.A.	103	116	118	126	59	41	32	43

M1 Entwicklung der sowjetischen und russischen Landwirtschaft (Quelle: FAO)

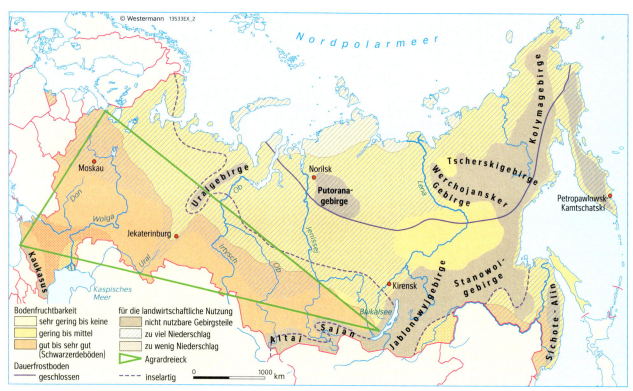

M2 Natürliche Voraussetzungen für agrarische Nutzung in Russland

Naturräumliche Grenzen für die agrarische Nutzung

	Podsol	Braunerde und Parabraunerde	Schwarzerde (Tschernosem)	Kastanienfarbener Boden (Kastanosem)
Merkmale	große Rohhumusschicht, saurer, Bleichhorizont im Oberboden, Anreicherungshorizont im Unterboden, z. T. Ortstein, meist gut differenzierte Abfolge	humusreich, dunkelbrauner Ah-Horizont, brauner B-Horizont, viele Bodenorganismen, schwach sauer bis neutral	sehr humusreich, hoher Kalkgehalt, viele Bodenorganismen	grau bis rötlich, großer Mull-A-Horizont, kaum Auswaschungen durch aufsteigendes Bodenwasser, Salze an der Oberfläche oder in geringer Tiefe, geringerer Humusgehalt als Schwarzerde
Entstehung	in humiden kühlgemäßigten Gebieten, Auswaschung und Bleichung des Oberbodens, Anreicherung von Humus und Eisen-Manganverbindungen, Bildung von Ortstein	in feuchtgemäßigtem Klima der Laubwaldzone, Verbraunung, Tonmineralneubildung, Tonverlagerung (Parabraunerde)	in kontinentalen Steppengebieten, geringe Niederschläge, hohe Sommertemperaturen, auf mineral- und kalkreichem Löss	Steppenboden meist auf Löss entwickelt, warme Sommer, kalte Winter, semiarides Klima
Landwirtschaftliche Nutzbarkeit	geringe natürliche Fruchtbarkeit, durch Bodenverbesserungsmaßnahmen nutzbar	fruchtbarer Ackerboden	sehr fruchtbar, für Feldfrüchte mit höchsten Ansprüchen geeignet, in semiariden Gebieten Bewässerung notwendig, sehr erosionsgefährdet	können sehr fruchtbar sein, hohe Ertragsschwankungen, Ackerbau meist nur bei künstlicher Bewässerung möglich, Brachen zur Erholung des Wasserhaushaltes notwendig

M 5 Wichtige Bodentypen Russlands

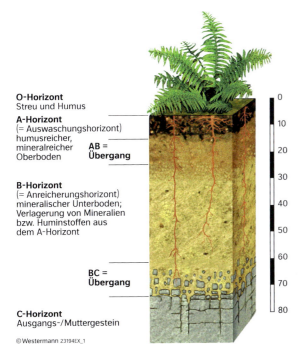

M 6 Bodenprofil

O-Horizont
Streu und Humus

A-Horizont
(= Auswaschungshorizont) humusreicher, mineralreicher Oberboden

AB = Übergang

B-Horizont
(= Anreicherungshorizont) mineralischer Unterboden; Verlagerung von Mineralien bzw. Huminstoffen aus dem A-Horizont

BC = Übergang

C-Horizont
Ausgangs-/Muttergestein

Es ist typisch für alle Böden der Erde, dass gewisse Umweltfaktoren (Klima, Vegetation, Gestein, Relief) sie in bestimmter Weise dauernd formen oder umformen. Die bodenbildenden Faktoren stehen daher mit den Böden in ständiger Wechselwirkung. Von den Wirkungen dieser Faktoren ist die des Klimas innerhalb großer Gebiete zunächst am auffallendsten (zonale Böden), doch kann in räumlich begrenzten Gebieten auch die Verschiedenheit der Gesteine für die Bodenausbildung bestimmend sein. Intensive Bewirtschaftung von Kulturböden durch den Menschen führt zu tief greifenden Änderungen gegenüber den natürlichen Böden.

M10 Bodenbildende Faktoren

Die wirtschaftliche Bewertung [der Schwarzerde] beruht auf dem hohen Gehalt an stickstoffreichen Huminsäuren, den Mikroorganismen, der krümeligen Struktur, der guten Drainage* und dem Kalkgehalt. Gefahren entstehen der Schwarzerde durch lineare Erosion und Deflation*, aber auch durch den Einsatz überschwerer Maschinen, die die lockeren oberen Bodenhorizonte verdichten und dadurch die Zirkulation von Bodenluft und Bodenwasser beeinträchtigen. Die prinzipielle natürliche Fruchtbarkeit der Schwarzerde darf also nicht zu der irrigen Meinung verleiten, dass dieses Substrat in jeder beliebigen Weise landwirtschaftlich genutzt werden könnte. Die Beseitigung der Grasflur der Steppe beim Umpflügen hat bereits den Naturhaushalt entscheidend gestört. Seit der Ausbreitung des Ackerbaus [...] setzte die Bodenerosion im Schwarzerdegebiet ein; ihre bodenschädigenden Auswirkungen währen also teilweise bereits ein halbes Jahrtausend. Bei der früher üblichen Zwei- oder Dreifelderwirtschaft liegt der Boden in einem von zwei bzw. drei Jahren brach; dann kann Wasser ungehindert angreifen, wobei die Lockerheit des Bodens die Erosion unterstützt. Die Häufigkeit von Starkregen im südlichen Russland verstärkt diese Gefahr, ebenso die rasche Erwärmung im Frühjahr und eine damit sprungartig einsetzende Schneeschmelze. [...] Eine Gesamtkalkulation ergab, dass jährlich in Russland 535 Mio. t Boden abgeschwemmt werden. Auf stark geschädigten Schwarzerdeböden wurden Ertragsrückgänge um 70 bis 80 Prozent gegenüber ungeschädigten Schwarzerden berechnet. Wo die Bodenerosion zu tief eingeschnittenen Steppenschluchten (ovrag) führte, werden Teile der Großblockfluren unnutzbar. Schutzmöglichkeiten (verbesserte Pflugtechnik, Schutzwaldstreifen, Anbau von Kulissenpflanzen) sind seit Langem bekannt, werden aber zu wenig genutzt.

Quelle: Jörg Stadelbauer: Die Nachfolgestaaten der Sowjetunion. Darmstadt: WBG 1996

M 7 Podsol

M 8 Braunerde

M 9 Schwarzerde

M 11 Quellentext zum gefährdeten Ökosystem Schwarzerde

1.7 Klimawandel im hohen Norden

Russland ist als weltweit viertgrößter Emittent von Treibhausgasen und bedeutender Produzent fossiler Rohstoffe nicht nur ein wichtiger Förderer der globalen Erwärmung. Das Land ist von den damit in Verbindung stehenden verschiedenen Klimawandelfolgen betroffen. Dies gilt im besonderen Maße für die Nordpolarregion und Sibirien – einem Hotspot des Klimawandels.

1. Nennen Sie Folgen des Klimawandels in Russland.
2. Beschreiben Sie die Entwicklung der arktischen Meereisfläche (M2, M3).
3. a) Erläutern Sie den Begriff arktische Verstärkung (M4, M5).
   b) Erklären Sie die Schnee- und Eis-Albedo-Rückkopplung mithilfe eines Wirkungsgefüges (M5).
4. Erläutern Sie die Zunahme von Extremwetterereignissen in Sibirien (M7, M8, M10, M11).
5. Nehmen Sie Stellung zu der Aussage, die Waldbrände haben die Einstellung Russlands zum Klimawandel geändert (M1, M9).

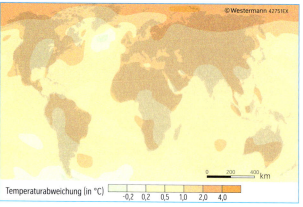

M4 Temperaturabweichungen der Dekade 2011–2020 gegenüber 1950–1980

Wann ist der Klimawandel ins Bewusstsein der russischen Bevölkerung gerückt? War es während der Hitzewelle im Sommer 2010, die nicht nur vielen Menschen das Leben gekostet, sondern auch großflächige Wald- und Torfbrände verursacht hat? War es während des Winters 2019/2020, der als wärmster in die russische Wettergeschichte einging? Oder war es während der darauffolgenden Waldbrände, die im Juli 2020 allein in Sibirien eine Fläche von mehr als 4,5 Millionen Hektar umfassten? Zu zahlreich sind die Katastrophen und Ausnahmezustände, um diesen Prozess an einem einzelnen Ereignis festmachen zu können. Klar ist aber: Es ist angekommen, das Bewusstsein für den Klimawandel. Im Rahmen einer [...] 2019 durchgeführten repräsentativen Umfrage in der russischen Bevölkerung zu den größten Bedrohungen der Menschheit im 21. Jahrhundert landete der Klimawandel auf Platz vier. [...] Auch in offiziellen Kreisen, in denen der Klimawandel lange Zeit abgestritten wurde, hat unlängst ein Umdenken stattgefunden. Seitdem Russland sich 2019 dem Pariser Klimaabkommen angeschlossen hat, wird der Klimawandel weitgehend als Fakt anerkannt. Gleichwohl blieben seine Ursachen (menschengemacht vs. natürlich) und mögliche Vorteile für Russland (Stichwort geringere Heizkosten, eisfreie Arktis) weiterhin Diskussionsthemen.
Quelle: Mascha Baumann: Ansatzpunkte für eine ambitionierte Umweltpolitik in Russland. Russland-Analysen Nr. 392 16.10.2020, S. 4

M1 Quellentext zur Wahrnehmung des Klimawandels in Russland

Das Nordpolargebiet hat sich in den zurückliegenden 50 Jahren mehr als doppelt so schnell erwärmt wie die restliche Welt – Trend anhaltend. [...] [Dazu tragen verschiedene Phänomene bei.] Mit den polwärts fließenden Meeresströmungen erreicht heute mehr Wärme als früher die Arktis oder Antarktis. [...] Gestiegen ist auch die Meeresoberflächentemperatur in den meisten eisfreien Regionen des Arktischen Ozeans, weshalb das Meer heutzutage nicht nur später im Jahr gefriert; das Meereis der Arktis schmilzt auch früher im Jahr, sodass große Flächen des Nordpolarmeers im Sommer länger eisfrei sind und somit mehr Sonnenenergie absorbieren können, wodurch ihre Temperatur weiter steigt. [...]
Welche Effekte in welchem Ausmaß zur Verstärkung beitragen, wird in der Wissenschaft kontrovers debattiert. Manche Forscher argumentieren, die drastische Erwärmung sei in erster Linie auf die schrumpfenden Schnee- und Meereisdecken in der Arktis zurückzuführen. Je weniger helle Flächen vorhanden seien, desto geringer sei die Rückstrahlkraft der Arktis und desto mehr Sonnenenergie würde im Nordpolargebiet verbleiben und Veränderungen in den Meeren und in der Atmosphäre anstoßen. Andere verweisen darauf, dass die wärmer werdende Luft über der Arktis mehr Wasserdampf aufnehme und sich demzufolge auch häufiger Wolken bildeten, die wiederum die Abstrahlung von Wärmeenergie in das Weltall behinderten. [...] Jedes Argument für sich genommen stimmt und kann durch Messungen belegt werden. Die eigentliche Erklärung für die Verstärkung liegt wohl im Zusammenspiel aller Faktoren.
Quelle: World Ocean Review 6. Hamburg: Maribus 2019, S. 111–119

M5 Quellentext zur arktischen Verstärkung

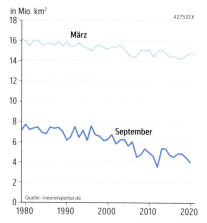

M2 Arktische Meereisfläche (1979–2021)

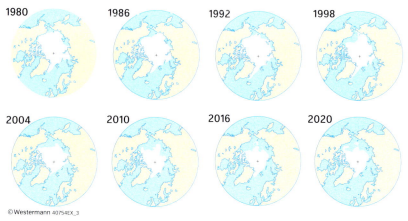

M3 Arktische Meereisfläche im September (minimale Ausdehnung)

Klimawandel im hohen Norden

M 6 Waldbrand in Sibirien

- Freisetzung großer Mengen von CO_2 und Ruß (Verstärkung des Treibhauseffekts, auch durch Verdunkelung von Eis und Schnee)
- Auftauen des Permafrostbodens (diverse Folgen, siehe Kap. 1.8)
- Zerstörung des Waldbestands (Erholungszeit 120 – 150 Jahre, weniger CO_2-Absorption)
- Direkte Gefährdung und Umsiedelungen von Menschen aus unmittelbar betroffenen Regionen
- Gesundheitliche Beeinträchtigungen durch Rauch und Ruß, auch in den sibirischen Metropolen (Smog)
- Verlust oder Vertreibung großer Tierpopulationen (z. B. Zobel, Bären, Elche, Rentiere)
- Schäden für die Holzindustrie
- Schäden für die Ölindustrie (Evakuierung der Arbeiter, Aussetzung der Bohrungen)
- Beeinträchtigung des Flugverkehrs

M 9 Folgen der Waldbrände in Sibirien

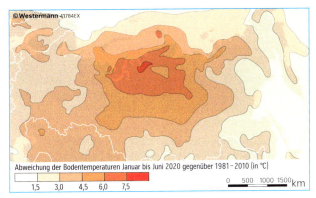

M 7 Temperaturabweichungen der Durchnittstemperaturen von Januar bis Juli 2020 gegenüber dem Mittel von 1981 – 2010

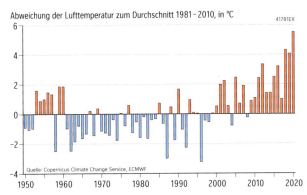

M 10 Temperaturabweichungen Sibiriens im Juni von der Durchschnittstemperatur der Jahre 1981 – 2010

[Der Polarfront-Jetstream ist ein leicht gewelltes Starkwindband, das normalerweise zwischen dem 40. und 60. Breitengrad parallel zum Äquator um die Arktis zirkuliert und ständig Hoch- und Tiefdruckgebiete vor sich her schiebt.] Seit ein paar Jahren allerdings verhalten sich diese Höhenwinde außerordentlich merkwürdig: Immer wieder schwächen sie sich stark ab und fangen an, extrem zu mäandern. Und das bringt unser Wetter noch mehr durcheinander, als das durch die Erwärmung ohnehin schon passiert. [...] [Der Jetstream] bildet sich dort, wo kalte und warme Luftmassen aufeinanderprallen – also die kalten Luftwirbel aus der Arktis auf der einen und die wärmeren Luftmassen aus dem Äquator auf der anderen Seite. Weil die Atmosphäre ständig bestrebt ist, diese Temperatur- und Druckunterschiede auszugleichen, entsteht der Jetstream. Die Erdrotation lenkt das Band der Höhenwinde von West nach Ost, und zwar in acht bis zwölf Kilometern Höhe über Nordamerika, den Atlantik, Europa und Asien hinweg – einmal im Kreis. Weil das Band den durch die Corioliskraft verursachten „planetarischen Wellen" folgt, den sogenannten „Rossby-Wellen", die die Erdkugel umlaufen, bewegt es sich nicht gradlinig, sondern schlenkert ein wenig. [...]

Weil im Sommer 2018 der Jetstream besonders weit zwischen Nord und Süd mäanderte, entstanden Extremwetterlagen auf der ganzen Nordhalbkugel. Während sich in Westeuropa, im Westen der USA und in Russland eine Hitzewelle einnistete, kam es gleichzeitig in Osteuropa und Japan zu heftigen Überschwemmungen. [...] Die abnorme Verhaltensweise des Jetstreams ist [...] eine Folge des Klimawandels in den höheren Breitengraden: [...] Die Erwärmung schreitet noch schneller voran. Die Arktis erwärmt sich [viel schneller als] der Rest des Planeten. Die Klimaforscher sprechen hier von der sogenannten arktischen Verstärkung. Die jedoch hat zur Folge, dass sich vor allem im Sommer die Temperaturen zwischen Arktis und Äquator angleichen und der Jetstream schwächer wird, manchmal sogar geradezu „einschläft". Dadurch können sich Wettermuster einnisten und über Wochen andauern [...]. Aus ein paar heißen Tagen wird eine Hitzewelle oder Dürre. Aus ein paar Regentagen wird Dauerregen mit heftigen Überschwemmungen. „Wir beobachten, dass solche Ereignisse seit etwa dem Jahr 2000 stark zunehmen", sagt [Klimaforscher Dim] Coumou. „Und das ist sehr interessant, denn genau seit dieser Zeit schlägt die Erwärmung der Arktis so richtig durch."

Quelle: Benjamin von Brackel: Jetstream: wenn der Klimamotor stottert. Energiewende-Magazin 9/2019

M 8 Quellentext zur Zunahme von Extremwetterereignissen

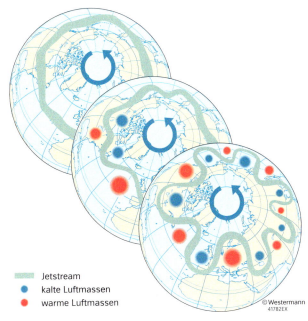

M 11 Polarfront-Jetstream

1.8 Permafrost und Klimawandel

Dauerhaft gefrorene Böden, sogenannte Permafrostböden, sind größtenteils ein Erbe vergangener Eiszeiten und finden sich im Norden Sibiriens, Kanadas und Alaskas, aber auch in Hochgebirgsregionen. Immerhin ein Viertel der gesamten Landfläche auf der Nordhalbkugel ist Permafrost. Die Rolle des Permafrosts als gewaltiger Kohlenstoffspeicher und damit seine Rolle als wichtiger Faktor bei der weiteren Klimaentwicklung wurde lange unterschätzt.

1. Gliedern Sie den Aufbau des Permafrostbodens in der Horizontalen und der Vertikalen (M2, M3).
2. Die Hälfte der russischen Landesfläche ist Permafrost. Beschreiben Sie dessen Verteilung (M1, M3, Atlas).
3. Erklären Sie die positive Rückkopplung zwischen Klimaerwärmung und dem Tauen des Permafrosts mit einem Schema (M6).
4. „Permafrost in Sibirien – wenn es hier taut, ist das Weltklima in Gefahr!" Nehmen Sie Stellung zu dieser Schlagzeile.
5. Erläutern Sie die Entstehung und die Auswirkungen des Thermokarsts (M7, M9)
6. Erstellen Sie einen Kurzvortrag zum Batagaika-Krater (Internet).
7. Veränderungen im Permafrost ziehen Veränderungen der Vegetation nach sich. Erörtern Sie, welche Rückkopplungen zwischen der Vegetation, dem Klimawandel und dem Tauen der Permafrostböden auftreten können.

- Der Permafrost(boden) ist Gestein, Sediment oder Boden, dessen Temperatur mindestens zwei Jahre unter 0 °C liegt und der somit dauerhaft gefroren ist.
- Die Dicke des Permafrosts variiert zwischen einigen bis zu mehreren Hundert Metern (in Sibirien sogar bis 1400 m). Dies hängt von der Luft- und Bodentemperatur, der Dicke der Schneeschicht, den Eigenschaften des Bodens und eventuell von einer Vegetationsdecke ab.
- Die Eigenschaften des Permafrosts hängen wesentlich von den unterschiedlichen, zum Teil sehr großen Mengen Eis, die er enthalten kann, ab. Das Bodeneis kann in Form von Eiskeilen, Eislinsen und massiven Eiskörpern vorliegen.
- In den Sommermonaten taut der Permafrost regelmäßig wenige Dezimeter bis Meter tief auf. In dieser Auftauschicht können an solche Extrembedingungen angepasste Vegetationsgemeinschaften auftreten.
- Man kann abhängig vom Klima zwischen kontinuierlichem Permafrost, bei dem mindestens 90 Prozent des Unterbodens einer Region dauerhaft gefroren sind, und diskontinuierlichem und sporadischem Permafrost unterscheiden. Hier sind nur zwischen zehn und 90 Prozent des Bodens dauerhaft gefroren. Im kontinuierlichen Permafrost sind der Austausch zwischen Oberflächen- und Grundwasser sowie die biogeochemischen Prozesse im Boden stark eingeschränkt.

M3 Permafrostboden

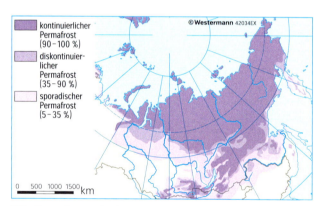

M1 Permafrostverbreitung in Russland

M4 Permafrostschichten in einem Steilwandkrater in Sibirien

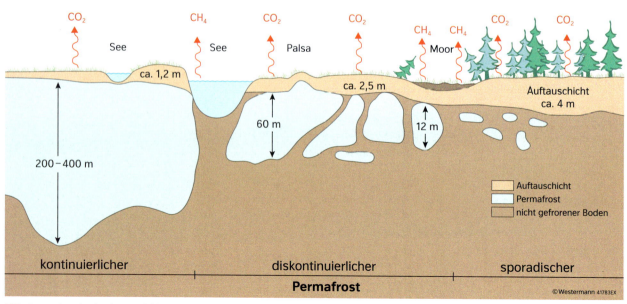

M2 Permafrostboden in Ostsibirien

Permafrost und Klimawandel

M 5   Tauende Permafrostböden auf der Taimyr-Halbinsel im Sommer

M 8   Batagaika-Krater

Die nördlichen Permafrostregionen leisten wichtige Funktionen für das Klimasystem der Erde: Neben der effektiven Rückstrahlung von Sonnenenergie durch schneebedeckte Tundra, speichert Permafrost große Mengen Kohlenstoff in Form von fossilen Tier- und Pflanzenresten. In Nordost-Sibirien und Alaska finden sich mächtige Permafrostablagerungen, die reich an organischen Überresten und Bodeneis sind [...]. Davon sind etwa 60 % dauerhaft gefroren, d. h. etwa 822 Mrd. t sind dem heutigen Kohlenstoffkreislauf entzogen. Dies entspricht in etwa der Kohlenstoffmenge, die derzeit in der globalen Atmosphäre vorhanden ist. Wie genau kommt der Kohlenstoff in den Permafrost?

Das Einfrieren ging z. T. so schnell, dass im Permafrost eingefrorene Mammuts und andere eiszeitliche Säugetiere die Jahrtausende sehr gut erhalten überdauert haben und mit Haut und Haaren wieder ausgegraben werden können. Tauen solche tierischen und pflanzlichen Überreste auf, wandeln Mikroorganismen den organischen Kohlenstoff in Treibhausgase wie CO_2 und CH_4 um. So gelangen diese Klimaantriebe wieder in die Atmosphäre, was dazu führt, dass noch mehr Permafrost taut. Dieser positive Rückkopplungseffekt wirkt sich verstärkend auf die globale Erwärmung aus. Für den Prozess ist aber nicht nur die Kohlenstoffmenge im Permafrost wichtig, sondern auch, von welcher Qualität die organische Substanz ist. Die Qualität entscheidet darüber, wie schnell der Kohlenstoff von Mikroorganismen verwertet werden kann. Dies wiederum bestimmt, wie viel und wie schnell CO_2 oder CH_4 in die Atmosphäre freigesetzt wird. Bisherige Studien zeigten, dass die Kohlenstoffqualität im Permafrost im Gegensatz zu anderen Regionen auch mit zunehmender Tiefe und zunehmendem Alter der organischen Substanz gleichbleibt. [...] Einfach ausgedrückt: Nach dem Auftauen schmeckt den Mikroorganismen die „Tiefkühlkost aus Permafrost" gleich gut, egal ob sie 20 oder 20 000 Jahre gefroren war. [...] Die natürliche Maschine der Kohlenstoffspeicherung im Permafrost beginnt sich mit der Klimaerwärmung in rasantem Tempo umzukehren. Demnach könnte die Permafrostregion bis zum Jahr 2100 etwa 140 Mrd. t Kohlenstoff in die Atmosphäre freisetzen. Dies allein wiederum würde zu einer Erwärmung der Erde von bis zu ~0,1 °C bis 2100 führen. Für die angestrebte Begrenzung der globalen Erwärmung auf 1,5 °C ist das ein beträchtlicher Beitrag, den die bisherigen Klimamodelle des Weltklimarats IPCC nicht einbeziehen.

Quelle: Guido Grosse, Josefine Lenz, Jens Strauss: Permafrostverbreitung und -degradation in den Polarregionen. Geographische Rundschau 11/2018, S. 12 – 13

M 6   Quellentext zum Kohlenstoffspeicher Permafrost

Durch höhere Temperaturen und Niederschläge taut der Permafrostboden tiefer und für längere Zeit im Sommer auf und die Auftauschicht gefriert im Winter nicht mehr. Zudem können Waldbrände und Tundrafeuer die den Permafrost isolierenden Schichten aus Vegetation und Torf verbrennen. Als Folge kommt es – neben der Freisetzung von Treibhausgasen – zur Bildung von Seen, massiven Absenkungen der Landschaft (Thermokarst) oder auch Erosionsprozessen (Thermoerosion).

Je eisreicher der Untergrund, desto stärker die Effekte. Das Schmelzwasser kann nach unten nicht abfließen, weil der Permafrostboden bestehen bleibt. Das Tauen von Eiskeilnetzen ist ein typischer Auftakt für die Entstehung von Thermokarstseen, die sich rasch ausdehnen oder auch wieder auslaufen. Das Tauen von Bodeneis führt zu einem Volumenverlust und damit zur Bodenabsenkung. So entstehen neben Kratern und Seen auch große Sumpfflächen. Das zwar kalte, im Vergleich zum gefrorenen Untergrund aber relativ warme Wasser taut weiteren Permafrost auf. Schließlich fungiert das Wasser als Isolationsschicht, sodass der darunter liegende Boden langsamer gefriert.

Auch durch fließendes Wasser auf dem Permafrost wird das Tauen verstärkt. Es entstehen aus kleinen Rinnen schnell größere Täler. Taurutschungen destabilisieren ganze Hänge. Besonders dramatisch ist solche Thermoerosion entlang von Permafrostküsten und Flussufern. Regelmäßig brechen infolge des fehlenden Eises große Küstenstücke ins Meer.

Auf der Jamal-Halbinsel sammeln sich (klimawandelbedingt) große Gasblasen im Boden, aus denen nach Explosionen große Krater entstehen.

M 7   Folgen des Auftauens des Permafrostbodens

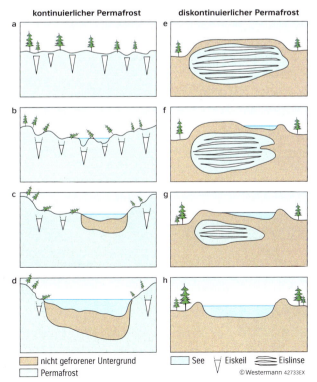

M 9   Entstehung von Thermokarstlandschaften

1.9 Leben mit dem (tauenden) Permafrost

Die südliche Grenze des Permafrosts schiebt sich immer weiter nach Norden. Modellrechnungen zeigen, dass sich auf der Nordhalbkugel die vom Permafrost unterlagerte Fläche bis 2080 um 20 bis 30 Prozent reduzieren wird. Dies hat nicht nur klimatologische Folgen, sondern schon heute und zukünftig verstärkt Auswirkungen auf die in der Region lebenden etwa vier Millionen Menschen, die Infrastruktur der Städte und die Wirtschaft.
Trotz der schwierigen Bedingungen wurden die Permafrostlandschaften schon frühzeitig von Menschen besiedelt. Die indigenen Siedler nutzen den Permafrost, um ihre Lebensmittel im Sommer zu lagern und um die Stabilität früher Behausungen zu sichern. Die Erschließung der russischen Permafrostgebiete ab den 1960er-Jahren durch Siedlungen, Straßen, Eisenbahnstrecken und Pipelines geschah in erster Linie mit dem Ziel, die im gefrorenen Untergrund gespeicherten Bodenschätze zu gewinnen. Diese Infrastruktur zu erhalten, stellt Russland heute vor große Probleme.

1. Beschreiben Sie die Fotos (M 2). Recherchieren Sie weitere Fotos, die die Probleme beim Leben mit Permafrost zeigen.
2. Erläutern Sie
   a) die Probleme bei Baumaßnahmen im Permafrost und
   b) die technischen Möglichkeiten zu ihrer Überwindung.
3. Nehmen Sie Stellung zu folgender Aussage eines Mitgliedes der Internationalen Permafrost-Gesellschaft: „Permafrost ist der wichtigste Stabilisator der sibirischen Wirtschaft."
4. Beurteilen Sie den Aufwand, den Russland betreiben muss, um seine Infrastruktur in Zeiten des Klimawandels zu erhalten.

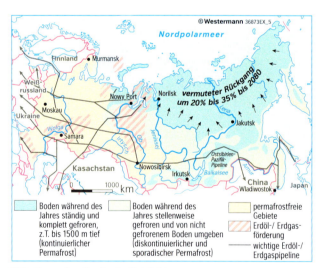

M1 Permafrostboden in Ostsibirien

Der große Fortschritt beim Bauen im Permafrost fand mit der Expansion des modernen Russlands nach Fernost statt und vor allem mit dem Bau der Transsibirischen Eisenbahn am Ende des 19. Jahrhunderts und danach. Umfangreiches Spezialwissen entstand durch die Schaffung unzähliger Bauwerke wie Brücken, Dämme und Tunnel in und auf gefrorenem Untergrund. Die Hauptsorge der Ingenieure galt der direkten Einwirkung der Bauwerke auf das thermische Regime. Viele dieser Bauwerke entlang der Transsibirischen Eisenbahn, die über Tausende Kilometer durch die Zone des diskontinuierlichen Permafrostes verläuft, sind bis heute erhalten. Die große Variabilität der Permafrostparameter unter sehr unterschiedlichen Landschaften (z. B. Steppen, Taiga, Moore, Flusstäler, Gebirgszüge) und das Auftreten von Grundeis in vielfältiger Form (z.B. massives Eis, Porencis, Eislinsen) macht das Bauen im Permafrost eher zu einer Disziplin von Ausnahmen als von Gesetzmäßigkeiten und schafft kaum erfüllbare Anforderungen selbst an die sachkundigsten Ingenieure. Die Einwirkungen des tauenden Permafrosts auf die Infrastruktur sind vielfältig und betreffen Gebäude, Straßen, Eisenbahnen, Strom-, Öl- oder Gasleitungen sowie Industrieanlagen und Nachrichtenverbindungen. Während einige negative Einwirkungen auf fehlende Kenntnisse während der Planung und beim Bauen zurückzuführen sind, resultiert eine erhebliche Anzahl aus den unvorhersehbaren Reaktionen der Erdoberfläche und des Untergrundes auf schmelzendes Eis und sich ändernder Stabilität.
Es ist nicht selten, dass man Bauwerke in unterschiedlichem Grad der Zerstörung [...] sieht. Beim Bauen im Permafrost versucht man traditionell die Erwärmung des Baugrundes durch Pfeilerbau und/oder die Einsetzung von Thermosyphons zu verhindern, die den Untergrund kühlen. Eine Vertiefung der Auftauzone oder einfach das Verschwinden von Permafrost wurde häufig bei der Bauplanung nicht in Betracht gezogen. Beim Auftauen der oberflächennahen Schichten mit unterschiedlichen Eisgehalten beginnen die Gebäude sich gefährlich zu verformen, was letztlich zum Zusammenbruch führen kann. [...]
Die Wirkung tauenden Permafrosts ist auch sehr deutlich in den arktischen Küstengebieten erkennbar. Die Küstenerosion zerstört hier große Landabschnitte mit eisreichem Permafrost, reduziert die Lebensräume der arktischen Flora und Fauna und bedroht die Infrastrukturen der Menschen. Die prognostizierte erhöhte Anzahl von Stürmen, die die Küsten in der eisfreien Periode beeinflusst, wird die Planer zwingen, Anpassungsstrategien zu modifizieren. [...] An der Küste der Karasee in Russland wurden große Anlagen der Öl- und Gasindustrie regelmäßig von anrollenden Wellen angegriffen und gehen zunehmend im Meer unter.

Quelle: Hugues Lantuit, Lutz Schirrmeister: Permafrost und Mensch. Polarforschung 81 (1) 2011, S. 70-71

M3 Quellentext zu tauendem Permafrost

M2 Probleme mit dem Permafrostboden in Sibirien

M 4 Wohnblock in Tiksi

M 7 Kühlung des Bodens bei einem Krankenhaus in Jakutsk

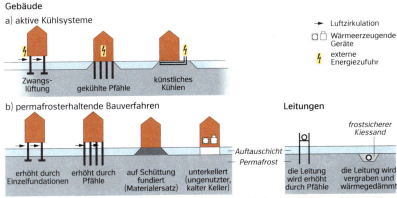

Kühlsysteme beeinflussen die Temperatur im Untergrund, um die Mächtigkeit der Auftauschicht stabil zu halten oder zu verringern. Aktive Kühlsysteme benötigen eine externe Energiezufuhr, während passive Kühlsysteme ohne zusätzliche Energie auskommen.

M 6 Bauverfahren im Permafrost

Der große Durchbruch [beim Permafrostbau erfolgte] in den 1950er-Jahren [...] mit der Entwicklung des Bergbau- und Metallurgie-Komplexes in der Stadt Norilsk [...]. Der Bauingenieur Michail Kim hat ein System von „Pfeilerfundamenten" für Bauten unter Permafrost-Bedingungen perfektioniert. Diese Pfeilerfundamente bestehen aus mehreren Reihen 8 mal 16 Meter starker Betonpfeiler, die in den Permafrost „eingefroren" sind, sowie einer Anzahl von Betonträgern, die in einer Höhe von 1,2 - 1,8 Metern über Grund auf den Fundamenten aufliegen. Ein solches Fundament sorgt für eine Luftschicht, die die vom Bauwerk erzeugte Wärme wirksam vom gefrorenen Untergrund isoliert. [...] [Zudem sorgen die] Pfeilerfundamente für eine Absenkung der Permafrost-Temperaturen, und zwar aufgrund der guten Belüftung des Leerraumes zwischen Bauwerk und Boden, der fehlenden Schneedecke und der Schattenbedingungen unter dem Bauwerk. [...] Kims Fundamente [konnten] im Vergleich zu anderen Methoden relativ kostengünstig und sehr zügig gebaut werden. Dieser Umstand fiel mit der Entwicklung der Produktion von vorgefertigten Betonelementen zusammen, die auf einem Pfeilerfundament schnell zu mehrstöckigen Wohn-, Gemeinschafts-, Kultur- oder Industriegebäuden montiert werden konnten. Dadurch stieg die Rate, mit der in Norilsk Wohngebäude errichtet wurden, [...] auf rund 18–20 pro Jahr in den 1960er-Jahren. [...] Über 75 Prozent der Gebäude in den russischen Permafrost-Regionen wurden auf Pfeilerfundamenten errichtet. [...]

Ungeachtet des verkündeten „Sieges über den Permafrost" kam es zu immer zahlreicheren Berichten über strukturelle Deformierungen bei Gebäuden, die rund 10–15 Jahre nach dem ursprünglichen Bau durch eine Erwärmung des Permafrostbodens verursacht wurden. [...] Untersuchungen zur Infrastruktur, die Ende der 1990er-Jahre durchgeführt wurden, haben ergeben, dass zwischen 10 und 80 Prozent der städtischen Infrastruktur potenziell in einem gefährlichen Zustand ist. Die Quote der permafrostbedingten Schäden an der Infrastruktur hat im Laufe der vergangenen zwei Jahrzehnte immer stärker zugenommen. Zwar ist [heute] eine Reihe von Konstruktionslösungen verfügbar, um die negativen Auswirkungen der veränderten Permafrost-Bedingungen auf die Infrastruktur abzumildern, doch sind in vielen wirtschaftlich verwundbaren Kommunen Russlands die Kosten für eine stadtweite Anwendung unerschwinglich. [...] Es scheint, dass das Problem der Infrastrukturstabilität auf Permafrostböden in Russland auf höchster Ebene wahrgenommen wird. [...] Angesichts der gegenwärtigen geopolitischen Prioritäten und der wirtschaftlichen Probleme Russlands bleibt es allerdings höchst ungewiss, ob diese Anerkennung des Problems auch Taten nach sich ziehen wird.

Quelle: Nikolay I. Shiklomanov: Fällt alles zusammen? Urbane Infrastruktur und Permafrost in der russischen Arktis. Russlandanalysen 392, 16.10.2020, S. 14 – 17

Damit die Industrieanlage [zur Verflüssigung von Erdgas auf der russischen Halbinsel Jamal] nicht im schmelzenden Eis versinkt, muss der Permafrostboden künstlich gekühlt werden. [...] Der Untergrund besteht nur zu 30 Prozent aus Sediment, der Rest ist Wasser – und das das taut. So schnell und so tief, dass die bisherigen Erfahrungen mit Bautechniken in der Arktis überholt sind. [Sergej Vatschugin, Bauleiter der Yamal LNG Baustelle in Sibirien, erläutert:] „Wir stehen hier auf Permafrostboden. Um diesen stabil zu halten, nutzen wir sogenannte Themostabilisatoren. [...] Diese sollen den Erdboden kühlen. Zusammen mit den Pfählen, die die Fundamente tragen, werden sie in den Boden gelassen. [...]" Dass jetzt die Permafrostschicht selbst durch künstliche Kühlung stabil gehalten werden muss, das ist neu. [...] Stabilität ist das entscheidende Kriterium für die Wirtschaftlichkeit von Bauvorhaben. [...]

„Wir haben nur lokale Lösungen, und auch die taugen nur für eine Übergangszeit [sagt Antoni Lewkowicz, Permafrostforscher aus Ottawa]. Die Methoden, die wir kennen, um den Boden zu kühlen, drücken die Temperatur um etwa ein Grad – und auch das nur in der unmittelbaren Umgebung des Pfahls, der die Infrastruktur im Untergrund verankert. Wir können die Fundamente von Gebäuden durch geschlossene Kühlsysteme (Thermosiphons) stabilisieren – das ist kostspielig, aber es ist möglich. Manche Erwärmungsszenarien gehen allerdings davon aus, dass sich die Eisschicht bereits innerhalb der kommenden 20 oder 30 Jahre um ein Grad erwärmen wird. So viel Zeit gewinnen wir. Danach sind wir wieder dort, wo wir ohne Kühlsystem gewesen wären."

Quelle: Andrea Rehmsmeier: Auf dünnem Eis. Deutschlandfunk 7.8.2016

M 5 Quellentexte zum Bauen auf Permafrost in Russland

1.10 Eisschmelze in der Arktis – wird das Nordpolarmeer schiffbar?

Russland ist nicht nur der weltgrößte Flächenstaat, Russland hat mit 37653 km eine doppelt so lange Küste wie die USA. In den Blick rückt mit dem Rückgang der Eisbedeckung das Nordpolarmeer. Mit der zunehmenden Rohstoffgewinnung werden die Randmeere der Arktis Transportrouten für deren Abtransport. Russland plant den nördlichen Seeweg aber auch als Transitroute für Containerschiffe aus China, Japan und Südkorea nach Europa. Werden die Rohstoffvorkommen und die neuen Seewege zu Konflikten der Anrainerstaaten des Nordpolarmeeres um die Souveränitätsrechte führen?

1. Stellen Sie die Bedeutung des nördlichen Seeweges für die Rohstofferschließung im Norden Sibiriens dar.
2. Vergleichen Sie die Transportwege von Shanghai nach Hamburg (M 7).
3. Erörtern Sie die Pläne, die Nordostpassage als Transitroute auszuweiten (M 5, M 9 – M 11)
4. Erörtern Sie die russischen Gebietsansprüche in der Arktis (M 2, M 3, Grafik Seerechtsabkommen, siehe S. 93).
5. Nehmen Sie Stellung zum Zitat M 1.

„Wir wollen den Nördlichen Seeweg zu einer zentralen Handelsmagistrale von globaler Bedeutung und globaler Größe machen. Ich will das betonen: Wir sehen die Zukunft des Nördlichen Seewegs darin, dass er zu einer internationalen Transportarterie wird, der mit den traditionellen Schifffahrtsrouten in Sachen Sicherheit und Qualität sowie beim Preis der zur Verfügung gestellten Dienstleistungen konkurrieren kann."

Wladimir Putin, russischer Präsident (2011)

M 1 Zitat

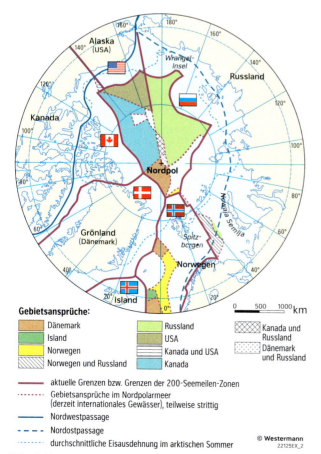

M 2 Gebietsansprüche in der Arktis

[Bei der] Festlegung und Abgrenzung des „erweiterten" Festlandsockels* über 200 Seemeilen hinaus gibt es [...] überlappende Rechtsansprüche. [...] [Es] verpflichteten sich alle Anrainerstaaten des Nordpolarmeers darauf, sich bei der Festlegung der äußeren Grenzen ihres Festlandsockels vom Seerecht leiten zu lassen. Dies bedeutet, dass die Anrainerstaaten Angaben über die Grenzen ihres Festlandsockels an die im Rahmen des Seerechtsübereinkommens ins Leben gerufene Kommission zur Begrenzung des Festlandsockels (Festlandsockelkommission) zur wissenschaftlichen Prüfung übermitteln und die äußeren Grenzen ihres Festlandsockels auf der Basis der Empfehlungen dieser Kommission festlegen würden. [...] Russlands Regierung hat in den jüngsten „Grundlagen der russländischen Politik in der Arktis bis 2035" zusätzlich bekräftigt, dass der Festlandsockel im Arktischen Ozean aufgrund von Völkerrechtsnormen und der erreichten Absprachen abgegrenzt werden wird.

Quelle: Andrej Zagorskij: Konflikt in den Köpfen. Osteuropa, 5/2020, S. 84

Anmerkung: Unterhalb 200 Seemeilen liegt das Recht zur Nutzung des Meeres alleinig beim Anrainerstaat; bei überlappenden Grenzen der Staaten erfolgt eine mittige Grenzziehung; wenn der Küstenschelf geologisch zum Festland („Erweiterter Festlandsockel") gehört, verschiebt sich die Ausschließliche Wirtschaftszone bis maximal 60 sm hinter den Kontinentalabhang.

M 3 Quellentext zu den Gebietsansprüchen in der Arktis

M 4 Nuklear angetriebener Eisbrecher 50 Let Pobedy am Nordpol

Nahezu alle derzeit genutzten Strecken führen größtenteils durch Russlands Ausschließliche Wirtschaftszone, die 200 Seemeilen nördlich der Hoheitsgewässer endet. Moskau besteht in einer engen Auslegung der Rechtslage darauf, die Schifffahrt in diesem Seegebiet zu regulieren. Ungefähr von Anfang Juli bis Ende November ist das eurasische Polarmeer aktuell befahrbar, in der westlichen Hälfte sogar ganzjährig. Der Transitverkehr verschafft Russland Einnahmen und internationalen Einfluss. [...] In den letzten zwei Jahrzehnten flossen Milliarden Dollar nicht nur in die Förderung von fossilen Rohstoffen, sondern auch in die maritime Infrastruktur der Arktis (Häfen, Eisbrecher, Kommunikations- und Rettungssysteme). Als Lebensader von globaler Bedeutung soll eine modernisierte Nördliche Seeroute nicht nur die Exportwirtschaft prosperieren lassen, sondern Wohlstand und Lebensqualität in der russländischen Arktis signifikant verbessern. [...] Die Nördliche Seeroute werde ganzjährig den Zugang zu den Rohstoffen des Nordens ermöglichen, ausländische Investitionen anziehen und die arktischen Häfen Russlands zu Knotenpunkten des Welthandels machen [Vision Putins vom 5. März 2020].

Quelle: Andreas Renner: Markt, Staat, Propaganda. Der Nördliche Seeweg in Russlands Arktisplänen. Osteuropa 5/2020, S. 39

M 5 Quellentext zur Nutzung der Nordostpassage

Eisschmelze in der Arktis – wird das Nordpolarmeer schiffbar?   25

	Frachtvolumen (in Mio. t)	Davon transarktisch (in Mio. t)	Anteil	Transitpassagen (Anz.)
2010	2,09	0,11	5,3 %	10
2011	3,23	0,82	25,5 %	41
2012	3,75	1,26	33,6 %	46
2013	3,91	1,18	30,1 %	71
2014	3,99	0,28	6,9 %	31
2015	5,41	0,04	0,7 %	18
2016	7,27	0,22	3,0 %	19
2017	9,93	0,19	2,0 %	27
2018	20,18	0,49	2,4 %	27
2019	31,53	0,70	2,2 %	37

M 6 Neuer Hafen in Sabetta

M 12 Frachtvolumen im russischen Nordpolarmeer (2010 – 2019)

M 7 Transportrouten China – Europa

- destinationsbezogene Verkehre: Rohstofftransporte aus Nordwestrussland in einen Hafen außerhalb der Arktis
- intraarktische Verkehre: zwei oder mehr Arktisstaaten verbindende Schiffsbewegungen
- transarktische Verkehre: durch die Arktis führende interkontinentale Schiffstransporte
- regionaler Verkehr: Schiffsverkehr in den Küstengewässern eines Arktisanrainerstaates

M 8 Schiffsbewegungen im Nordpolarmeer

- hohe Kosten für den Bau eisgängiger Schiffe mit polartauglicher Ausrüstung
- Beschränkung auf 30 Meter breite Schiffe (Fahrrinne der Eisbrecher) und einen Tiefgang von maximal zwölf Metern (geringe Wassertiefe)
- teure Schiffsversicherungen (20 bis 100 Prozent über den Standardpreisen)
- besonders ausgebildetes und geschultes Personal
- hohe Ausgaben für kältetauglichen Spezialtreibstoff, hoher Treibstoffverbrauch
- Kosten für die Begleitung durch russische Eisbrecher
- die Gefahr zeitlicher Verzögerungen und entsprechender Strafzahlungen aufgrund der unberechenbaren Eisbedingungen
- noch fehlende Infrastruktur für Such- und Rettungsmaßnahmen

M 9 Herausforderungen für Schiffsbewegungen im Nordpolarmeer

Wie die Ressourcenförderung bringt auch die arktische Schifffahrt eine Reihe bekannter und möglicher Gefahren für die empfindliche arktische Umwelt mit sich. Sollte es zu einem Tankerunfall kommen oder ein Schiff auf andere Weise Öl oder Treibstoff verlieren, wäre davon auszugehen, dass die Auswirkungen einer solchen Verschmutzung in der kalten Arktis viel länger anhalten als in wärmeren Gebieten. Säuberungsmaßnahmen wären sehr aufwendig und langwierig – und nach Ansicht einiger Experten garantiert unzureichend, weil es noch keine adäquaten technischen Lösungen gibt. Bleibende Schäden an Umwelt, Pflanzen und Tieren wären daher unvermeidbar.
Anders als in der Antarktis dürfen Schiffe in der Arktis bislang auch mit schwefelhaltigem Schweröl fahren. Dieser Treibstoff ist ein hochgiftiges, sehr zähflüssiges Abfallprodukt aus der Ölindustrie, das im Jahr 2015 in der Arktis 57 Prozent des genutzten Schiffstreibstoffs ausmachte. Tritt es durch eine Havarie, ein Leck oder aber durch eine gezielte Einleitung aus und kommt mit Wasser in Kontakt, verteilt es sich an der Meeresoberfläche, emulgiert und nimmt ein Vielfaches seines ursprünglichen Volumens an. Die moussartige Masse lagert sich dann entweder auf dem Meereis ab und gefriert – oder aber es wird an die Küsten geschwemmt oder sinkt zum Meeresboden. Aufgrund seiner Konsistenz kann emulgiertes Schweröl große Regionen verseuchen. [...]
Bei der Verbrennung von Schweröl in den Schiffsmotoren entstehen neben großen Mengen Kohlendioxid auch Luftschadstoffe wie Schwefeloxide, Stickoxide, Feinstaub sowie braune und schwarze Rußpartikel. Lagern sich diese dunklen Partikel auf Schnee oder Meereis ab, sinkt deren Rückstrahlfähigkeit. Beide Materialien absorbieren fortan mehr Sonnenstrahlung und schmelzen schneller. [...]
Schallwellen wandern in kaltem Wasser weiter als in wärmerem. Das heißt, Motorengeräusche oder der Lärm der Explorationsarbeiten sind in der Arktis auf größere Entfernungen zu hören, [was negative Auswirkungen auf lärmempfindliche Wale und andere Meeresfauna hat.]
Quelle: World Ocean Review 6. Hamburg: Maribus 2019, S. 274

M 10 Quellentext zu den Umweltgefahren des Schiffsverkehrs in der Arktis

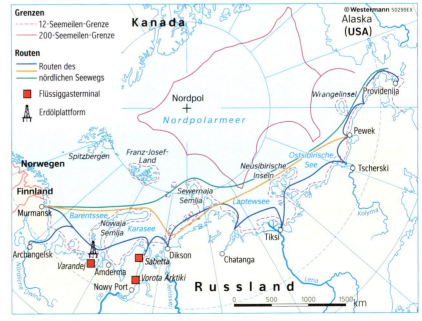

M 11 Routen der Nordostpassage

Zusammenfassung

Die Russische Föderation

Die Gründung des russischen Staates geht auf das 9. Jahrhundert zurück. In der Folgezeit expandierte Russland über die Jahrhunderte nach Osten. In Analogie zu den Vereinigten Staaten wurde auch in Russland die Eisenbahn zum Motor der Erschließung – in diesem Fall der Bau der Transsibirischen Eisenbahn (1891–1903). Entlang der Bahnlinie begann die forcierte Industrialisierung. Nach wie vor ist Sibirien jedoch ein weitgehend unerschlossener, nur spärlich besiedelter Großraum, in dem größtenteils nur Rohstoffe gewonnen werden.

Nach dem 2. Weltkrieg konnte die Sowjetunion ihren Machtbereich weit nach Westen verschieben. Sie wurde neben den Vereinigten Staaten zweite Atom- und Weltmacht. Während Michail Gorbatschow im Westen als der Staatspräsident gilt, der den „Kalten Krieg" zwischen Ost und West beendete, wird sein Name in Russland mit dem Niedergang des Staates verbunden. Nach der Auflösung der sozialistischen Sowjetunion war die Russische Föderation (eigentlich Russländische Föderation) größter Nachfolgestaat und zugleich der Rechtsnachfolger der Sowjetunion. Der föderale Staatsaufbau wurde trotz weiterhin starken Zentralismus beibehalten. Der Übergang zu einer marktwirtschaftlichen Ordnung verlief in den 1990er-Jahren krisenhaft. Erst der Rohstoffboom der 2000er-Jahre brachte dem Land wirtschaftliche Erfolge, begründete aber auch eine rohstoffzentrierte Exportwirtschaft. Heute ist Russland die elftgrößte Wirtschaft der Welt (nach Kaufkraftparitäten sechstgrößte) und zählt nach Pro-Kopf-Einkommen zu den Schwellenländern.

Der jetzige russische Präsident Wladimir Putin steht dem formal semipräsidentiellen Land mit jedoch stark autokratischen Zügen seit vielen Jahren vor und will der Russischen Föderation wieder Weltgeltung verschaffen. Zunehmend gerät bei Putin auch die Arktis in den Blick. Die Nutzung der Nordostpassage als Transitroute zwischen Asien und Europa und die Ausweitung der Rohstoffförderung – vor allem Erdöl und Erdgas – in der Arktis haben einen hohen Stellenwert in der Wirtschaftspolitik des Landes.

Die Nachfolgestaaten der Sowjetunion

Mit dem Ende der Sowjetunion 1991 wurden die 14 ehemaligen Unionsrepubliken unabhängig. Estland, Lettland und Litauen sind in die Europäische Union aufgenommen worden und gehören inzwischen der NATO an. Georgien und die Ukraine streben eine Bindung an den Westen an. Bei den übrigen Staaten wird in Russland von seinem „Nahen Ausland" gesprochen. Jedoch sind die Beziehungen der Kaukasus-Staaten zu Russland nicht spannungsfrei und die zentralasiatischen Staaten suchen zunehmend eine Annäherung an China. Diese Staaten verfügen über beträchtliche Rohstoffvorkommen, das verarbeitende Gewerbe ist jedoch nur schwach ausgeprägt. Trotz widriger klimatischer Bedingungen dominiert die Landwirtschaft.

Der Naturraum

Russland besitzt eine gewaltige Ausdehnung. Bis auf die tropische Zone hat der weltweit größte Staat Anteil an allen Klima- und Vegetationszonen der Erde. Der Permafrost (Kältegrenze), aber auch die Trockenheit (Trockengrenze) in den südlichen Landesteilen und das Relief der Hochgebirge (Höhengrenze) beschränken die Landwirtschaft auf ein relativ kleines „Agrardreieck" – vor allem Tiefländer mit fruchtbaren Schwarzerdeböden. Nur 12,6 Prozent der russischen Landesfläche sind landwirtschaftlich nutzbar. So wundert es nicht, dass das große, dünn besiedelte Land keinesfalls zu den größten Agrarproduzenten zählt. Seine Bewohner haben jedoch die Fähigkeit entwickelt, den über weite Räume widrigen klimatischen Bedingungen standzuhalten.

Der Klimawandel in Nordsibirien

Das Nordpolargebiet hat sich in den letzten 50 Jahren mehr als doppelt so schnell erwärmt wie die restliche Welt. Das Meereis schmilzt, immer größere Flächen des Polarmeeres bleiben im Sommer eisfrei. Die dauerhaft gefrorenen Böden nehmen ab. Der Permafrostboden geht als Kohlenstoffspeicher verloren und frei werdendes Kohlendioxid und Methan verstärkt den Treibhauseffekt weiter. Durch das Auftauen der Böden schwindet zudem die Stabilität der Häuser; Straßen, Eisenbahnlinien und Pipelines werden zerstört beziehungsweise müssen mit großem Aufwand erhalten werden. Zerstörte Pipelines hatten in letzten Jahren tagelange Ölausflüsse zur Folge und somit weitere Umweltschäden verursacht. Der Klimawandel führt in Sibirien zudem zu einer Zunahme von verheerenden Waldbränden. Russland ist allerdings nicht schuldlos an der globalen Erwärmung. Es zählt nicht nur selbst zu den größten Treibhausgasemittenten, sondern auch zu den größten Exporteuren energetischer Rohstoffe.

Weiterführende Literatur und Internetlinks

Matthias Erich Baumann: Russland und China. Braunschweig: Westermann 2008

Jörg Stadelbauer: Die Nachfolgestaaten der Sowjetunion. Darmstadt: WBG 1996

Martin Aust: Die Schatten des Imperiums – Russland seit 1991. München: Beck 2019

Thomas Kunze: Zentralasien – Portrait einer Region. Berlin: Links 2019

Gerd Braune: Die Arktis – Portrait einer Weltregion. Berlin: Links 2016

Deutsche Vertretungen in Russland
• https://germania.diplo.de/ru-de

Geographische Rundschau
• „Zentralasien" 11/2013
• „Polarregionen" 12/2011
• „Russland - Großmacht im globalen Wandel – Russisches Roulette" 1/2011
• „Kaukasien" 3/2006
• „Mittelasien" 10/2004
• „Russland" 12/2003

Allgemeine Informationen zu Russland
Russland-Analysen, Zentralasien-Analysen
• www.laender-analysen.de
• www.bpb.de/russland

Rosstat (Föderaler Dienst für staatliche Statistik)
• https://eng.rosstat.gov.ru/
Offizielle Website des staatlichen Amtes für Statistik der Russischen Föderation mit statistischen Daten zu Bevölkerung und Wirtschaft sowie mit offiziellen Kenndaten zum Lebensstandard, zum Einkommen und zur Wohnsituation in Russland (engl.)

Interstate Statistical Committee of CIS (GUS)
• www.cisstat.com/eng

World Ocean Review
Arktis und Antarktis - extrem, klimarelevant, gefährdet. Hamburg: Maribus 2019
• http://worldoceanreview.com

Informationen zur politischen Bildung
• Klima. Heft 347, 2/2021
• www.bpb.de/internationales/europa/russland

2 BEVÖLKERUNG UND STADT

Taganskaya Metrostation in Moskau

BEVÖLKERUNG UND STADT

2.1 Viermal Russland: räumliche Disparitäten

Wenn russische Kosmonauten bei der Erdumrundung in der Nacht aus der Raumfähre auf ihr Heimatland schauen, dann sehen sie den strahlenden Stern Moskau im Westen, viele kleinere leuchtende Punkte weiter süd- und südöstlich, einige Lichterketten, die in den Norden und den Osten verlaufen ,und im asiatischen Teil ein großes, weitgehend „Schwarzes Loch". Schon aus dieser unterschiedlichen Nachtbeleuchtung werden die mannigfaltigen Gegensätze erkennbar, die wohl kein anderer Staat innerhalb seiner Landesgrenzen aufweist: Gegensätze in der Bevölkerungsverteilung, den Beschäftigungsmöglichkeiten, der Infrastrukturausstattung, der Industrialisierung und der Modernisierung.

Das räumliche Nebeneinander spiegelt Aktiv- und Passivräume des größten Landes der Erde wider. Es zeigt Disparitäten, die sich aus der natürlichen Ausstattung des Raumes, seiner geschichtlichen, politischen, sozialen und wirtschaftlichen Entwicklung ergeben haben. Die bestehenden landesweiten Ungleichgewichte stellen nicht nur für die staatlichen Institutionen große Herausforderungen dar, sondern in erster Linie auch für jeden einzelnen Bewohner in einem unterentwickelten Landesteil. Viele entlegene Regionen werden jedoch allein aufgrund der großen Entfernung von den sozioökonomisch aufstrebenden Zentren und ihrer Entwicklung abgekoppelt, wodurch der Lebensstandard ihrer Bewohner weiter sinkt und wohl nicht mehr aufgeholt werden kann (Kap. 2.3). Wachstum und Schrumpfung von Städten und andere Stadtentwicklungen sind (auch) Folge dieser Prozesse (Kap. 2.8 – 2.10). Die zentralistische Lenkung des Staates behindert über große Entfernungen außerdem die (infrastrukturelle) Entwicklung. Hinzu kommt in Russland eine außergewöhnliche natürliche Bevölkerungsentwicklung (Kap. 2.2) und diverse Wanderungsbewegungen (Kap. 2.4 – 2.6). Unabhängigkeitsbestrebungen ethnischer Minderheiten innerhalb des Vielvölkerstaats sind ein weiteres Problem (Kap. 2.7).

M1 Europa und Asien bei Nacht

  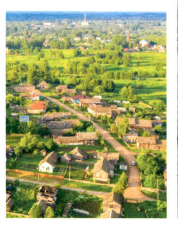 

M2 Viermal Russland

Viermal Russland: räumliche Disparitäten

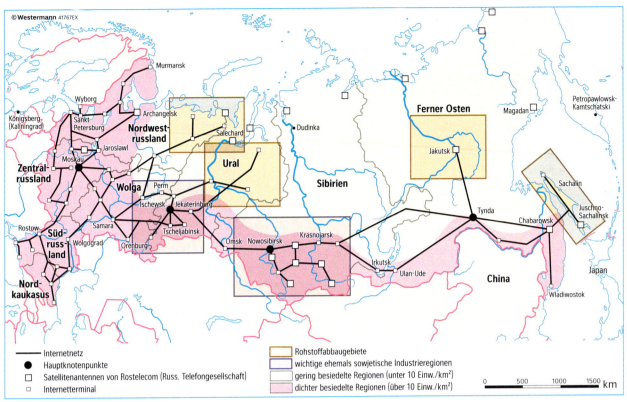

M3 Russisches Internetnetz

M4 Bevölkerungsverteilung in Russland (2020)

M6 „Viermal Russland"

Erstes Russland (ca. 29 % der Bevölkerung)	Zweites Russland (ca. 25 % der Bevölkerung)
• große Städte mit föderaler Bedeutung (z. B. Moskau, St. Petersburg, Nowosibirsk, Jekaterinburg) • post-industrielle Wirtschaftsstruktur • relativ hohe Einkommen, hoher Bildungsstand der Bevölkerung, breite Mittelschicht, Wachstum durch Zuwanderung	• größere Städte mit Industriespezialisierung aus der Sowjetzeit (oft Monostädte*) • krisenanfällige Wirtschaft • mittlere und untere Bildungsgrade, noch überdurchschnittliche Einkommen, Abwanderung der jungen Bevölkerung
Drittes Russland (ca. 38 % der Bevölkerung)	**Viertes Russland (ca. 6 % der Bevölkerung)**
• ländliche Strukturen, Fehlen großer Zentren • Beschäftigung in der Landwirtschaft und im öffentlichen und informellen Sektor • Alterung der Bevölkerung durch ständige Abwanderung, Aufgabe von (Klein-)Siedlungen im ländlichen und peripheren Raum	• abgekoppelte und marginalisierte Landesteile, teilweise mit politischer Instabilität (z. B. Nordkaukasus), späte Urbanisierung • Industrieferne • unterdurchschnittliche Einkommen und niedriger Lebensstandard, geringer Motorisierungsgrad, patriarchalische Strukturen • hohe Geburtenraten

M5 „Chetyre Rossii" – „Viermal Russland"

---

1. Beschreiben Sie die beleuchteten Strukturen in dem Nachtbild von Russland (M1, Atlas).
2. Fassen Sie die Bevölkerungscharakteristik der vier Gruppen in M5 zusammen und beschriften Sie die Legende in M6.
3. Analysieren Sie die Verteilung der Bevölkerung Russlands vor dem Hintergrund von Klima, Relief, Rohstoffvorkommen und Infrastruktur (M2, M3, M4, Atlas).
4. Erläutern Sie verschiedene Raumstrukturen, zwischen denen in Russland Disparitäten bestehen (M1–M6).

2.2 Natürliche Bevölkerungsentwicklung

Der Zusammenbruch der Sowjetunion war auch für die demografische Entwicklung ein Wendepunkt für Russland. Der gesellschaftliche Transformationsprozess* hatte gravierende Folgen auf die Bevölkerungsentwicklung. Während die Bevölkerung der Russischen Föderativen Sozialistischen Sowjetrepublik bis 1991 stetig wuchs, stagniert die Bevölkerung seitdem. Trotz massiver politischer Bemühungen, negative Einflussfaktoren zu bekämpfen, wird eine Schrumpfung der Bevölkerung Russlands prognostiziert.

1. Charakterisieren Sie die Altersstruktur Russlands (M2).
2. a) Analysieren Sie die Bevölkerungsentwicklung und die Entwicklung von Geburten- und Sterberate in Russland und den Nachfolgestaaten der Sowjetunion (M1, M4, M5, M6).
   b) Erläutern Sie die Besonderheiten Russland in Bezug auf das Modell des demografischen Übergangs*.
3. Analysieren Sie regionale Unterschiede in der Bevölkerungsentwicklung Russlands (M3, Atlas).
4. Vergleichen Sie die demografischen Daten Russlands, der ehemals sowjetischen Republiken Zentralasiens und Deutschlands (M5, M6).
5. Analysieren Sie die Entwicklung der Lebenserwartung der russischen Bevölkerung und ihre Ursachen (M7–M9).
6. Beurteilen Sie die Erfolge der russischen Bevölkerungs- und Gesundheitspolitik (M2, M4, M7, M10–M12).

Durch die politischen und wirtschaftlichen Umbrüche in den 1990er-Jahren standen viele Russen vor den Trümmern ihrer Existenz. Tausende hatten ihren Arbeitsplatz verloren und waren in die Armut abgerutscht. Viele Paare entschieden sich vorerst gegen Nachwuchs und jahrelang kamen weniger Kinder zur Welt als zu sowjetischen Zeiten. [...] Nicht nur materielle Nöte und unsichere Zukunftsperspektiven verhinderten Familiengründungen und die Geburt von Kindern, sondern auch drastische Kürzungen der Sozialausgaben und das marode Gesundheitssystem. Weitere Gründe sind: Die Frauen sind selbstständiger und verschieben den Kinderwunsch. Die neu gewonnenen persönlichen Freiheiten des Bürgers führen zu individuelleren Lebensentwürfen. Russland besitzt weltweit eine der höchsten Abtreibungsraten. [...]

Die tiefe demografische Krise, in der Russland seit den 1990er-Jahren steckt, rief seit Anfang der 2000er-Jahre auch die Politik auf den Plan. Beispielhaft dafür stehen die Aussagen von Wladimir Putin: „Das Überleben der Nation ist in Gefahr" (2000) und „Zunächst einmal müssen wir dafür sorgen, dass die Sterberate abnimmt. Dann brauchen wir eine vernünftige Einwanderungspolitik und mehr Geburten" (2006). Im Jahr 2007 beschloss die russische Regierung ein Maßnahmenpaket, um Anreize für die Geburt von Kindern zu schaffen und so die Geburtenrate anzuheben. Die guten Einnahmen des russischen Staates durch die hohen Preise auf dem Rohstoffmarkt Mitte der ersten Dekade des 21. Jahrhunderts ermöglichten der russischen Regierung, für Frauen durch materielle Zuwendungen Anreize zur Geburt von Kindern zu schaffen. [...] Der russische Staat bezuschusst außerdem die Kindergartengebühren, zahlt Geburtenprämien und erhöhte das Elterngeld.

Die Fertilitätsrate stieg daraufhin an. Unklar ist allerdings, wie anhaltend die Entwicklung sein wird. [...] Es kann davon ausgegangen werden, dass viele Frauen die Gelegenheit ergriffen haben, sich nun den Kinderwunsch zu erfüllen, nachdem sie diesen über Jahre wegen der schlechten wirtschaftlichen Lage verschoben hatten. Mitte der ersten Dekade des 21. Jahrhunderts hatte sich für viele Russen die Einkommenslage verbessert. Zwischen den Extremen der Reichen und Armen etablierte sich eine Mittelschicht, die sich eine gute Wohnung, Urlaubsreisen ins Ausland und eben auch ein bis zwei Kinder leisten konnte und wollte.

Quelle: Martina Flath: Eine Krise mit Langzeitwirkungen? Geographie heute 334/2017, S.10–11

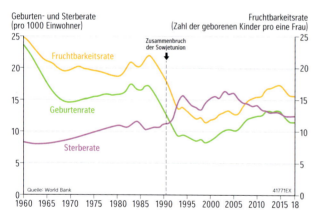

M1 Geburten-, Sterbe- und Fruchtbarkeitsrate* in Russland

M4 Quellentext zur demografischen Entwicklung in Russland

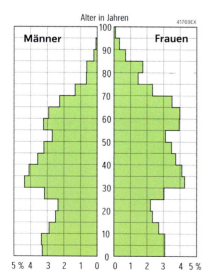

M2 Altersstruktur* Russlands

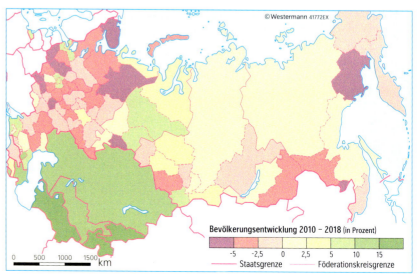

M3 Bevölkerungsentwicklung nach Ländern und Föderationsubjekte Russlands

Natürliche Bevölkerungsentwicklung

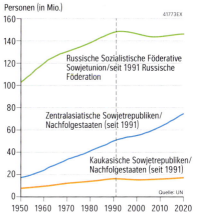

M 5 Bevölkerungsentwicklung (1950–2020)

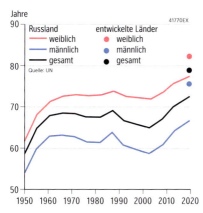

M 9 Lebenserwartung in Russland bei Männern und Frauen (1950–2020)

M 12 Alkoholkonsum und Gesundheitsausgaben in Russland (1990–2018)

		RUS	KAZ	KGZ	TJK	TKM	UZB	D
Bevölkerung (in Mio.)	1991	148,0	16,3	4,4	5,4	3,8	20,9	79,5
	2020	145,9	18,8	6,5	9,5	6,0	33,5	83,8
	2050[1]	135,8	24,0	9,1	16,2	7,9	42,9	80,1
Gesamtfruchtbarkeitsrate* (in %)		1,82	2,76	3,00	3,61	2,79	2,43	1,59
Natürliche Wachstumsrate (in %)		0,13	1,33	1,81	2,41	1,61	1,58	0,48
Säuglingssterblichkeitsrate* (in ‰)		6	8	16	29	43	21	3
Bevölkerung <15 J./>64 J. (in %)		18/15	25/7	39/38	34/3	31/4	28/4	13/21
Lebenserwartung (in Jahren)		72,3	73,2	71,2	70,8	68,0	71,5	81,1
Lebenserwartung m./w. (in Jahren)		66,8/77,5	68,8/74,7	67,2/75,4	68,6/73,1	64,5/71,5	69,4/73,6	78,7/83,6

[1] Prognose RUS = Russland; KAZ = Kasachstan; KGZ = Kirgisistan; TJK = Tadschikistan; TKM = Turkmenistan; UZB = Usbekistan; D = Deutschland (zum Vergleich) Quelle: UN

M 6 Demografische Daten zu Russland, den zentralasiatischen Nachfolgestaaten der Sowjetunion und Deutschland (2015–2020)

2016 starben in Russland 3,6-mal mehr Männer als Frauen im arbeitsfähigen Alter. Dieser Abstand zwischen den Geschlechtern ist in der entwickelten Welt beispiellos. [...] Was ist der Grund für dieses außergewöhnliche gesellschaftliche Phänomen? „Das Problem fängt mit dem Lebensstil der russischen Männer an," [sagt der Moskauer Demograf Anatoli Wischnewski]. „60 Prozent von ihnen rauchen [...]. Wodka gehört vor allem für viele schlecht gebildete Männer in ärmeren Provinzen zum Alltag. Dort regiert der sogenannte nordeuropäische Typ des Alkoholkonsums: hochprozentige Spirituosen, schnell getrunken. In den Statistiken finden sich die Folgen dieses Konsummusters dann als Todesursachen wieder. Die Angabe „Herz-Kreislauf-Erkrankungen" soll oft Todesfälle mit Alkoholbezug bei Männern im arbeitsfähigen Alter verschleiern, erklärt Wischnewski. Denn kein Bürgermeister und kein Gouverneur will in seiner Statistik die wahre Zahl der Alkoholtoten sehen. Und die Angehörigen fürchten sich vor dem Stigma des Alkoholtodes im Totenschein. Aber warum trinken in Russland so viele Männer mit derart gravierenden Folgen? „Alkoholkonsum ist Teil des russischen Macho-Habitus», sagt der Demograf Wischnewski. Wer viel trinken könne, so besagt es die traditionelle Vorstellung, beweise seine Männlichkeit.

Quelle: Pavel Lokshin: Ohne Sicherheitsgurt. NZZ Folio März/2019

M 7 Quellentext zum Alkoholkonsum in Russland

- schnelle Ausbreitung von Infektionskrankheiten wie HIV und Tuberkulose in den 1990er-Jahren
- Konsum von Alkohol und Drogen
- hohe Anzahl von Sterbefällen aufgrund von Verkehrsunfällen (unter Alkoholeinfluss), Morden und Suizid
- schlechtes Gesundheitssystem vor allem auf dem Land
- für Arme problematische Zuzahlungen im Gesundheitsbereich
- geringes Gesundheitsbewusstsein (bei Männern)

M 8 Gründe für niedrige Lebenserwartung in Russland

Das Klischee vom trinkfesten Russen ist veraltet. „Die Russische Föderation wurde lange als eines der am stärksten trinkenden Länder der Welt betrachtet", heißt es in einem Bericht der Weltgesundheitsorganisation WHO. „Diese Tendenz wurde in den vergangenen Jahren aber umgekehrt." Der Pro-Kopf-Alkoholkonsum in Russland sei von 2003 bis 2016 um 43 Prozent zurückgegangen. Demnach tranken Russen 2016 nur noch 11,7 Liter Alkohol pro Kopf und Jahr. Zum Vergleich: In Deutschland lag der Wert bei 13,4 Litern. [...] Die WHO führt die positive Entwicklung auf eine Reihe von Maßnahmen gegen übermäßiges Trinken zurück, etwa die Einschränkung des Alkoholverkaufs. Unter dem letzten sowjetischen Staatschef Michail Gorbatschow hatten die Behörden eine Anti-Alkohol-Kampagne gestartet und Alkohol teils verboten. Dadurch ging der Konsum von Mitte der 1980er-Jahre bis 1990 deutlich zurück. Nach dem Zusammenbruch der Sowjetunion wuchs der Alkoholkonsum enorm und nahm bis zu den ersten 2000er-Jahren zu. Unter dem gegenwärtigen russischen Staatschef Wladimir Putin, der sich gern als Natur liebender Judoka und Eishockey-Spieler inszeniert, wurde unter anderem der Verkauf von Alkohol in Geschäften nach 23 Uhr verboten.

Quelle: WHO-Studie: Russland macht Fortschritte im Kampf gegen Alkohol. Deutsche Welle 1.10.2019

M 10 Quellentext zu Erfolgen beim Kampf gegen Alkoholkonsum

- Erhöhung von Alkoholsteuern
- Mindestpreise für Wodka und andere alkoholische Getränke
- Alkoholverkaufsverbot zwischen 23:00 Uhr und 8:00 Uhr
- Strafen für Trinken von Alkohol im öffentlichen Raum
- 0-Promille-Grenze für Autofahrer und strenge Kontrollen
- Echtzeit-Rückverfolgungssystem für Produktion und Verkauf von Alkohol
- strenge Bestimmungen für Alkohol-Werbung

M 11 Maßnahmen zur Beschränkung des Alkoholkonsums

2.3 Soziale Disparitäten

Während der Boom-Jahre in den 2000er-Jahren sind etliche Russen zu einem kleinen Vermögen gekommen, einige sogar zu einem großen. Russische Wirtschaftswissenschaftler beklagen aber eine soziale Schieflage im Staat: „Die Armut in Russland ist eine Schande!", „Ein großes Volk, ein reiches Land, und dennoch leben wir in Armut und Schäbigkeit!" Auch wenn Moskau strahlt, glitzert und überall gebaut wird, so sieht es hinter dieser Fassade anders aus, ganz abgesehen von den abgelegenen Regionen Russlands. Armutsreduktion ist oberstes Regierungsziel, und die offiziellen Armutsraten fallen auch. Es kommt aber immer auch darauf an, wie man Armut definiert und misst.

1. Vergleichen Sie die sozialen Disparitäten in Russland, Deutschland und anderen Staaten (M1, M5).
2. Charakterisieren Sie die Entwicklung und die regionalen Unterschiede der Einkommen in Russland (M2, M3, M6).
3. a) Erklären Sie die Unterschiede der in M9 erwähnten Methoden der Armutsmessung.
   b) Nehmen Sie Stellung zu einer Armutsmessung, die auf einer subjektiven Einschätzung der Betroffenen beruht (M8).
4. a) Charakterisieren Sie die Armut und ihre Entwicklung in Russland (geographische Verteilung, betroffene soziale Gruppen, M8 – M10).
   b) Beurteilen Sie vor diesem Hintergrund die Erfolge bei der Armutsreduktion (M12).

M4 Feinkostladen Jelissejew in Moskau

	Milliardäre	Millionäre	
	Anzahl (Rang)	Anzahl (in 1000)	Anteil an Bevölkerung
USA	614 (1)	18614	7,6 %
China	455 (2)[1]	4973[1]	0,4 %
Deutschland	107 (2)	2187	3,2 %
Indien	102 (4)	759	0,1 %
Russland	99 (5)[2]	246	0,2 %
Brasilien	45 (6)	259	0,1 %
UK	45 (6)	2460	4,8 %
Kasachstan	4 (24)	24	0,2 %

[1] inkl. Hongkong [2] Moskau: 70   Quelle: Forbes, Credite Suisse

M5 Vermögensmilliardäre und -millionäre (in US-$, 2020)

	Jahr	Top 10 %	Mittlere 40 %	Untere 50 %	Top 1 %
Russland	1990	23,6	46,9	29,5	7,3
	2000	48,2	38,2	13,6	20,7
	2010	46,8	37,3	15,9	20,0
	2019	46,1	36,3	17,7	21,3
Deutschland	1990	32,3	44,9	22,8	11,2
	2000	32,9	45,0	22,1	10,8
	2010	35,5	44,9	19,5	11,9
	2019	37,3	43,6	19,1	13,0
Welt	1990	53,5	35,2	7,4	18,1
	2000	56,9	35,5	7,6	20,4
	2010	53,8	37,7	8,6	19,8
	2019	51,8	38,9	9,4	19,4

Quelle: World Inequality Database

M1 Einkommensverteilung (vor Steuern, 1990 – 2019)

	2014	2019
< 7000 Rubel (< 139 Euro)	8,2 %	4,1 %
7000 – 10000 Rubel (139 – 198 Euro)	9,5 %	6,1 %
10000 – 14000 Rubel (198 – 277 Euro)	13,5 %	10,1 %
14000 – 19000 Rubel (277 – 376 Euro)	15,1 %	13,1 %
19000 – 27000 Rubel (376 – 535 Euro)	17,9 %	17,9 %
27000 – 45000 Rubel (535 – 891 Euro)	20,6 %	24,6 %
45000 – 60000 Rubel (891 – 1188 Euro)	7,2 %	10,1 %
> 60000 Rubel (> 1188 Euro)	8,0 %	14,0 %

Quelle: Rosstat

M6 Einkommensverteilung in Russland (2014, 2019)

Jahr	Lohn	Rente	Existenzminimum
2007	388 Euro	89 Euro	110 Euro
2008	465 Euro	115 Euro	127 Euro
2009	426 Euro	118 Euro	126 Euro
2010	524 Euro	186 Euro	141 Euro
2011	576 Euro	201 Euro	156 Euro
2012	672 Euro	226 Euro	163 Euro
2013	708 Euro	234 Euro	173 Euro
2014	644 Euro	213 Euro	158 Euro
2015	499 Euro	176 Euro	142 Euro
2016	495 Euro	167 Euro	133 Euro
2017	594 Euro	202 Euro	153 Euro
2018	590 Euro	180 Euro	139 Euro
2019	661 Euro	195 Euro	150 Euro
2020	647 Euro	195 Euro	147 Euro

Quelle: Rosstat

M2 Durchschnittseinkommen im Monat (2007 – 2019)

M3 Durchschnittliches Einkommen pro Einwohner im Monat nach Regionen (2019)

Soziale Disparitäten 33

M 7 Supermarkt in Moskau

M 11 Rentnerin in Rostow am Don

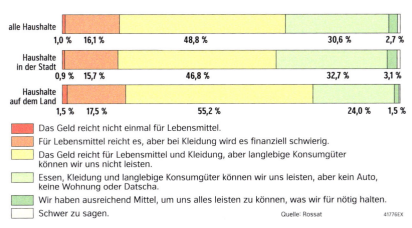

- Das Geld reicht nicht einmal für Lebensmittel.
- Für Lebensmittel reicht es, aber bei Kleidung wird es finanziell schwierig.
- Das Geld reicht für Lebensmittel und Kleidung, aber langlebige Konsumgüter können wir uns nicht leisten.
- Essen, Kleidung und langlebige Konsumgüter können wir uns leisten, aber kein Auto, keine Wohnung oder Datscha.
- Wir haben ausreichend Mittel, um uns alles leisten zu können, was wir für nötig halten.
- Schwer zu sagen.

Quelle: Rossat

M 8 Finanzielle Situation der russischen Haushalte (Umfrage 2019)

M 12 Armutsquote in Russland

Wie arm ist die russische Bevölkerung? Die Antwort auf diese Frage ist nicht einfach, da in den Sozialwissenschaften recht verschiedene Ansichten darüber vorherrschen, was Armut ist und wie sie gemessen werden kann. [...] Die russische Armutsdebatte wird von einer Perspektive dominiert, die vornehmlich das physische Existenzminimum und den materiellen Lebensstandard in den Blick nimmt. Als offizielle Armutsgrenze gilt das gesetzlich festgelegte Existenzminimum. [...] Im ersten Halbjahr 2019 verfügten nach offiziellen Angaben des staatlichen Statistikamtes Russlands (Rosstat) 19,8 Millionen Menschen (13,5 Prozent der Bevölkerung) über ein Einkommen unterhalb des Existenzminimums. Allerdings wird oft kritisiert, dass das offizielle Existenzminimum zu niedrig bemessen sei und nicht die tatsächlichen Kosten des Alltagslebens widerspiegele. [...] [Der Erhebung eines unabhängigen Meinungsforschungsinstituts] zufolge bezifferten die Befragten das gefühlte Existenzminimum auf fast das Doppelte der offiziellen Armutsgrenze [...]. Nimmt man dieses subjektive Existenzminimum als Grundlage, lebten 2018 fast 40 Prozent aller Menschen in Russland in Armut. Auch Umfragen zum Lebensstandard zufolge ist das Ausmaß der wahrgenommenen Armut wesentlich höher, als die offizielle Armutsgrenze nahelegt. [...] Unabhängig von der Methode zur Messung von Armut gelten Familien mit Kindern – vor allem Großfamilien und Alleinerziehende – als besonders armutsgefährdet. Auch für Rentner und Menschen mit Behinderungen ist das Armutsrisiko hoch. [...] Ein großer Teil der Armen ist in der Schattenwirtschaft beschäftigt und hat daher keinen Zugang zu sozialer Unterstützung. [...] Ein weiterer Faktor, der das Armutsrisiko maßgeblich bestimmt, ist die Geografie. Arme leben häufiger auf dem Land als in Städten. Selbst Mittel- und Hochqualifizierte haben in kleinen Städten und Dörfern ein doppelt so hohes Armutsrisiko wie in den regionalen Hauptstädten. Generell lässt sich sagen: Je kleiner die Stadt, desto schwieriger die materielle Lage der Menschen. Darüber hinaus bestehen erhebliche regionale Unterschiede.

Quelle: Martin Brand: Armutsbekämpfung in Russland. Russlandanalysen 382/21.2.2020, S. 2–5

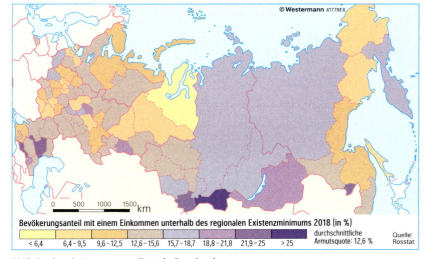

M 10 Regionale Armutsverteilung in Russland

M 9 Quellentext zur Armut und Armutsmessung in Russland

2.4 „Die Rolle rückwärts" – Binnenmigration in Russland

Die Erschließung Sibiriens vollzog sich seit dem 16. Jahrhundert in Wellen der Ausbreitung von Bevölkerung, Siedlungen und Wirtschaft in diesen bis heute peripheren Raum. Die Binnenmigration in die östlichen Landesteile wurde in der Vergangenheit nicht selten von behördlicher Stelle gelenkt. Sie diente dazu, Arbeitskräfte in Regionen zu schicken, in denen sie benötigt wurden, oder aber auch um unliebsame Bürger aus den europäischen Kernbereichen des Staates zu verbannen und sie unter Kontrolle zu haben. Im postsowjetischen Russland ist diese Migration jedoch nicht mehr so einfach zu steuern und ihre Richtung hat sich umgekehrt.

1. Fassen Sie die Stadien der Erschließung des asiatischen Teils Russlands zusammen (M3, M4, Atlas).
2. Gliedern Sie die Erschließungsgebiete nach klimatischen, infrastrukturellen und ökonomischen Gesichtspunkten (M3, Atlas).
3. a) Analysieren Sie die Binnenmigration in Russland in der postsowjetischen Zeit (M5, M6, M9).
   b) Erläutern Sie die Gründe für die Westwärtsbewegung der Migration in Russland (M5, M6, evtl. andere Kapitel).
4. Recherchieren Sie Hintergrundinformationen zu den Fotos M1, M2, M7 und/oder M8 und schreiben SIe einen kurzen Text (z.B. Agrarkolonisation, Transsibirische Eisenbahn, Extremwinter 2001/2002, Geisterstädte).
5. Beurteilen Sie die Rolle, die die Zwangsmigration und die europäische Herkunft der Vorfahren der heutigen Bewohner des asiatischen Teils Russlands als Migrationsgrund spielt.

M1 Zeichnung einer dörflichen Szene aus Nordsibirien aus dem 19. Jahrhundert

M2 Bau der Transsibirischen Eisenbahn (1898)

Pelztierjagd: Die russische Eroberung Sibiriens wurde 1581 eingeleitet. [...] Die Eroberer pressten den sibirischen Ureinwohnern einen Tribut an Zobelfellen ab und erklärten sie zu Untertanen des fernen Moskauer Zaren. Bis zur Mitte des 17. Jahrhunderts hatten sich Krieger, Abenteurer, Jäger und auch Händler schließlich über ganz Sibirien ausgebreitet und den Pazifischen Ozean erreicht. [...]

Agrarkolonisation: [...] Ab der Mitte des 18. Jahrhunderts setzte im Süden Westsibiriens entlang eines schmalen Streifens die allmähliche agrarische Kolonisierung ein. Aber erst die Bauernbefreiung löste mit der Abschaffung der Leibeigenschaft 1861 eine größere Wanderungswelle von Siedlern aus, die Teile des fruchtbaren Keils zwischen den sumpfigen Wäldern im Norden und der Steppe im Süden kolonisierten. [...]

Transsibirische Eisenbahn: Der Bau der Transsibirischen Eisenbahn begann 1891/92 von beiden Enden her. [...] Sie entwickelte sich schon während des Baus zur neuen Leitlinie der bäuerlichen Besiedlung und ist bis heute – inzwischen ergänzt durch die Baikal-Amur-Magistrale (BAM) – das verkehrstechnische Rückgrat der Erschließung Sibiriens. Die Transsib war eine Voraussetzung für die räumliche Ausdehnung der Landwirtschaft. [...] Entlang der Transsib entwickelten sich erste Industrialisierungsansätze.

Industrialisierung und Bodenschätze: In der sowjetischen Zeit wurden die Bemühungen zur Industrialisierung verstärkt, Sibirien gewann Bedeutung als Rohstoff- und Energielieferant. Die industrielle Erschließung [...] basierte auf dem Ressourcenreichtum, erforderte jedoch einen sehr hohen Aufwand, um die Herausforderungen des Klimas, der großen Entfernungen und der extrem dünnen Besiedlung zu bewältigen. Nach dem Zweiten Weltkrieg wurden diese Bemühungen verstärkt, mit zentralistischer Planwirtschaft und hohem Kapitalaufwand. Die über einen langen Zeitraum einseitig auf Rohstoffgewinnung ausgerichtete Erschließung Sibiriens erweist sich heute als fragwürdig, denn sie hat ökologische Schäden in großem Ausmaß und wirtschaftlich monostrukturierte Räume verursacht.
Quelle: Diercke Handbuch. Braunschweig: Westermann 2015, S. 267

Die Art und Weise, in der die Gebiete Ostrusslands erschlossen wurden, legt nahe, dass ein großer Teil der Bevölkerung durch Umsiedler und deren Nachfahren gebildet wird. Dadurch ist im historischen Gedächtnis der Menschen im Fernen Osten immer das attraktive Bild einer „kleinen fernen Heimat" präsent gewesen, die während des Besuchs bei Verwandten, die in den „Ausgangssiedlungen" leben, reale Züge annimmt.
Quelle: Olga Simonenko: Neue Grenzen der Migration: Ansichten aus dem Fernen Osten. Russland-Analysen Nr. 286/21.11.2014, S. 5–9

M3 Quellentexte zur Erschließung Sibiriens und des Fernen Ostens

- ab dem 17. Jahrhundert: Zwangsdeportationen von Kriegsgefangenen in den asiatischen Teil Russlands
- später auch Verbannung von Kriminellen und politischen Gefangenen
- Errichtung von Straflagern (Gulags) in als unbewohnbar geltenden Regionen
- auch Zwangsumsiedlung ethnischer Gruppen, z. B. Russlanddeutsche, Ingermanland-Finnen, Tschetschenen, Krimtataren
- Einsatz der Deportierten (als billige Arbeitskräfte, unter Inkaufnahme von Krankheiten und Tod bei der Zwangsarbeit und Unterdrückung) im Berg-, Straßen-, Eisenbahnbau, auf Ölfeldern, in der Industrie und Landwirtschaft zur Erschließung der Regionen
- nach Auflösung der UdSSR Generalamnestie für politische Gefangene, ab 2012 Ankündigung von Entschädigungen

M4 Deportationen in den Osten Russlands

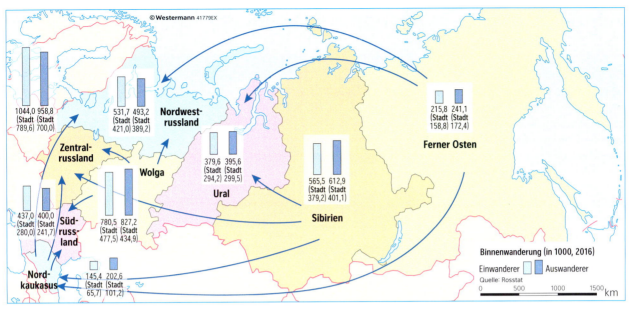

M 5   Binnenwanderung in Russland (2016)

[Der wirtschaftliche Nutzen der Erschließung und Industrialisierung Sibiriens wurde und wird häufig überschätzt.] Statt der bei uns verwendbaren Technik braucht man in der Kälte andere, sehr viel teurere Materialien und Ausrüstungen. Diese standen bei den sowjetischen Erschließungsmaßnahmen in Sibirien meist nicht zur Verfügung. Das Ergebnis ist, dass das meiste, was dort gebaut wurde und zum Einsatz kommt, kurzlebig und störungsanfällig ist. Dies ist nicht nur ein Problem Sibiriens, sondern geht schon im westlichen Vorland des Ural los.

Heute geht man in Russland davon aus, dass die Lebenshaltungskosten im Permafrostgebiet ungefähr viermal so hoch sind wie in einer Siedlung mit Moskauer Klima. [...] Ein sehr beträchtlicher Teil der Kosten des Lebens in der Kälte sind Heizkosten [...]. Ein wichtiger Teil der Lebenshaltungskosten sind die Stromkosten. Strom ist in Sibirien oft sehr teuer. [...] Bei einem Vergleich der Lebenshaltungskosten im Permafrost mit gemäßigten Zonen ist ferner zu bedenken, dass die Sowjetunion so gebaut hat, dass die *life cycle costs* der Gebäude viel höher ausfallen als es sein müsste. Man hat dieselben schlecht isolierten Plattenbauten errichtet wie in den gemäßigten Klimazonen statt sich an die traditionelle russische Bauweise mit den Holzhäuschen zu halten, in deren Mittelpunkt sich ein großer Ofen befindet, auf und an dem sich in der kalten Jahreszeit das Familienleben abspielt. [...]

Aber auch bei einer besseren Planung wäre die Attraktivität Sibiriens für Zuzügler gering. Ein bloßer Vergleich der Lebenshaltungskosten vernachlässigt nämlich, dass bei Freizügigkeit der Lohn, der in Sibirien gezahlt wird, einen Ausgleich für die Unannehmlichkeiten der Kälte enthalten müsste. Die Reallöhne müssten wesentlich höher sein als in den westlichen Regionen des Landes, weil sie beispielsweise ausreichen müssten, mehr Wohnraum pro Kopf zu finanzieren, Formen der Freizeitgestaltung zu ermöglichen, die sich auch im sibirischen Winter praktizieren lassen, häufige Reisen in den Süden bezahlbar zu machen, und einen Ausgleich für die Krankheiten bieten müssten, die die Kälte hervorbringt. Davon waren sibirische Löhne immer weit entfernt.

Quelle: Bruno Schönfelder: Russland und die Russische Krankheit 11.1.2015

M 6   Quellentext zur wirtschaftlichen Nutzung Sibiriens

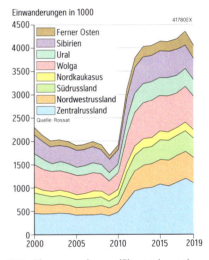

M 9   Binnenwanderung (Einwanderung)

M 7   Kältewelle in Mashkovo (Region Nowosibirsk, 2001)

M 8   Geisterstadt Kadykchan im Oblast Magadan (2018)

2.5 Internationale Migration – Brain Drain durch Auswanderung

Die internationale Migration – also die Auswanderung aus und die Einwanderung nach Russland – hat für das Land gravierende Folgen. Quantitativ ist vor allem der Zustrom aus den Nachfolgestaaten der Sowjetunion von Bedeutung, aber auch deren Abwanderung (Kap. 2.6). Verdeckt von diesen großen Zahlen gibt es aber auch Russen, die in andere, vor allem westliche Staaten auswandern. In vielen Ländern gibt es eine beachtliche russische Diaspora*. In letzter Zeit wandern besonders Gruppen aus, deren Verlust die russische Wirtschaft empfindlich trifft.

1. Beschreiben Sie die Entwicklung der internationalen Migration nach 1991 (M1, M5).
2. Analysieren Sie die globale Stellung Russlands als Migrationsland (Ein- und Auswanderung; M2, M4, M6).
3. Erläutern Sie in Kurzvorträgen die Auswanderung aus Russland nach Deutschland, Israel und die USA (M4, Internet).
4. a) Analysieren Sie die Motive der Auswanderer aus Russland (M6, M8).
   b) Charakterisieren Sie die russischen Auswanderer und Auswanderungswilligen (M6, M9–M10).
5. Nehmen Sie Stellung zu folgender Schlagzeile: „Brain Drain*: Größte Gefahr für Russland?" (M6, M7).
6. Erörtern Sie den möglichen Erfolg von russischen Maßnahmen gegen die Auswanderung durch die M7 vorgeschlagenen Maßnahmen.

M3 Russische Geschäfte in Brighton Beach (New York)

zentralasiatische Nachfolgestaaten[1]	5,0 Mio.	USA	3,1 Mio. (Selbstauskunft) davon 400 000 in R. geboren
Ukraine (2001)	8,3 Mio.	Deutschland[4]	1,4 Mio. (mit Migrationshintergrund) davon 1 Mio. in R. geboren
andere europäische Nachfolgestaaten[2]	2,2 Mio.		
kaukasische Nachfolgestaaten[3]	0,2 Mio.	Israel	1,0 Mio.

[1] Kasachstan, Kirgisistan, Tadschikistan, Turkmenistan, Usbekistan [2] Weißrussland, Litauen, Lettland, Estland, Moldau [3] Georgien, Armenien und Aserbaidschan [4] neben Russischstämmigen auch Russlanddeutsche und russische Juden Quelle: diverse Zensi

M4 Russischstämmige Bevölkerung außerhalb Russlands

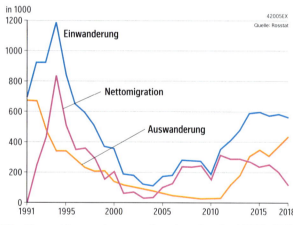

M1 Ein- und Auswanderung nach und aus Russland (1991–2018)

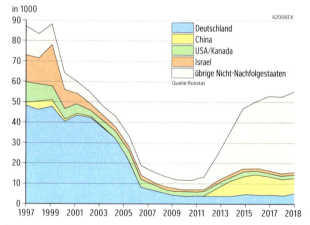

M5 Auswanderung in Nicht-Nachfolgestaaten (1997–2018)

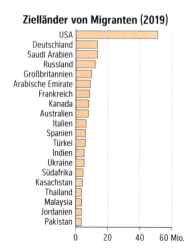
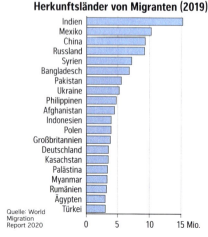
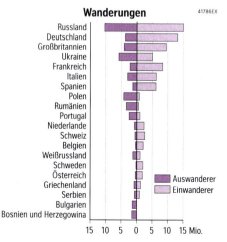

M2 Ziel- und Herkunftsländer von Migranten weltweit sowie Zuwanderung und Einwanderung in Europa (2019)

Nach Kanada hat Russland die höchste Rate an Hochschulabsolventen. Für Arbeitgeber eine attraktive Situation, so können sie aus einem qualifizierten Bewerberpool geeignete Kandidaten auswählen. Immer mehr Russen machen sich jedoch nach dem Studium oder ersten beruflichen Stationen auf den Weg ins Ausland, um dort ihren weiteren Weg zu gehen. Die Abwanderung von Fachkräften, auch Brain Drain genannt, wird zum zunehmenden Problem für das Land. [...]

Weshalb sehen viele russische Staatsbürger keine Zukunft mehr im eigenen Land? Einer Studie der Russischen Akademie der Wissenschaften (RAN) zufolge seien seit 2014 vor allem sinkende Löhne und fehlende Möglichkeiten zur beruflichen Weiterentwicklung ursächlich für die Abwanderung in den Westen. Speziell im Bereich der Wissenschaft kommen noch das hohe Maß an Bürokratie und die unzureichende Finanzierung von Laboren, was zu einer mangelhaften Ausstattung führt, hinzu. Wie viele Personen tatsächlich pro Jahr emigrieren, hierzu ist die Datenlage undurchsichtig. [....] In 2018 sollen es allein rund 370 000 Personen gewesen sein. Rosstat spricht von 1,7 Millionen zwischen 2012 und 2017. Die tatsächliche Anzahl könnte laut Meinung von Experten aber bis um ein Sechsfaches höher liegen.
Quelle: Brain Drain in Russland. Russland Wirtschaft 15.3.2019

In Deutschland und anderen Staaten wächst die Zahl russischer Studenten, Hochqualifizierter und weiterer Zuwanderer. Gemessen an fast 144 Millionen Einwohnern, erscheint die Zahl der Auswanderer zunächst nicht dramatisch. Jedoch gingen „brillante Köpfe", wie Natalja Subarewitsch, Expertin für Sozialgeographie und Russlands, Regionen erklärt. „Die Leute gehen nicht einfach so." Voraussetzung sei eine ausgezeichnete Ausbildung, um am Arbeitsmarkt im Ausland zu bestehen. Der Exodus der Klugen wird zum Problem: „Russland verliert sein Humankapital."
Quelle: Oliver Bilger: Auswanderung Abschied von Putins Russland. Der Tagesspiegel 23.8.2018

Wenig verwunderlich wandern nach Rosstat jüngere Russen eher aus [...]. Sie wandern vor allem nach China, Südkorea oder Indien ab, die Älteren eher nach Deutschland, Georgien und Israel. Und auch nach Rosstat haben 22 Prozent der Auswanderer [...] eine höhere oder akademische Ausbildung, 2012 waren es noch 17 Prozent. Die meisten Akademiker gingen 2017 nach Deutschland, gefolgt von den USA, Israel, China und Kanada. [...] Auch die Reichen zieht es weg von Russland, 2017 sollen 3000 Dollarmillionäre ins Ausland gegangen sein. Die zieht es aber nicht nach Deutschland, sondern in die USA, nach Zypern, Großbritannien, Portugal und [in] die Karibik.
Quelle: Florian Rötzer: Russland: Kapitalflucht und Brain Drain? Telepolis 21.1.2019

M 6 Quellentexte zur Auswanderung aus Russland

M 8 Gründe für Auswanderung aus Russland von Ausreisewilligen (2016)

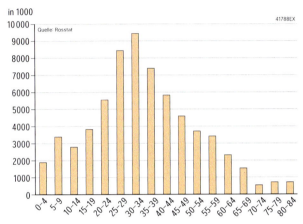

M 9 Russische Auswanderer nach Altersklassen (2017)

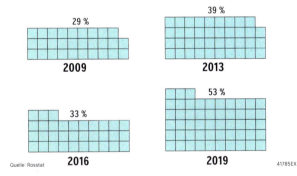

M 10 Auswanderungswillige junge russische Bevölkerung

Der russische Präsident Wladimir Putin hat angekündigt, dass die Regierung zusätzliche Maßnahmen ergreift, um die Abwanderung von Wissenschaftlern aus dem Land zu verhindern, insbesondere von den inländischen Universitäten und verschiedenen Forschungseinrichtungen. In einem Interview mit der russischen Nachrichtenagentur TASS sagte Putin, dass die Abwanderung von Wissenschaftlern und Universitätsprofessoren aus Russland in den letzten Jahren zwar deutlich zurückgegangen ist, einige Wissenschaftler aber weiterhin dorthin gehen, wo sie besser bezahlt werden, was die nationale Regierung zwingt, über die Schaffung neuer Rahmenbedingungen nachzudenken, um sie zum Bleiben und Arbeiten in Russland zu bewegen. Putin sagte: „Wir haben ein sehr umfangreiches Förderungssystem entwickelt, das nicht nur für den IT-Bereich, sondern auch für andere High-Tech-Bereiche gilt. Und es funktioniert gut, was sich in dem ständig wachsenden Zustrom von Wissenschaftlern in das Land widerspiegelt." Er ist jedoch nach wie vor bestrebt, „das Problem der Abwanderung von Wissenschaftlern endgültig zu lösen", und schlug zwei Möglichkeiten vor, dies zu tun: „Entweder man schließt das Land wie zu Sowjetzeiten und erlegt den Wissenschaftlern zusätzliche Verpflichtungen auf, oder man erhöht die Zahlungen an die Wissenschaftler." Die Regierung will nicht nur die Abwanderung von Wissenschaftlern eindämmen, sondern auch die bereits an ausländischen Universitäten tätigen russischen Wissenschaftler, deren Zahl auf 25000 bis 30000 geschätzt wird, zurück ins Land holen.
Quelle: Eugene Vorotnikov: Can Putin really solve the problem of brain drain? University World News 4.4.2020 (Übersetzung: Thilo Girndt)

M 7 Quellentext zu staatlichen Maßnahmen gegen die Abwanderung

2.6 Arbeitsmigranten aus Zentralasien

Russland ist trotz der anhaltenden gespannten Wirtschaftslage ein Markt für ausländische Arbeitskräfte. Die Russische Föderation nimmt nach den USA und Deutschland Platz drei auf der weltweiten Immigrantenliste ein. Die Einwanderer kommen überwiegend als Arbeitsmigranten* aus den ehemaligen Sowjetrepubliken Zentralasiens. Diese mit dem deutschen Lehnwort als „Gastarbajtery" bezeichneten Menschen sind nicht immer gern gesehen, für die russische Wirtschaft bisher aber alternativlos und für ihre Heimatländer ein wichtiger Beitrag zur Verbesserung der wirtschaftlichen Lage der Bevölkerung.

1. Beschreiben Sie die nationale Herkunft der Arbeitsmigranten und die sozioökonomische Lage in den Herkunftsländern (M1, M2, M4).
2. Charakterisieren Sie die Bedeutung der Arbeitsmigranten
   a) für das jeweilige Herkunftsland (M2, M5, M6),
   b) für Russland (M2, M7).
3. Erläutern Sie die soziale Stellung der Arbeitsmigranten in der russischen Gesellschaft (M7, M9).
4. Nehmen Sie Stellung zur Aussage einer Mitbegründerin des Migration Policy Institute in Washington: „Arbeitsmigranten sehen in Russland keine neue Heimat und betrachten das Land lediglich als Einkommensquelle und/oder Beschäftigungsort." (M1–M9).

M3 Zentralasiatische Arbeitsmigranten auf einer Baustelle

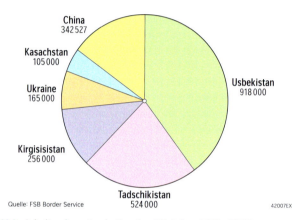

M4 Arbeitsmigranten in Russland (1. Jahreshälfte 2019)

Der Zerfall der Sowjetunion [...] verwandelte die vormals bloß verwaltungstechnischen Abgrenzungen zwischen den Ex-Sowjetrepubliken in konkrete Staatsgrenzen. Das GUS-Abkommen ermöglichte ehemaligen Sowjetbürgern, diese neuen Grenzen zu überqueren und sich bis zu drei Monate ohne Visum in anderen GUS-Mitgliedsstaaten aufzuhalten. Die schnell voranschreitende Deindustrialisierung, in Verbindung mit rasantem Bevölkerungswachstum in der Peripherie des früheren Sowjetreichs, machte aus diesem Recht auf Freizügigkeit häufig sogar eine Notwendigkeit. Eine neue Generation postsowjetischer Bürger, zum Großteil aus dem ökonomisch hart getroffenen Zentralasien, versuchte im wirtschaftlich boomenden Russland der 2000er-Jahre als Wanderarbeiter ihr Glück. Groß angelegte Bauprojekte und der zunehmende Bedarf an Serviceleistungen der neuen russischen Mittelschicht sorgten für eine hohe Nachfrage nach ungelernten Arbeitskräften, die Russlands schrumpfende Bevölkerung selbst nicht befriedigen konnte. Dabei lassen sich allerdings nur die wenigsten der [...] Saisonarbeiter aus Zentralasien dauerhaft in Russland nieder. Während der Wintermonate kehren viele Migranten zu ihren Familien zurück, die oft wirtschaftlich völlig von dem Einkommen aus der Saisonarbeit abhängig sind. Dementsprechend hoch ist der Anteil von Geldsendungen am Bruttoinlandsprodukt Zentralasiens.
Quelle: Alexander Maier: Arbeitsmigration in Russland. Dekoder 29.6.2018

M2 Quellentext zur Arbeitsmigration in Russland

	2010	2015	2019
Kasachstan	226 (0,2 %)	294 (0,2 %)	506 (0,3 %)
Kirgisistan	1266 (26,4 %)	1688 (25,3 %)	2409 (28,6 %)
Tadschikistan	2021 (35,8 %)	2259 (28,8 %)	2298 (27,4 %)
Usbekistan	2858 (6,1 %)	3062 (3,7 %)	4150 (7,4 %)

Quelle: UNCTAD

M5 Rücküberweisungen zentralasiatischer Arbeitsmigranten (in Mio. US-$, in Klammern: Anteil am Bruttoinlandsprodukt*; 2010–2019, keine Angabe zu Turkmenistan)

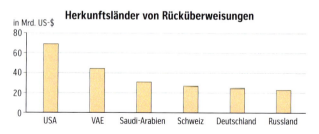

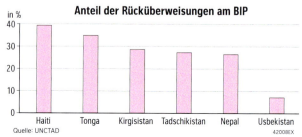

M6 Bedeutung von Rücküberweisungen nach Ländern (2019)

	RUS	KAZ	KGZ	TJK	TKM	UZB
Pro-Kopf-Einkommen KKP[1] (in US-$, 2019)	29181	19225	3086	3519	6967	7289
Anteil Armer (nach nat. Armutsgrenze, 2018)	12,9 %	2,5 %	22,4 %	27,4 %	k.A.	12,9 %
Arbeitslosigkeit (2019)	4,6 %	4,8 %	6,3 %	11,0 %	3,9 %	4,6 %

[1] Kaufkraftparität RUS = Russland; KAZ = Kasachstan; KGZ = Kirgisistan; TJK = Tadschikistan; TKM = Turkmenistan; UZB = Usbekistan Quelle: Word Bank

M1 Zentralasiatische Länder, Russland: sozioökonomische Daten

In der Russischen Föderation – und dort vor allem in Moskau und Sankt Petersburg – leben geschätzt 11 Mio. Zuwanderer, von denen mehr als die Hälfte Arbeitsmigranten aus Kirgistan, Tadschikistan und Usbekistan sind. [...] Ihre Arbeitskraft wird zwar dringend gebraucht, doch macht der russische Staat den Zuwanderern aus Zentralasien legale Arbeit durch sich immer wieder ändernde gesetzliche Bestimmungen und hohe bürokratische Hürden für die Beschaffung einer Arbeitserlaubnis schwer. Korrupte und mit ethnischen Vorurteilen behaftete Bürokraten und Sicherheitskräfte tun ein Übriges, um vielen Migranten den Versuch der Legalisierung ihres Status zu erschweren oder sie sogar ganz davon abzuhalten.

Im Februar 2018 wies der Bürgermeister von Moskau, Sergej Sobjanin, in einem Interview darauf hin, dass in Moskau 2 Mio. Arbeitskräfte fehlen, und fügte hinzu, dass die Stadt „leider" auf Arbeitsmigranten angewiesen sei. [...] Zuwanderer, insbesondere aus den zentralasiatischen Staaten, bilden das dringend benötigte Arbeitskräftereservoir für gering- oder unqualifizierte Tätigkeiten und sind aus dem Leben Moskaus [...] nicht wegzudenken. Sie werden aber auch beschuldigt, den Einheimischen Jobs wegzunehmen, Löhne zu drücken sowie Verwahrlosung, Krankheiten, Korruption und fremde religiöse und kulturelle Praktiken einzuschleppen. [...] In den 2000er-Jahren war es nicht ungewöhnlich, Migranten aus Zentralasien als „gastarbeitery" zu bezeichnen, was einen abfälligen Beiklang hatte. [...]
In dem 2012 von Präsident Wladimir Putin [...] abgesegneten „Migrationskonzept" wurden neue Ziele und ein strategischer Plan für die russische Migrationspolitik formuliert. Das Konzept, in dem offen gefordert wurde, dass Russland für Migranten attraktiver werden müsse, weckte Hoffnungen auf eine liberale Wende in den Migrationsgesetzen und der Migrationspolitik. Aber viele der seither verabschiedeten Gesetze und Verordnungen weichen eher von den zentralen Zielen des Konzepts ab, widersprechen ihnen teilweise sogar und machen sie zunichte. [...] Seit 2013 setzt die russische Migrationspolitik zunehmend auf Sanktionen. Zu diesem Zeitpunkt wurden Zusatzbestimmungen ins Verwaltungsrecht eingefügt, die Migranten, die mehr als zwei Ordnungswidrigkeiten begangen haben, die Wiedereinreise nach Russland für drei bis fünf Jahre verbieten. [...] Ende 2014 hatten bereits mehr als 1 Mio. Arbeitsmigranten Einreiseverbote erhalten, Anfang 2018 war ihre Zahl auf über 2 Mio. angestiegen.

Aufgrund des Fehlens klarer Regeln und geeigneter Verfahren zu ihrer Umsetzung waren viele Arbeitsmigranten aus Zentralasien von 2000 bis 2010 inoffiziell tätig. [...] Das 2010 eingeführte Arbeitspatent (trudovoj patent, d.i. die Arbeitserlaubnis) berechtigte Zuwanderer nach Zahlung einer Vorabgebühr zu legaler Tätigkeit in Privathaushalten, aber nicht in Unternehmen. Zur Erlangung dieses Patents benötigten die Migranten zahlreiche Dokumente. [...] 2015 wurde die neue „einheitliche" Arbeitserlaubnis eingeführt, die den Migranten erlaubte, für einen legalen Betrieb oder ein Unternehmen zu arbeiten. [...] Zusätzlich [...] mussten Migranten nun auch einen Test über ihre Kenntnisse der russischen Sprache, Gesetze und Geschichte ablegen, um die Arbeitserlaubnis zu bekommen.

Quelle: Bhavna Dave: Zwischen Legalität, Korruption und ethnorassistischem Profiling. Zum Umgang mit zentralasiatischen Arbeitsmigranten in Russland. Zentralasien-Analysen 127-128, 27.7.2018 (Übersetzung: Brigitte Heuer)

Fremdenfeindliche Einstellungen nehmen in Russland wieder zu. Etwa jeder vierte Russe unterstütze den Gedanken „Russland den Russen", ermittelte 2018 eine Umfrage des unabhängigen Meinungsforschungsinstituts Lewada. Diskriminierende Wohnungsanzeigen wie „Wohnung nur an russische Familien zu vermieten" sind weit verbreitet. Mehr als ein Drittel der Befragten steht solchen Annoncen positiv gegenüber. Darüber hinaus finden rund zwei Drittel der befragten Russen, die Regierung sollte den Zuzug von Migranten stärker einschränken.
Karina Pipia, Soziologin im Lewada-Institut, erklärt, die russische Bevölkerung sei verunsichert durch die wirtschaftliche Schieflage, die

M 7 Quellentexte zu zentralasiatischen Arbeitsmigranten

M 8 Überprüfung zentralasiatischer Arbeitsmigranten

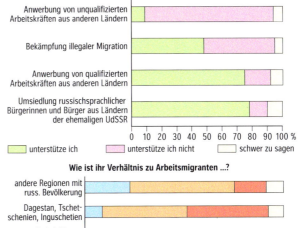
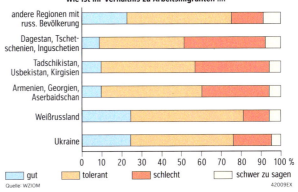

M 9 Umfrageergebnis über das Verhältnis russischer Bevölkerung zur Migrationspolitik und zu Arbeitsmigranten (in %)

Rentenreform und die damit einhergehende Schwächung des Sozialstaates. Diese „kollektive Irritation" würden sie in Form von Fremdenfeindlichkeit auf Migranten projizieren. In Zeiten wirtschaftlicher Stagnation und wachsender Zukunftsängste seien viele Russen der Meinung, Migranten würden ihnen die Arbeitsplätze wegnehmen. Dabei verrichten Gastarbeiter in Russland heute häufig schwere Arbeiten für einen niedrigen Lohn, für die sich nicht ausreichend Russen finden.

Quelle: Alexander Kauschanski: Gewalt gegen Migranten in Russland. Deutsche Welle 6.9.2019

Ergänzung: Aufgrund der Corona-Pandemie verließ ein Großteil der zentralasiatischen Arbeitsmigranten Russland. Viele hatten im Frühjahr/Sommer 2020 ihre Arbeit verloren. Laut einer Studie arbeiten 25 Prozent der Migranten auf Baustellen, 14 Prozent im Hotel- und Gaststättengewerbe, 12,7 Prozent in Haushalten und sechs Prozent im Wohnungs- und Kommunalwesen. Allesamt Bereiche, die von der Corona-Krise hart getroffen wurden. Ohne die günstigen Arbeitskräfte kam es in Folge etwa auf Baustellen, Hotels und bei kommunalen Diensten zu massiven Problemen.

2.7 Ethnische Minderheiten in Russland

Russland ist mit seinen mehr als 190 ethnischen Gruppen ein Vielvölkerstaat. Die russkij, die ethnischen Russen, machen etwa 81 Prozent des russischen Staatsvolks, der rossijskij (Russländer), aus. Die Russische Föderation sieht sich als mulitnationaler („russländischer") Staat, in dem die ethnischen Russen allerdings nicht nur zahlenmäßig eine vorherrschende Rolle spielen. Für die größeren ethnischen Minderheiten wurden auf Verwaltungsebene autonome Republiken und Kreise geschaffen, die bereits in der Sowjetzeit gegründet wurden und gewisse Autonomierechte genossen. In diesen nichtrussischen Verwaltungseinheiten, in denen es in der Vergangenheit immer wieder „Russifizierungsbemühungen" gab, werden heute neben Russisch als Staatssprache 35 weitere Amtssprachen und ungefähr einhundert Minderheitssprachen gesprochen.

1. Beschreiben Sie die räumliche Verteilung und die quantitative Bedeutung der ethnischen Minderheiten in Russland (M1–M3, Atlas).
2. Erläutern Sie die Sorge der russischen Regierung um die Gewährung allzu großer Autonomie der ethnischen Minderheiten am Beispiel Tatarstan (M4, M5).
3. Vergleichen Sie die ethnische Vielfalt Russlands mit der anderer Staaten (Atlas, Internet).
4. Aus dem sowjetischen Volk wurde das russländische Volk. Erklären Sie diese Aussage.
5. Beurteilen Sie die Selbstbezeichnung Russlands als multinationaler Staat (M1–M5).
6. Nehmen Sie Stellung zur Bedeutung der russischen Sprache in der russischen Innen- und Außenpolitik (M3, M4, M6).

In Russland können heute drei Hauptgruppen nicht-slawischer Minderheiten unterschieden werden:

Unter den Völkern an der Wolga, deren Territorien bereits vor langer Zeit ins Russische Reich eingegliedert wurden, gibt es zum einen die finno-ugrischen Völker, deren Angehörige zumeist zum orthodoxen Christentum konvertiert sind (Mordwinen, Tschuwaschen, Mari, Udmurten), sowie zum anderen die Tataren und die Baschkiren, beide turk-mongolischer Herkunft, die sich erst später an der Wolga niedergelassen haben und sich zum Islam bekennen. Diese Nationalitäten haben sich in der sowjetischen Zeit weit verbreitet. So leben heute zwei Drittel der Tataren außerhalb Tatarstans. Sie stellen mehr als fünf Prozent der Bevölkerung in 10 der 23 Föderationssubjekte*.

Die kaukasischen Völker, die erst im 19. Jahrhundert zumeist gewaltsam ins Russische Reich eingegliedert wurden, sind dagegen stark auf ihren angestammten Territorien konzentriert. Dies gilt nicht nur für die muslimischen Völker, sondern auch für die christlich-orthodoxen Osseten. Die Völker des unwirtlichen Nordens, die zumeist nur geringe Bevölkerungszahlen haben, sind ebenfalls auf ihren angestammten Territorien konzentriert. Dort sind sie oftmals durch die Zuwanderung v.a. von ethnischen Russen während der wirtschaftlichen Erschließung in der Sowjetzeit zu Minderheiten geworden. Sie bilden nichtsdestotrotz immer noch feste Gruppen, die durch ihre an die harten klimatischen Bedingungen angepassten Lebensweisen stark zusammengeschweißt werden.

Quelle: Pascal Marchand: Atlas géopolitique de la Russie. Paris: Autrement 2012, S. 75 (Übers. Winfried Waldeck)

M2 Quellentext zu ethnischen Minderheiten in Russland

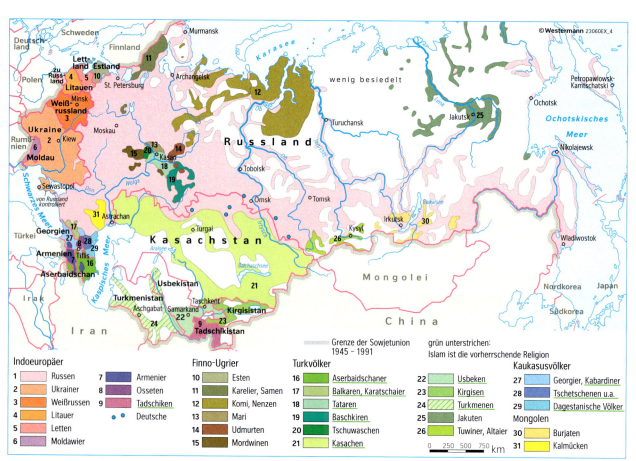

M1 Ethnien in Russland und in den Nachfolgestaaten der Sowjetunion

Ethnische Minderheiten in Russland

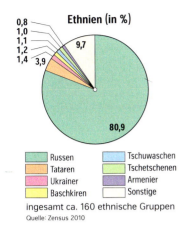
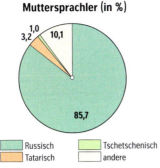

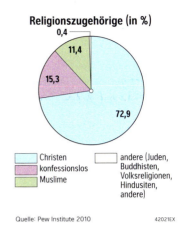

M 3 Anteile der Ethnien, Muttersprachler und Religionen an der russischen Bevölkerung

---

Der ursprüngliche Text [der russischen Verfassung] *„Die Staatssprache der Russischen Föderation ist auf ihrem gesamten Territorium Russisch"* wurde ergänzt. Die Neufassung lautet nun: *„Die Staatssprache der Russischen Föderation ist auf ihrem gesamten Territorium Russisch als Sprache des staatsbildenden Volkes, welches Teil der multinationalen Union gleichberechtigter Völker der Russischen Föderation ist."* Das „russische Volk" findet damit erstmals Erwähnung in der Verfassung des Vielvölkerstaates, und die Festlegung der Staatssprache erhält eine historische Begründung. Im Hintergrund dürften dabei die Erfahrungen der 1990er-Jahre, mit separatistischen Tendenzen in einigen nationalen Republiken, eine Rolle gespielt haben. Parallel dazu wurde die Verfassung [...] durch ein Bekenntnis zur Völkervielfalt Russlands erweitert: *„Der Staat schützt die kulturelle Identität aller Völker und ethnischen Gemeinschaften der Russischen Föderation, garantiert die Erhaltung der ethnokulturellen und sprachlichen Vielfalt."*
Quelle: Thomas Kunze: Russlands neue Verfassung, in: Konrad Adenauer Stiftung (Hrsg.) Länderbericht Juli 2020, Auslandsbüro Russland, S. 5–6

M 4 Quellentext zur Stellung von Russisch in der neuen Verfassung

---

Für [Putin] ist die russische Sprache ein Mittel, um Kontakt zu halten zu Menschen, die außerhalb Russlands, im postsowjetischen Raum leben. Es ist ein Mittel, um die Einflusssphäre Moskaus zu erhalten, und derzeit schrumpft dieser Raum. Das Russische, Lingua franca* über viele Jahrzehnte vor allem in den Ländern der früheren UdSSR, in Mittelasien, dem Kaukasus, ist zwar immer noch eine der großen Sprachen. Doch das neue Nationalgefühl in den Nachfolgestaaten der Sowjetunion zeigt seine Wirkung. Etwa 258 Millionen Menschen sprechen Russisch [...], weit mehr also als Russlands 145 Millionen Einwohner. Aber seit dem Ende der Sowjetunion geht außerhalb Russlands der Gebrauch des Russischen zurück. [...] Aserbaidschan, Usbekistan und Turkmenistan haben bereits ihr Alphabet vom Kyrillischen auf lateinische Buchstaben umgestellt. Kasachstan, der größte der zentralasiatischen Staaten, ist gerade dabei. Bis 2025 sollen alle Zeitungen, Schulbücher, Dokumente, Straßenschilder sowie die Werbung auf lateinische Buchstaben umgestellt sein.
Quelle: Silke Bigalke, Frank Nienhuysen: Bedeutungsverlust des Russischen - Das Ende der „Russischen Welt". Süddeutsche Zeitung 15.12.2019

M 6 Quellentext zum Bedeutungsverlust des Russischen

Tatarstan ist in vielerlei Hinsicht ein besonderer Teil Russlands [...]. Etwas mehr als die Hälfte der 3,8 Millionen Bewohner der Region sind tatarische Muslime. Seitdem die Truppen des russischen Zaren Iwan des Schrecklichen das Gebiet 1552 erobert haben, genießen sie eine weitgehende Gleichbehandlung mit orthodoxen Russen. [...] Während des Zerfalls der Sowjetunion verkündete Tatarstan 1990 [...] seine Unabhängigkeit, unterschrieb aber bereits vier Jahre später einen Föderationsvertrag mit Russland, so wie 45 weitere Regionen des Landes. [Tatarstan] erkämpfte sich in den Verhandlungen mit Moskau jedoch weitreichende Sonderrechte, die keine andere Region erhielt. So hatte Tatarstan in der Folge weitreichende Selbstverwaltungsrechte im Steuer-, Sicherheits- und Justizwesen. [...] Darüber hinaus haben tatarische Behörden ein Mitspracherecht bei kulturellen, ökologischen und wirtschaftlichen Entscheidungen. Besonders auf seiner ökonomischen Bedeutung für Russland fußt der weitreichende Einfluss Tatarstans, das über enorme Erdöl- und Erdgasvorkommen verfügt. [...]
Die Privilegien waren Tatarstan unter dem damaligen russischen Präsidenten Boris Jelzin gewährt worden. So wollte Moskau eine Unabhängigkeitsbewegung wie im ebenfalls muslimisch geprägten Tschetschenien verhindern. [...] Nach dem Amtsantritt von Wladimir Putin im Jahr 2000 veränderte Moskau jedoch seine Politik gegenüber den autonomen Regionen und Republiken in Russland. Seitdem wurden keinen neuen

M 7 Kreml und Kul-Scharif-Moschee in Kasan (Tatarstan)

Sondervereinbarungen mehr geschlossen. Denn in Moskau fürchtet man einen „Dominoeffekt", durch den immer mehr Regionen eine Selbstverwaltung nach tatarischem Vorbild fordern – oder sogar eine echte Unabhängigkeit. Und so wurden die regionalen Privilegien vom Kreml stückchenweise zurückgenommen. [...] [Seit 2017] sind [auch] die meisten Privilegien Tatarstans de facto hinfällig.
Quelle: Russland Republik Tatarstan: Reich, muslimisch und ein bisschen zu mächtig. MDR aktuell 13.10.2017

M 5 Quellentext zu Tatarstan

2.8 Transformation im städtischen Raum

In der früheren Sowjetunion sollten die alten und neuen Städte die Ideale des Sozialismus widerspiegeln. Dazu zählten die klassenlose Gesellschaft sowie die Überlegenheit von Partei und sozialistischer Ideologie. Ziele waren einheitliche Wohntypen und Wohnbedingungen in Verbindung mit geringen Mietpreisen für alle sozialen Gruppen. Die Umsetzung dieser Ziele erfolgte meist in Form von standardisierten Großwohnsiedlungen* mit kleinräumiger Funktionsmischung am Stadtrand. Dazu kam der subventionierte Ausbau des öffentlichen Transportwesens (U-Bahnen, Straßenbahnen, Busse). Typische Elemente der sozialistischen Stadt waren weiterhin große zentrale Plätze und breite Straßenachsen für Militärparaden und Massenaufmärsche sowie repräsentative Bauwerke der Staats- und Parteiorgane. Die abrupte Transformation* Russlands hin zur Marktwirtschaft führte seit 1991 auch zu einschneidenden Veränderungen in der Stadtentwicklung.

- historische Innenstadt: (oft) Verfall der Bausubstanz, sachgerechte Denkmalpflege nur bei symbolträchtigen Gebäuden/Straßenzügen
- sozialistisches „neues" Zentrum: politischer Mittelpunkt, (oft) mit monumentalen Partei-, Verwaltungs-, Kulturhochhäusern, zentrale Plätze und Alleen für von der Partei/vom Staat organisierte Paraden, Demonstrationszüge, Volksfeste
- sozialistische Stadterweiterungen (Mikrorajon = Wohngebiet): Wohnkomplexe in industrieller Plattenbauweise ausgestattet mit Kindergärten, Schulen, Spiel- und Sportplätzen, sowie je nach Größe Einzelhandels-, Gesundheits- und Verwaltungseinheiten
- Wochenendsiedlungen (Datschen): Wochenendhäuser, Gartenlauben mit Gemüsegarten
- Industriekombinate: volkseigene Betriebe

M3 Kurzcharakteristik sozialistische Stadt

1. Beschreiben Sie die Skyline Moskaus (M4).
2. Charakterisieren Sie das Wachstum Moskaus und die Entwicklung der Verkehrsstruktur der Stadt (M1, Atlas).
3. Erläutern Sie das Modell der sozialistischen Stadt und seine Veränderung zur postsozialistischen Stadt (M2, M3, M5).
4. Großwohnsiedlung* und Datscha* – beurteilen Sie den sozialistischen Wohnungsbau nach sozialen und ökologischen Kriterien (M2, M6–M10).
5. Das Einfamilienhaus – in der Charta von Moskau Ausdruck des kapitalistischen Individualismus – erlebt eine Renaissance in Form von Gated Communities*. Nehmen Sie Stellung zu dieser Aussage.

M4 Skyline von Moskau

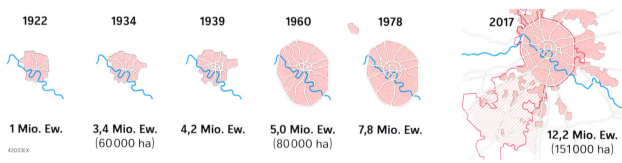

M1 Moskaus Einwohner- und Flächenwachstum

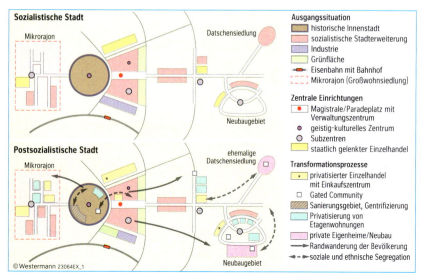

M2 Modell der postsozialistischen Transformation der russischen Stadt

- nachholende Modernisierung der historischen Innenstädte/der sozialistischen Zentren und Stadterweiterungen (auch als Tourismusmagnete)
- zunehmende Suburbanisierung (auch durch Steigerung des Individualverkehrs), Segregation, Polarisierung, Fragmentierung der Stadtlandschaft (Plattenbauten, Neubausiedlungen als Großwohn- und Einfamilienhaussiedlungen, Gated Communities*)
- Marktregulierung durch Privatisierung von Wohngebäuden, Industriebetrieben (auch Deindustrialisierung) und Einzelhandel
- Entstehung von Business- und Shopping Centern mit westlicher Skyline (Amerikanisierung der Skyline)

M5 Kurzcharakteristik postsozialistische Stadt

M 6 Großwohnsiedlungen* in Moskau

Im Mittelpunkt der Charta von Moskau steht die Abbildung einer egalitären Gesellschaft auf bauliche Strukturen einer Stadt nach sozialistisch-marxistischen Prinzipien. Die aus der bürgerlichen Stadt überkommenen Unterschiede zwischen Individuen und Gesellschaftsschichten, die sich auch räumlich manifestierten, sollten in der sozialistischen Stadt beseitigt werden. Dazu zählte beispielsweise die Propagierung des verdichteten Geschoßwohnungsbaus als sozialistische Wohnform par excellence und eine Ablehnung des Stadtbausteins Einfamilienhaus als Relikt des ‚kapitalistischen Individualismus'. Insgesamt zielte Stadtplanung darauf ab, durch bauliche Strukturen individualistischen Tendenzen entgegenzuwirken und ein kollektives Lebensgefühl zu vermitteln. [...] Durch die Abschaffung der Bodenpreise als Regulativ städtischer Nutzungsarten und -dichten wurden Siedlungsstrukturen geschaffen, die durch staatliche Planung und nicht nach marktwirtschaftlichen Gesichtspunkten entstanden.

Obwohl ökologische und naturräumliche Aspekte in der Stadtplanung der sozialistischen Staaten durchaus Berücksichtigung fanden, war ihre Rolle zugunsten der sozialen Aspekte der Stadtplanung deutlich in den Hintergrund gerückt. Der Naturraum wurde zumeist nur insoweit in die Stadtplanung einbezogen, wie er der Herstellung von hygienischen und angenehmen Wohnverhältnissen für die Bewohner diente. Ein wesentliches Problem der sozialistischen Stadt stellte das Fehlen von Versorgungseinrichtungen in den Großwohnsiedlungen dar. Die negativen ökologischen Effekte der Nutzungstrennung wurden jedoch durch die im Vergleich zu westlichen Ländern geringe Verfügbarkeit von Automobilen gemildert. Durch die Verwendung verdichteter mehrgeschossiger Strukturen als Hauptelement des Städtebaus blieben die Städte in den sozialistischen Ländern relativ kompakt.

Quelle: Franz Fürst, Ursus Himmelbach, Petra Potz: Leitbilder der räumlichen Stadtentwicklung im 20. Jahrhundert – Wege zur Nachhaltigkeit? Berichte aus dem Institut für Raumplanung 41. Universität Dortmund 1999, S. 46 – 47

M 7 Quellentext zum sozialistischen Wohnungsbau

Der Moskauer Stadtteil Tschertanowo ist ein sozialer Brennpunkt. Die Menschen sind arm, das Viertel heruntergekommen, die reichen Viertel der Innenstadt weit weg. [...] Tschertanowo wurde in den 1930er-Jahren aus dem Boden gestampft – als Arbeitersiedlung für die damals neuen Industriekomplexe im Süden der russischen Hauptstadt. Viele Fabriken machten nach dem Zerfall der Sowjetunion herbe Verluste und schlossen. Tausende Arbeitsplätze gingen verloren. Der junge russische Staat war überfordert, fehlende Sozialprogramme trugen zur Verwahrlosung bei. Kriminelle Banden machten sich breit und brachten dem Viertel einen besonders schlechten Ruf ein. [...] Weil es kaum noch Arbeit gibt, müssen die Anwohner mit der U-Bahn zur Arbeit in andere Stadtteile fahren. Neue Gebäude entstehen. Tschertanowo wird vom immer weiter wachsenden Moskau verschluckt.

Quelle: Alexander Kauschanski: Moskaus abgehängte Randbezirke. Deutsche Welle 15.9.2019

Obwohl auch in Russland ein freier Grundstücksmarkt entstanden ist und kommunale Pläne existieren, den Bau von Einfamilienhäusern zu fördern, fehlt allen beteiligten Akteuren ausreichendes Kapital. Mit Ausnahme weniger „Neureicher", die in sogenannten Cottages zu einem Preis von über einer Million US-$ und immer häufiger auch in Gated Communities wohnen, fehlen einer breiteren Schicht von Privathaushalten die finanziellen Mittel bzw. der Zugang zu rückzahlbaren Privatkrediten. Nicht ungewöhnlich ist, dass Menschen immer noch in Kommunalkas wohnen, in denen sich mehrere Haushalte eine große Wohnung teilen und dabei Küche oder sanitäre Einrichtungen gemeinsam nutzen. [...] Die Bindung der Bevölkerung an Suburbia bestand traditionell nur aus laubenartigen Einrichtungen, die von ca. 60 % aller russischen Stadtbewohner als „Sommersitz" in Verbindung mit Gartenwirtschaft genutzt wurden [Datschas]. Das Umland bleibt bis heute infrastrukturell weitestgehend unerschlossen.

Quelle: Jürgen Bähr, Ulrich Jürgens: Stadtgeographie II. Westermann 2009, S. 157

M 9 Quellentexte zur Transformation im Städtebau

M 8 Datscha* im Moskauer Umland

M 10 Gated Community* im Moskauer Umland

2.9 Herausforderungen für die Megastadt Moskau

Die größte Stadt Europas? London? Madrid? Paris? Weit gefehlt. Es ist Moskau! In der russischen Hauptstadt und Megastadt* leben ungefähr 12,6 Millionen Menschen auf circa 2500 km². Und seit 1991 – mit Beginn der politischen und wirtschaftlichen Transformation* – wird es durch Zuwanderung aus allen Landesteilen immer enger in der Stadt. Wer kann, flieht aus der Metropole ins Umland, da auch die Boden- und Mietpreise durch die Ansiedlung russischer und internationaler Unternehmen nicht nur in der neuen Moskauer City (5 km westlich des Kremls) in die Höhe schnellen. Moskau muss sich jetzt mit den Herausforderungen des Wachstums arrangieren.

1. Charakterisieren Sie die Bevölkerungsentwicklung Moskaus (M1, Kap. 2.8).
2. Analysieren Sie die demografische und funktionale Primacy* der russischen Hauptstadt (M1, M9, Kap. 2.8).
3. Erläutern Sie die Suburbanisierung im Großraum Moskau (Kap. 2.8: M1; Kap. 2.9: M1 – M5, Atlas, Google Earth).
4. Erklären Sie das Verkehrsaufkommen in der Megastadt Moskau (M1 – M5, M7, M8).
5. Beurteilen Sie die Maßnahmen zur Reduzierung des Individualverkehrs in Moskau (M7, M11, M12).
6. Erstellen Sie eine SWOT-Analyse zur Stadtentwicklung Moskaus (Kap. 2.6 – Kap. 2.10).

Moskau, das mit großem Abstand wichtigste wirtschaftliche Zentrum Russlands, ging gestärkt aus den Transformationsprozessen hervor. Alle wichtigen gesamtstaatlichen Entscheidungsstrukturen sind hier konzentriert. Die Stadt hat ihre führende Position als Wirtschafts- und Finanzzentrum des Landes weiter ausgebaut, verfügt über eine gut funktionierende marktwirtschaftliche Infrastruktur und einen attraktiven Arbeitsmarkt. In Moskau konzentrieren sich die Hauptniederlassungen der größten russischen und internationalen Unternehmen sowie der Banken. Es ist gelungen, sich immer stärker in den globalen Wirtschaftsraum zu integrieren und zum „Economic Gateway" für ausländische Firmen zu entwickeln. [...]

In sowjetischer Zeit unterlag die Stadtentwicklung administrativen Vorgaben, die eine ausgeprägte Citybildung verhinderten. Mit der Transformation setzte in der Kernstadt ein erheblicher Verdrängungsdruck ein und die Wohnbevölkerung wurde in die städtische Peripherie und in die Satellitenstädte des Umlands verdrängt.

Quelle: Matthias Erich Baumann: Russland und China. Westermann 2008, S.70

M3 Quellentext zur Verkehrsbelastung in Moskau

Jahr	Einwohner	Jahr	Einwohner	Jahr	Einwohner
1350	30 000	1915	1 817 000	1995	9 200 994
1600	100 000	1920	1 028 200	2000	10 004 523
1710	160 000	1939	4 182 916	2005	10 750 428
1800	250 000	1956	4 847 000	2010	11 503 501[1]
1852	373 800	1970	6 941 961	2014	12 063 000
1886	753 459	1979	7 830 509	2018	12 506 468
1900	1 175 000	1989	8 769 117	2035	12 823 000[2]

Quelle: Rosstat, UN, diverse Quellen 1 letzter Zensus 2 Prognose

M1 Bevölkerungsentwicklung Moskaus (1350 – 2035)

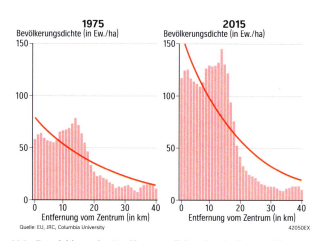

M4 Entwicklung der Bevökerungsdichte des Großraums Moskau

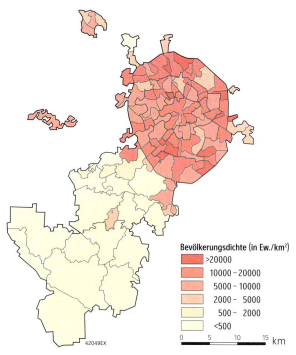

M2 Bevölkerungsdichte in Moskau (2015)

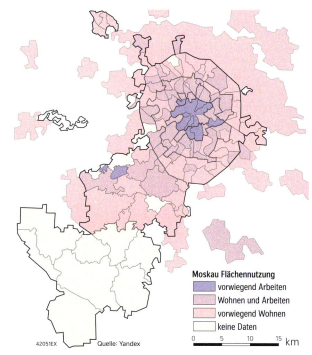

M5 Flächennutzung in Moskau (2016)

Herausforderungen für die Megastadt Moskau

M 6 International Business Center in Moskau

M 9 Rush hour auf dem Kremldamm

Moskaus Staus sind längst so legendär wie seine Kremltürme oder die goldenen Kirchenkuppeln. Die Stadt wuchs nach dem Zerfall der Sowjetunion enorm. Und spätestens nach der entbehrungsreichen Umbruchzeit der 1990er-Jahre gönnten sich immer mehr Moskowiter den Luxus der eigenen vier Räder. Mehr als sieben Millionen Pkw soll es in Moskau und dem Umland geben, Stand Ende 2017. Im vergangenen Jahr sind allein in Moskau noch mal fast 240 000 Neuwagen dazu gekommen.
Quelle: Moskau plant Fahrverbote. MDR 1.2.2019

Keine Frage, Moskau ist eine Stadt der Autofahrer. […] Doch seit einigen Jahren lassen die Moskauer ihren eigenen Pkw immer öfter in der Garage stehen und steigen in eines der vielen Carsharing-Autos, die überall in der Stadt zu finden sind. Und die werden immer mehr. Im vergangenen Jahr verdoppelte sich der Carsharing-Fuhrpark auf knapp 30 000 Fahrzeuge. Damit überholte Moskau den bisherigen Spitzenreiter Tokio und kann sich nun Welthauptstadt des Carsharings nennen.
Quelle: Daniel Säwert: Moskau ist Carsharing-Weltmeister. MDZ 5.2.2020

Der Moskauer Bürgermeister Sergei Sobjanin hat sich zum Ziel gesetzt, die Millionenmetropole lebenswerter zu machen. Ein wichtiger Schritt zu dieser Vision ist, das Stadtzentrum vom Verkehr zu entlasten. Dafür hat Sobjanin im Zentrum Einbahnstraßen geschaffen, Spuren abgebaut und dafür Fußgängerzonen und [Fahrradwege] eingerichtet. Vor allem aber hat der Bürgermeister mit der Politik der kostenlosen Parkplätze gebrochen und hohe Preise fürs [Parken] im Zentrum festgelegt. [….] Je teurer ein Parkplatz, desto mehr freie gebe es. Daneben unterstützt Sobjanin die Carsharing-Firmen mit großzügigen Preisnachlässen und speziellen Parkplatzzonen neben Metrostationen, an denen nur Carsharing-Fahrzeuge [parken] dürfen.
Quelle: Christian Steiner: Wieso Carsharing in Moskau boomt. Neue Zürcher Zeitung 27.5.2019

	Motorisie-rungsgrad (Autos/Ew.)	Straßen-dichte (km Straße/km²)	Metrodichte[1] (km Schiene/km²)	Metrostationendichte (pro km²)
Moskau	317	13,8	0,9	0,25
Berlin	331	13,6	0,8	0,22
New York	225	16,2	0,6	0,60
London	292	13,8	0,4	0,17

[1] inkl. S-Bahn Quelle: PWC

M 10 Verkehrsvergleich von Moskau, Berlin, New York und London (2018)

- zehnspuriger Ausbau des Moskauer Autobahnrings (MKAD, Mitte der 1990er-Jahre)
- Bau des dritten Verkehrsrings (2003)
- Eröffnung einer Einschienenbahn (Monorail, 2008)
- Eröffnung eines 54 km langen S-Bahn-Rings mit Übergang zu Straßenbahn und Metro (2016)
- Verlängerung des Metronetzes (aktuell: Erweiterung um eine Streckenlänge von 150 km)
- Bau des vierten Verkehrsrings zwischen drittem Verkehrsring und MKAD (im Bau)
- Bau von großen Verbindungsstraßen zwischen den Ausfallstraßen (im Bau)

M 11 Verkehrsinfrastrukturmaßnahmen in Moskau (Auswahl)

Die Stadtregierung hat vor knapp sechs Jahren den Kampf gegen das Chaos begonnen. Straßen sind nun schmaler, Fußgängerwege breiter. […] Raserei wird mit empfindlichen Strafen geahndet, Falschparken ebenso. […] Gleichzeitig wird das öffentliche Verkehrsnetz immer weiter ausgebaut; Metro, Bus- und Bahnlinien wachsen. Wege für Fahrräder und Elektroroller ebenfalls.
Quelle: Oliver Bilger: Die Carsharing-Hauptstadt kämpft gegen den Dauer-Stau. Der Tagesspiegel 6.3.2019

M 7 Quellentexte zum Verkehr und zur Verkehrsentwicklung in Moskau

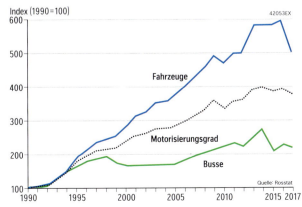

M 8 Fahrzeugentwicklung und Motorisierungsgrad in Moskau

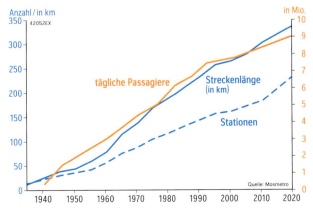

M 12 Entwicklung der Moskauer Metro

2.10 Russlands Städte – Wachstum und Schrumpfung

Das zentralistische Städtesystem Russlands, mit Moskau als Regierungshauptstadt und größter Stadt des Landes, hat auch nach dem Ende der kommunistischen Herrschaft in der Russischen Föderation weiter Bestand. Doch der Transformationsdruck in der Folgezeit der Auflösung und dem Zerfall der Sowjetunion und die danach beginnenden marktwirtschaftlichen Prozesse haben das Städtesystem auch verändert. Moskau hat immer noch seine unangefochtene Stellung innerhalb Russlands, aber es setzte eine verstärkte demografische und wirtschaftliche Konzentration auf einige Zentren ein und ein Bedeutungsverlust in ökonomisch schwachen Städten.

1. Beschreiben Sie die räumliche Verteilung der Städte und die Straßendichte in Russland (M2, M10, Atlas).
2. Erklären Sie die Ursachen für die Ausbildung des russischen Städtesystems (M1, Kap. 2.4, 2.8 – 2.9).
3. a) Erläutern Sie die Größenverteilung der russischen Städte (M7, M8, M10).
   b) Errechnen Sie den Primacy Index* Moskaus (M4).
4. Analysieren Sie die Entwicklung der Verstädterung in Russland (M3, M6, M7, M10).
5. Erläutern Sie die Entwicklung des Städtesystems vor dem Hintergrund der wirtschaftlichen Transformation* (M8, M9).
6. Entwickeln Sie ein Wirkungsgefüge zur Entwicklung der Monostädte seit den 1990er-Jahren.

Russland	Ew. (in Mio.)	USA	Ew. (in Mio.)
Moskau	12 538	New York	18 804
Sankt Petersburg	5 468	Los Angeles	12 447
Nowosibirsk	1 664	Chicago	8 865
Jekaterinburg	1 504	Houston	6 371
Kasan	1 272	Dallas	6 301
Nischni Nowgorod	1 258	Miami	6 122
Tscheljabinsk	1 228	Atlanta	5 803
Omsk	1 182	Philadelphia	5 717
Samara	1 163	Washington	5 322
Krasnojarsk	1 137	Phoenix	4 511

Quelle: UN Urbanizations Prospects

M4 Die größten Städte Russlands und der USA (2020)

M5 Jekatarinburg

Bei einem Städtesystem handelt es sich um alle Städte eines Raumes, die durch bestimmte Beziehungen untereinander verbunden sind. Charakteristisch für das Städtesystem sind hierarchische Über- und Unterordnung, die sich ergeben aus:
- demografischen Gegebenheiten (Größenklassen: Megastädte bis Kleinstädte),
- Lagebeziehungen (Distanzen innerhalb eines Raumes zueinander),
- ökonomischen Funktionen und Stellung (Wirtschaftssektoren und Branchen),
- Interaktionen untereinander (auch nach Geschwindigkeit und Frequenzen: zum Beispiel Verkehrsverbindungen zum Güteraustausch und zur Beförderung von Personen, digitaler oder analoger Informationsaustausch, Kapitaltransfer, dadurch Entstehung von ökonomischem, kulturellem, sozialem und finanziellem Austausch),
- kultureller Stellung des Standortes,
- Aus- und Fortbildungsmöglichkeiten am Standort,
- Konkurrenzbeziehungen durch die oben angeführten Merkmale,
- kommunaler, regionaler, nationaler Macht- und Organisationskonzentration.

Fazit: Entstehung einer abgestuften Struktur

M1 Städtesystem

M2 Straßendichte in Russland (2019)

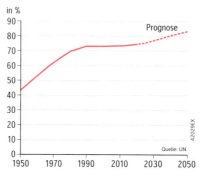

M3 Verstädterungsgrad* in Russland (1950 – 2050)

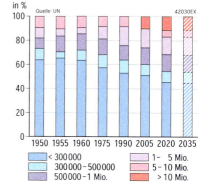

M6 Städte in Russland (1950 – 2035)

Russlands Städte – Wachstum und Schrumpfung

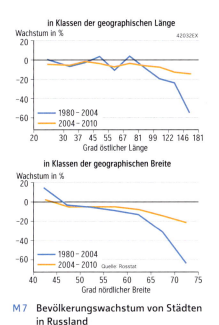

M 7 Bevölkerungswachstum von Städten in Russland

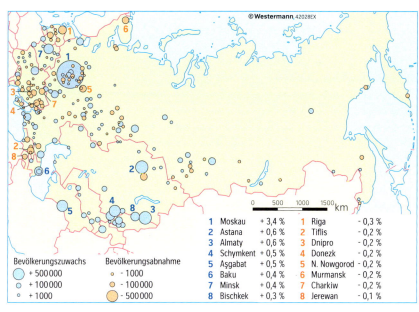

M 10 Bevölkerungsveränderung von Städten der ehemaligen Sowjetunion (1989 – 2016)

Gewinner	Verlierer
• Moskau und Sankt Petersburg • große Regionalzentren aufgrund der funktionalen Diversifikation*, der gut ausgebauten Infrastruktur und der Präsenz wichtiger politischer und wirtschaftlicher Entscheidungsinstanzen • monostrukturierte Industriestädte (Monostädte) mit marktangepassten oder exportorientierten Unternehmen der Energiewirtschaft wie Nowosibirsk und Bratsk (Wasserkraftwerke), der Erdöl- und Erdgasbranche wie Nischnewartowsk, Surgut, Salechard oder der Metallurgie wie Norilsk • Verkehrsknotenpunkte mit transnationaler Bedeutung wie z. B. die großen Hafenstädte Astrachan, Wyborg oder Nachodka • ausgewählte Wissenschaftsstädte mit einem konkurrenzfähigen forschungs- und technologieorientierten Wirtschaftspotenzial und hochqualifizierten Arbeitskräften • Städte im Umland der großen Agglomerationen* mit der Möglichkeit zur Nutzung des attraktiven Arbeitsmarktes der Kernstadt • Kleinstädte mit attraktivem Investitionsklima	• Monostädte einer strukturschwachen Branche wie die des Maschinenbaus und der Textilindustrie, deren veraltete Ausrüstungen und überholte Designs der Konkurrenz aus dem Ausland nicht standhalten können • Standorte der Rüstungsindustrie, in denen sich der Staat als Auftraggeber zurückgezogen hat, wie z.B. Sewerodwinsk im Gebiet Archangelsk • die Kohlezentren im Petschoragebiet (Workuta) und im Kusbass (z.B. Leninsk-Kusnezki), die aufgrund einer einseitig auf Erdöl und Erdgas setzenden Energiepolitik in besonderem Maße mit Strukturanpassungsproblemen konfrontiert sind • Klein- und Mittelstädte im Hohen Norden und im Nichtschwarzerdegebiet mit schlechter Verkehrsinfrastruktur und in großer Entfernung zu den nationalen Absatzmärkten • Städte mit ökonomisch uneffektiven, zu sowjetischen Zeiten staatlich subventionierten Betrieben in extremen Klimagebieten des Hohen Nordens und des Fernen Ostens

M 8 Gewinner und Verlierer im russischen Städtesystem

Erloschene Fabrikschlote, verödete Landschaften und erschreckende Perspektivlosigkeit – seit dem Zusammenbruch der Sowjetunion erleben viele russische Monostädte* ihren Niedergang. Ab den 1930er-Jahren zumeist am Reißbrett entworfen, zogen die rund um einen einzigen Betrieb oder ein Kombinat errichteten Städte einstmals hunderttausende Menschen an. Die Siedlungen um die Metall- und Rohstoffindustrie bildeten das Rückgrat der sowjetischen Wirtschaft: Über 400 Monostädte erwirtschafteten zeitweise bis zu 40 Prozent des Bruttoinlandsprodukts. Seit den 1990er-Jahren befinden sich viele Monostädte im wirtschaftlichen Niedergang: Sie sind geplagt von Problemen wie Arbeitslosigkeit, hoher Anfälligkeit gegenüber Konjunkturschwankungen und massiver Abwanderung von jungen, qualifizierten Arbeitskräften. [...] Zu Monostädten zählen derzeit 317 Städte in Russland [...], also ungefähr jede dritte Stadt des Landes. Dort leben insgesamt etwa 15,6 Millionen Menschen, die rund ein Viertel des russischen Bruttoinlandsprodukts erwirtschaften, Tendenz fallend. [...] Die Unterordnung aller städtischen Funktionen unter die Logik planwirtschaftlicher Industrialisierung spiegelt sich in sämtlichen Lebensbereichen der Monostädte wider. Nicht nur räumliche, architektonische, ökonomische, demografische Strukturen sind davon geprägt, sondern auch die Institutionen, Kommunikation und Alltagsroutinen mehrerer Millionen Menschen. So sind heute noch vielerorts die städtischen Versorgungssysteme wie Fernwärme und Strom an Produktionskreisläufe der Betriebe gekoppelt. Wenn das Unternehmen in einer wirtschaftlichen Krise steckt, dann ist auch oft die Versorgung der ganzen Stadt davon betroffen. Auch Stadtpflege, soziale Dienstleistungen oder Stadtfeste gehören häufig zu den Verantwortlichkeiten des gemeindekonstituierenden Betriebs. Finanzielle Schwierigkeiten des Betriebs spiegeln sich somit in vielen Lebensbereichen der Stadtbewohner wider. So überrascht es kaum, dass viele (Wohn-)Häuser in den russischen Monostädten heute baufällig sind. Viele öffentliche Räume sind verwahrlost, es fehlt an zeitgemäßen Freizeitangeboten und sogenannten „dritten Räumen" – Orte wie Cafés, Bars oder Parks, an denen sich Menschen treffen können.

Die demografische Struktur von Monostädten wird besonders durch die Bildungsmigration von Abiturienten und durch die überproportionale Abwanderung von jungen Frauen belastet. [...] Hinzu kommt, dass die Führungsebene der Unternehmen häufig auch die Gemeindeverwaltungen und die lokalen Medien kontrolliert. [...] Ein bisher kaum gelöstes Problem ist die bereits Jahrzehnte andauernde Umweltverschmutzung. Der kostspielige Einsatz von automatisierten Emissionskontrollen und modernen Reinigungsverfahren schreitet nur sehr langsam voran.

Quelle: Alexander Formozov: Monostädte. Dekoder 20.9.2018

M 9 Quellentext zu Monostädten*

2.11 Nur-Sultan – Planhauptstadt Kasachstans

Die heutige Republik Kasachstan beziehungsweise die Kasachische SSR in sowjetischer Zeit hatten immer wieder wechselnde Hauptstädte: Orenburg (1920–1925), Kzyl-Orda (1925–1929), Almaty (1929–1997), Astana (ab 1997). Als russische Festung Akmolinsk 1830 gegründet, wurde die heutige Hauptstadt während der Sowjetzeit zum Zentrum der Neulandgewinnung in der kasachischen Steppe. Die nach der Unabhängigkeit Kasachstans 1991 erst von Tselinograd in Aqmola umbenannte Stadt wurde als Astana 1997 Planhauptstadt der Republik. Ihren heutigen Namen erhielt die Stadt 2019 zu Ehren des zurückgetretenen Langzeitpräsidenten Kasachstans Nursultan Nasarbajew (1990–2019).

1. Recherchieren Sie Planhauptstädte.
2. a) Charakterisieren Sie die Bevölkerungsentwicklung und
   b) die topographische, klimatische, ethnische und wirtschaftliche Situation Nur-Sultans (M4, M6–M8, M11, Atlas).
3. Beschreiben Sie das Erscheinungsbild Nur-Sultans zu sowjetischer und postsowjetischer Zeit (M1–M3, M11, Kap 1.4: M4).
4. Erstellen Sie eine Powerpoint-Präsentation zu den Bauwerken der Planhauptstadt Nur-Sultan (Internet).
5. Erläutern Sie die Gründe für die Hauptstadtverlegung in Kasachstan (M1, M5, M9).
6. „Mit der Planstadt hat sich der ehemalige Präsident Kasachstans ein Denkmal gesetzt." Nehmen Sie Stellung zu dieser Schlagzeile westeuropäischer Zeitungen.

M2 Präsidentenpalast in Nur-Sultan

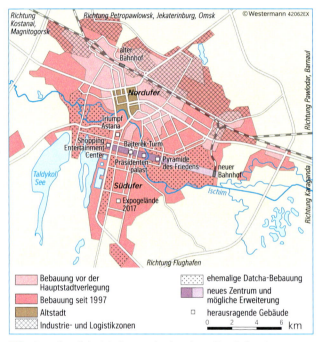

M3 Das räumliche Wachstum des heutigen Nur-Sultans

Es ist wie ein galaktischer Trip in die Zukunft. Zunächst führt eine scheinbar endlos lange Straße raus aus der Gegenwart. Ungefähr 20 Kilometer lang, leitet sie schnurgerade durch das Nichts. Links und rechts: Steppe. Dann, wie aus dem Boden geschossen: Hochhäuser aus verspiegeltem Glas, zwei Türme aus Gold, eine Pyramide, ein Nachbau des Weißen Hauses mit riesiger Antenne und ein überdimensioniertes Zirkuszelt. Wir sind angekommen in der kasachischen Hauptstadt Astana. Es ist kalt, so kalt, dass ein einziger Atemzug die Nasenhaare gefrieren lässt. Minus 35 Grad am Tag, minus 45 in der Nacht.
Quelle: Christin Odoj: Astana, aus der Steppe gestampft. Neues Deutschland 26.2.2013

Es gibt zwei Astanas. Auf der nördlichen Uferseite des Flusses Ischim ist es ein Ort, wie viele im ehemaligen sowjetischen Imperium: in Rayons und Mikrorayons aufgeteilte Wohngebiete mit einer schlecht, aber irgendwie doch funktionierenden Infrastruktur. Von 1961 bis 1991 hieß diese Stadt Tselinograd. Sie hat sich in Provisorien eingerichtet. Über die überirdisch angelegten Gas- oder Wasserleitungen hat man kleine, grob verschweißte Treppen gebaut. Die Löcher in den Gehwegen sind so groß und so tief, dass kleine Kinder darin verschwinden können. Das andere Astana liegt südlich des Ischim, ein Entwurf im Kopf des Präsidenten, locker hingeworfen in die Steppe Asiens. Es scheint, als hätten alle angesagten Architekten der Welt auf dem Weg nach Dubai oder China eins ihrer Gebilde über der kasachischen Steppe abgekippt. 2030 soll das künstliche Gebilde fertig sein. Man betoniert hier auch bei zweistelligen Minustemperaturen. Gegen das Weiße Haus des Kasachischen Präsidenten wirkt das Vorbild in Washington wie Onkel Toms Hütte. Ein architektonischer Themenpark zeigt Beispiele aus allen ehemaligen Sowjetrepubliken, meist im Maßstab von 3:1 zur Wirklichkeit.
Quelle: Annett Gröschner: Die Städtesammlerin. München: Penguin 2017

M1 Reiseberichte über Nur-Sultan (Astana)

	1989		2009		2018
Almaty	1,071	Almaty	1,365	Almaty	1,801
Karaganda	0,506	Astana	0,613	Astana	1,032
Chymkent	0,380	Chymkent	0,603	Chymkent	0,951
Pavlodar	0,329	Karaganda	0,459	Karaganda	0,501
Oskemen	0,322	Aktobe	0,345	Aktobe	0,420
Semei	0,317	Taraz	0,320	Taraz	0,356
Taraz	0,303	Pavlodar	0,317	Pavlodar	0,344
Astana	0,268	Oskemen	0,303	Oskemen	0,329

Quelle: Bureau of National Statistics

M4 Bevölkerung der großen kasachischen Städte (in Mio.)

- oft nach einem idealistischen Plan angelegt, gegründet bzw. ausgebaut, weitgehend regelhafter Grundriss
- Zweck der Gründung: Anlage der Stadt in einem zentralen Landesteil, Symbolisierung von Modernität, religiöser Identität, der Überwindung der Vergangenheit etc., Repräsentanz des Machthabers, städtebauliches Vorbild für andere Städte
- echte Planhauptstadt: durch staatliche Verordnung geplant oder neu gebaut; beförderte Planhauptstadt: bereits bestehende, meist unbedeutende Stadt, durch staatliche Verordnung zur Hauptstadt ernannt

M5 Plan(haupt)stadt

Nur-Sultan – Planhauptstadt Kasachstans

Jahr	Ballungsraum Astana/Nur-Sultan Einwohner	Anteil Kasachstan	Bevölkerungswachstum Astana	Kasachstan
1897	9 688	0,23 %	k.A.	k.A.
1926	12 781	0,19 %	0,96 %	4,14 %
1939	33 209	0,53 %	7,62 %	-0,19 %
1959	102 276	1,09 %	5,79 %	4,35 %
1970	179 514	1,39 %	5,25 %	3,27 %
1979	235 757	1,60 %	2,76 %	1,34 %
1989	277 365	1,68 %	1,64 %	1,15 %
1999	328 341	2,19 %	1,70 %	-0,96 %
2009	613 006	3,82 %	6,44 %	0,68 %
2018	1 012 317	5,64 %	6,47 %	1,19 %

Quelle: Bureau of National Statistics

M 6 Einwohnerentwicklung Astana/Nur-Sultan

	1989	2009	2018
Kasachen	17,71	69,38	78,18
Russen	54,10	19,64	13,41
Ukrainer	9,26	2,09	1,38
Deutsche	6,72	1,13	0,90

Quelle: Bureau of National Statistics

M 7 Nationalitäten der Bevölkerung Astanas/Nur-Sultans (in %)

	in Tenge	in US-$
Landesdurchschnitt	162 267	471
Nur-Sultan	237 538	689
Hochlohnregion		
Atyrau	296 191	859
Almaty	201 815	585
Niedriglohnregion		
Nordkasachstan	110 205	320

Quelle: Bureau of National Statistics

M 8 Durchschnittliche Bruttoarbeitslöhne (2018)

Merkmal	Ziel
politisch	Konzentration der Macht an einem Ort
demografisch	Bevölkerungswachstum (auch Zuwanderung)
städtisch	besondere Architektur, Monumentalbauten, Übernahme von Bauformen aus anderen Hauptstädten
wirtschaftlich	Ausbau zum Hauptwirtschaftszentrum mit hoher Diversität
kulturell	Ansiedlung prestigeträchtiger Kultureinrichtungen, Organisation internationaler Veranstaltungen
geographisch	Ausrichtung des nationalen und internationalen Transportnetzes auf die Hauptstadt
symbolisch	Entwicklung zu einer Stadt mit internationalem Kultstatus, Repräsentanz des Staates

M 10 Charakteristik der Hauptstadtbildung Nur-Sultans

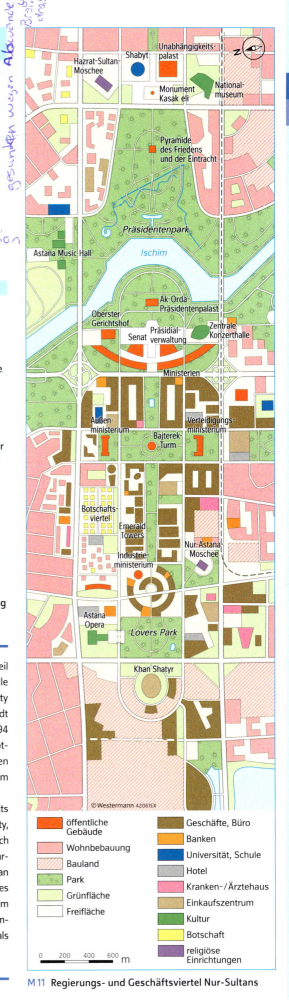

M 11 Regierungs- und Geschäftsviertel Nur-Sultans

[Astana] ist ein Projekt des kasachischen Präsidenten Nursultan Nasarbajew. Es ist zum Großteil eine Planstadt inmitten der Steppe. [...] Präsident Nursultan Nasarbajew verlegte nicht nur alle Regierungs- und staatlichen Verwaltungsstellen sowie viele Staatsunternehmen von Almaty im Süden des Landes ins zentraler gelegene Astana. Er ließ große Teile der neuen Hauptstadt komplett am Reißbrett entwerfen und buchstäblich aus der Steppe stampfen. [...] Im Juli 1994 beschloss Nasarbajew, dass Astana – auf Kasachisch bedeutet „astana" Kapitale – zur Hauptstadt zu machen. [...] Seit der offiziellen Verlegung im Oktober 1997 ist „Astana zum größten geopolitischen Projekt der Gegenwart geworden", wie es in einer Beschreibung im „Museum des Ersten Präsident der Republik Kasachstan" heißt. [...]

Forscher sehen in der Hauptstadtverlegung vorrangig geo- und innenpolitische Gründe: Einerseits geht es um die Distanzierung zu postkolonialen wie auch postsowjetischen Strukturen in Almaty, von der sich Nasarbajew augenscheinlich lösen will. Andererseits beinhaltet die Umverlegung auch explizit territoriale Ansprüche im vornehmlich russisch besiedelten Norden. Zugleich dürfte Nasarbejew der Umzug der Regierung dienlich sein, um die politischen Machtverhältnisse in Kasachstan umzustrukturieren – sowohl aufgrund der größeren Nähe zu den ölreichen Regionen im Westen des Landes als auch durch das Aufbrechen südkasachischer Klanstrukturen. Im Nasarbajew-Museum werden hingegen einfach „politische und wirtschaftliche Gründe" genannt, [...]. Eine eigene Kommission habe Mitte der 1990er-Jahre mehrere Standorte analysiert, „die Wahl fiel auf Aqmola, als die am meisten präferierte von allen Varianten", heißt es wenig detailliert in einem Aushang.

Quelle: Marco Fieber: Astana: Nasarbajews Traumstadt in der Steppe Ostblogg 29.5.2017

M 9 Quellentext über die Gründe für die Hauptstadtverlegung

Zusammenfassung

Räumliche und soziale Disparitäten

Russland kann als das Land mit den höchsten räumlichen Disparitäten weltweit bezeichnet werden. Schuld daran sind nicht nur die schwierigen Lebensbedingungen im Norden und Osten aufgrund der naturräumlichen Ausstattung und die schlechte Erschließung des riesigen Landes, sondern auch der Niedergang der ländlichen, peripheren Regionen in der Transformationszeit. Während manche der großen Städte wie Moskau und St. Petersburg, aber auch rohstoffreiche periphere Regionen durchaus das Pro-Kopf-Einkommen und Durchschnittseinkommen westeuropäischer Staaten besitzen, ist dies in anderen Regionen auf Entwicklungsländerniveau. Hierzu zählen neben den ländlichen Regionen auch viele der monostrukturierten Industriestädte und Regionen mit einem hohen Anteil ethnischer Minderheiten. Die räumlichen Disparitäten verschärfen aktuell die Abwanderungsprozesse aus den peripheren Regionen.

Die wirtschaftlichen Transformationsprozesse führten in Russland zu einer gespaltenen Gesellschaft und einer sozialen Polarisierung. Auf der einen Seite stehen die (wenigen) Gewinner der wirtschaftlichen Umwälzungen, die als Unternehmer vom neuen kapitalistischen System profitieren, auf der anderen Seite die (vielen) Verlierer, für die die Transformation mit Arbeitslosigkeit, Armut und sozialem Abstieg verbunden war. Erst mit dem wirtschaftlichen Boom in den 2000er-Jahren konnte die Armut langsam verringert werden, die Einkommensschere blieb in Russland trotzdem auch im weltweiten Vergleich hoch.

Bevölkerungsentwicklung und ethnische Minderheiten

Seit dem Zerfall der Sowjetunion ist die Bevölkerungsentwicklung in Russland stagnierend bis leicht rückläufig. Dies ist vor allem auf eine – für ein entwickeltes Land – ungewöhnliche Entwicklung der Sterberate zurückzuführen. Die medizinische Versorgung gilt als unzureichend und hat sich in der wirtschaftlichen Krise der ersten Transformationsphase mit hoher Arbeitslosigkeit weiter verschlechtert. Im Vergleich zu den westeuropäischen Staaten ist die Lebenserwartung gering, sie ist bei den Männern noch bedeutend niedriger als bei den Frauen. Übermäßiger Alkohol- und Drogengenuss und damit verbundene Verkehrsunfälle sowie hohe Selbstmordzahlen wirken sich hier aus. Russland steht zudem vor einer drastischen Überalterung seiner Bevölkerung.

Russland ist nicht nur der Staat der Russen, Russland ist ein Vielvölkerstaat. Neben der Mehrheitsbevölkerung der ethnischen Russen (etwa 80 Prozent) existieren mehr als 160 größere oder kleinere ethnische Gruppen. Insbesondere im Kaukasus und in Sibirien ist die ethnische Vielfalt besonders groß. Für viele nichtrussische Völker wurden Republiken und Regionen mit weitgehender Autonomie errichtet. Das Zusammenleben in diesem Vielvölkerstaat ist aber keinesfalls spannungsfrei.

Migration

Innerhalb Russlands gibt es eine ausgeprägte Landflucht. Auch aus den wenig attraktiven Klein- und Mittelstädten ziehen Menschen in Großstädte mit besseren Lebenschancen, v. a. mit besseren Bildungs- und Berufsmöglichkeiten. Innerhalb des Landes ist in den letzten Jahren außerdem eine Binnenmigration von Nord nach Süd und von Ost nach West zu beobachten - in Umkehrung der gelenkten Migrationswellen seit dem 16. Jahrhundert. Weitere Migrationsphänomene betreffen die Rückkehr ethnischer Russen und Arbeitsmigranten aus den Nachfolgestaaten der UdSSR und die verstärkte Abwanderung von Russen in westliche Länder. Russland versucht mit verschiedenen Maßnahmen diesem Brain Drain gut ausgebildeter Menschen zu begegnen.

Stadtsystem und -entwicklung

Das russische Städtesystem ist vor allem auf den europäischen Westen und den Süden konzentriert und wird dominiert von der Primatstadt Moskau, die die übrigen Städte des Landes an Größe und Bedeutung mit weitem Abstand überragt – auch die zweitgrößte Stadt, Sankt Petersburg. Die Verstädterung in der Sowjetunion war eng verknüpft mit der Industrialisierung des Landes. Seit den 1990er-Jahren ist der Verstädterungsgrad nahezu konstant.

Es gibt „Verlierer" und „Gewinner" des Transformationsprozesses im Städtesystem: vor allem die monostrukturierten Industriestädte schrumpfen, und neue Regionalmetropolen bilden sich heraus. Auf der Grundlage einer fortschreitenden Massenmotorisierung kommt es darüber hinaus zu einer Suburbanisierung. Gentrifizierungsprozesse und die Entstehung von Gated Communities sind besonders deutlich in der Megastadt Moskau zu beobachten.

Moskau ist die größte Megastadt Europas. Innerhalb nur weniger Jahre wurde aus der sozialistischen Vorzeigestadt eine Metropole, die sich in ihrem Erscheinungsbild und in den Stadtentwicklungsprozessen kaum von westlichen Metropolen unterscheidet.

Weiterführende Literatur und Internetlinks

Paul Gans, Ansgar Schmitz-Veltin, Christina West: Diercke Spezial – Bevölkerungsgeographie. Braunschweig: Westermann 2019

Jürgen Bähr, Ullrich Jürgens: Stadtgeographie II. Braunschweig: Westermann 2019

Bevölkerungsstatistik
Zensusdaten Russland
• https://eng.rosstat.gov.ru/folder/76215

UN World Population Prospects 2019
• https://population.un.org/wpp/

Stiftung Weltbevölkerung
• www.weltbevoelkerung.de

Interaktive Karte zur Bevölkerungsdichte
• http://luminocity3d.org/WorldPopDen

Migration
OECD: International Migration Database
• https://stats.oecd.org/Index.
aspx?DataSetCode=MIG

UN: Migration Profiles
• https://esa.un.org/MigGMGProfiles/
indicators/indicators.HTM

UN: International Migration Report 2020
• www.un.org/sites/un2.un.org/files/
wmr_2020.pdf

Statistikportal der United Nations Conference of Trade and Development
(Daten zu Rücküberweisungen)
• https://unctad.org/en/Pages/statistics.
aspx

Stadtstatistik
UN Urbanization Prospects 2018
• https://population.un.org/wup

Moskau
Offizielle Seite
• www.mos.ru/en
• www.moscow.info

Nur-Sultan
• https://astana.gov.kz/

3 ROHSTOFFE UND NACHHALTIGKEIT

Ölfeld in der sibirischen Tundra

3.1 Bodenschätze und deren nachhaltige Nutzung

Rohstoffe – Rohstoffe – Rohstoffe

„Alles kommt vom Berg her" – der alte Bergmannsspruch verdeutlicht, dass die Menschheit auf die Schätze der Natur angewiesen ist. Um zum Beispiel den Strom- und Wärmebedarf einer Region zu decken, werden in einem großen Kohlekraftwerk pro Tag mehr als 10 000 Tonnen Kohle verbrannt. Aber auch erneuerbare Energiequellen wie Windkraftanlagen benötigen für ihre Herstellung hohe Mengen verschiedenster Rohstoffe (M1).

Nicht erneuerbare Primärrohstoffe

Nachwachsende Rohstoffe wie zum Beispiel Holz, Kautschuk und Palmöl regenerieren sich bei nachhaltiger Bewirtschaftung in kurzer Zeit und stehen damit ständig zur Verfügung. Die Entstehungs- und damit auch Regenerationszeit nicht erneuerbarer Rohstoffe misst sich dagegen über geologische Zeiträume. Sind zum Beispiel Kohle, Erdöl, Metalle, Salze und Sande erst einmal der Natur entnommen, stehen sie nicht mehr zur Verfügung oder sind bis zum Recycling in Produkten gebunden. Sie werden in Lagerstätten gewonnen. Das sind Standorte, an denen die Konzentration von Bodenschätzen so hoch ist, dass sie wirtschaftlich gewinnbringend förderbar sind. Je nach Lagerstätte baut man die Rohstoffe in Bergwerken unter Tage oder im Tagebau unter freiem Himmel mit großen Baggern und Radladern oder Pumpen ab. Pro Kilogramm eines gewonnenen und vermarktungsfähig aufbereiteten Rohstoffs müssen Unmengen an Energie eingesetzt und Abraum bewegt werden. Diese schleppt der Rohstoff gewissermaßen als „ökologischen Rucksack" mit sich.

Rohstoffsicherung und Nachhaltigkeit

Die Gewinnung von Rohstoffen stellt fast immer einen großen Eingriff in den Naturhaushalt und das Leben der Bevölkerung dar. Das Konzept der Nachhaltigkeit bietet eine Möglichkeit, die Rohstofferzeugung so zu gestalten, dass sie den größtmöglichen Nutzen für die Natur, Wirtschaft und Menschen erbringen. Mittlerweile lassen weltweit viele Bergbaufirmen ihre Unternehmen und neue Vorhaben anhand von Nachhaltigkeitskriterien prüfen, nicht zuletzt, um die Akzeptanz des Bergbaus nicht zu gefährden.

Rohstoffgigant Russland

Der Rohstoffverbrauch wird in den nächsten Jahrzehnten trotz technologischer Fortschritte, gebremsten globalen Bevölkerungswachstums und politischer Initiativen weiter steigen. Russland sowie die Nachfolgestaaten der UdSSR gehören zu den Ländern der Erde, die über riesige, häufig auch noch unerschlossene Vorkommen nahezu aller Bodenschätze verfügen. So wird bei der weltweit steigenden Nachfrage nach Rohstoffen der Bergbau auch in den nächsten Jahrzehnten ein wichtiger Wachstumsmotor für die russische Wirtschaft bleiben. Dabei steht das Land vor der Herausforderung, dieses Potenzial nachhaltig zu gestalten.

Das Modell der Nachhaltigkeit

Die Weltkonferenz der Vereinten Nationen in Rio de Janeiro 1992 war der Ausgangspunkt für die internationale Anerkennung des Leitbildes einer nachhaltigen Entwicklung, d.h. der Notwendigkeit, soziale, wirtschaftliche und ökologische Zieldimensionen aufeinander abzustimmen. Das Nachhaltigkeitsdreieck zeigt, dass diese drei Dimensionen im Zusammenhang zu betrachten sind – das eine geht nicht ohne das andere. Ein Projekt ist dann nachhaltig, wenn zukünftig keine Schäden in der natürlichen Umwelt auftreten (Ökologie), sich die Lebensbedingungen der Menschen verbessern (Soziales) und wirtschaftliche Gewinne erzielt (Ökonomie) werden. Darüber hinaus verdeutlicht die Dimension der Zeit, dass jede Generation so handeln soll, dass die nachfolgende Generation die gleichen Entwicklungschancen hat wie die vorangegangene Generation.

- Beton: 1744 t
- Stahl: 237 t
- Guss: 73 t
- glasfaserverstärkter Kunstoff: 29 t
- Kupfer: 12 t
- Aluminium: 1 t

M1 Rohstoffverbrauch zur Herstellung eines 3-MW-Windrads

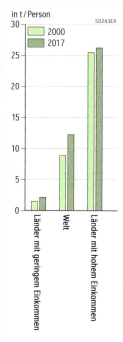

M2 Materieller Fussabdruck* (in t/Person, 2000/2017)

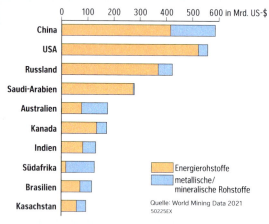

M3 Weltweite Bergbauproduktion (2019)

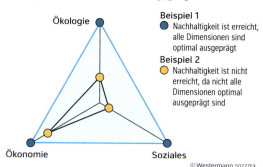

M4 Kohlentagebau in der Kusnezk-Region

Bodenschätze und deren nachhaltige Nutzung

M 5 Verteilung wichtiger Rohstoffvorkommen in Russland

Der Begriff Nachhaltigkeit wird in Russland selten richtig verstanden. Unter dem Einfluss des wirtschaftspolitischen Paradigmas der 1990er- und 2000er-Jahre wurde nachhaltig vor allem ökonomisch interpretiert: als stetige Zunahme des Bruttosozialprodukts. Diese rein wirtschaftliche Betrachtungsweise klammerte die Erwägung aller externen Effekte auf die Umwelt aus. [...] Zunächst spielt der Faktor „großes Land" eine wichtige Rolle. Als größtes Flächenland der Welt ist Russland sehr dünn besiedelt. Die Verfügbarkeit von riesigen natürlichen Ressourcen beeinträchtigt die Sensibilität der Menschen für Umweltprobleme. Die Vorstellung, dass Ressourcen wie Land, Wasser, Wälder, Öl und Gas schier unerschöpflich sind, ist tief im Bewusstsein der Menschen verwurzelt. [...]
Ein weiterer Aspekt betrifft die Sichtbarkeit von Umweltschäden. Oft bleiben Umweltkatastrophen unbemerkt, besonders in den dünn besiedelten Gebieten, in denen sich die meisten Öl- und Gasfelder befinden. Solange Organisationen wie Greenpeace keinen Hubschrauber senden und Filmmaterial über einÖlleck produzieren, sind die Chancen, dass jemand etwas davon erfährt, relativ gering. [...]
Und schließlich wirkt noch das sowjetische Erbe des Konzepts von der „Eroberung der Natur" zum Wohle des Volkes nach. Die Vorstellung von Flussbegradigungen, Eingriffen in die Landschaft oder der Umwandlung von Ökosystemen zum Wohle der Industrieproduktion war eine der Antriebskräfte für die sowjetische Wirtschaft. Diese Haltung herrscht in vielerlei Hinsicht bis heute vor. Die neuen wirtschaftlichen Realitäten der 1990er- und anfänglichen 2000er-Jahre brachten es mit sich, dass auf Kosten der Natur schnelles Geld gemacht wurde. So kamen neben den ohnehin schon „ererbten" Umweltproblemen aus Zeiten der UdSSR (vorwiegend aus der Industrie) neue dazu: Luftverschmutzung durch Autos, das Abfallproblem, übermäßiger Konsum und so weiter.
Quelle: Angelina Davydova: Nachhaltigkeit in Russland 1.8.2013

M 6 Quellentext zur Nachhaltigkeit in Russland

Rohstoff	Reserven Menge	Anteil Welt	Rang	Förderung Menge	Anteil Welt	Rang
Erdgas	37 Bio. m³	19,9 %	1	639 Mrd. m³	16,6 %	2
Erdöl	15 Mrd. t	6,2 %	6	524 Mio. t	12,5 %	2
Kohle[1]	162 Mrd. t	15,1 %	2	400 Mio. t	5,2 %	6
Uran	486 000 t	8,0 %	4	2911 t	5,3 %	7
Eisenerz	25 Mrd. t	13,8 %	3	95 Mio. t	4,0 %	5
Kupfer	61 Mio. t	7,0 %	4	850 000 t	4,3 %	7
Nickel	6,9 Mio. t	7,3 %	4	280 000 t	11,2 %	3
Silber	45 000 t	9,0 %	4	1800 t	37,2 %	4
Gold	7500 t	14,2 %	2	300 t	9,3 %	3
Diamant	650 Mio. kt	46,4 %	1	19 Mio. kt	35,1 %	1
Rundholz	k.A.			218 Mio. m³	5,4 %	5

[1] Stein- und Braunkohle   Quelle: BP, USGS, World Nuclear Association

M 7 Reserven und Förderung von Rohstoffen in Russland (2020)

M 8 Definition: Reserven und Ressourcen

1. Erklären Sie die Begriffe Rohstoff, Ressource, Lagerstätte und Nachhaltigkeit.
2. Erläutern Sie die Bedeutung Russlands für die globale Rohstoffversorgung (M 3, M 7).
3. Fassen Sie die Besonderheiten Russlands mit Bezug zum Nachhaltigkeitsmodell zusammen (M 6).

3.2 Arktis – Rohstoffe ohne Ende?

Regelmäßig prognostizieren Medien eine „Jagd auf die Rohstoffe der Arktis", bei der zwischen den Anrainern ernsthafte Konflikte drohen. Tatsächlich lagern in der Arktis große Ressourcen bislang unerschlossener energetischer und mineralischer Rohstoffe*, allerdings größtenteils an Land und in den Hoheitsgewässern der Länder. Zwar eröffnet der Rückgang der polaren Eisfläche und steigende Temperaturen einige neue Möglichkeiten bei der Ausbeutung der Rohstoffe, es verbleiben aber auch eine Reihe von Schwierigkeiten, die Bergbau in diesem Teil der Erde riskant und teuer machen. Hinzu kommen zahlreiche ökologische Probleme. Schließlich sind die geologischen Vorhersagen über Lagerstätten auch noch mit großen Unsicherheiten verbunden. Trotzdem hat insbesondere Russland erklärt, seine große Arktisregion mit immensem Aufwand weiter zu erschließen und die diversen Rohstoffvorkommen auszubeuten.

M 2 Flüssiggastanker vor Sabetta (Jamal). In einer 2019 fertiggestellten Anlage wird Erdgas heruntergekühlt und kann als Flüssigerdgas (LNG*) mit Tankern nach Europa transportiert werden.

1. Beschreiben Sie die Lage der arktischen Rohstoffvorkommen auf Land und auf See (Atlas, M4).
2. Charakterisieren Sie die Rolle Russlands bei der gegenwärtigen und zukünftigen Ausbeutung der arktischen Rohstoffe sowie die Bedeutung der Arktis für das Land (M1, M3, M4, M6, M8).
3. a) Erläutern Sie die Chancen für die Rohstoffausbeutung durch eine eisfreie Nordostpassage (M1, M4, Atlas, Kap. 1.9).
   b) Beurteilen Sie die fortbestehenden Schwierigkeiten für eine Rohstoffausbeutung in der Arktis (M5).
4. Beurteilen Sie das Konfliktpotenzial um Rohstoffvorkommen in der Arktis außerhalb der ausschließlichen Wirtschaftszone* (M4, Kapitel 1.9, Glossar).
5. Erörtern Sie die russische Arktisstrategie unter Nachhaltigkeitskriterien (insb. ökonomische und ökologische Dimension).

- Erschließung der Rohstoffe und Ausbau der Förderung (vor allem Erdöl und Erdgas, z. B. Verzehnfachung der Flüssiggasproduktion bis 2035)
- Ausbau von Infrastruktur (Häfen, Flughäfen, Eisenbahn, Straßen)
- Etablierung und Kontrolle der Nordostpassage als neue Arterie der Weltschifffahrt
- Wiederaufbau der Militärpräsenz in der Region
- Stoppen des Bevölkerungsschwunds
- Verbesserung des Lebensstandards der Bevölkerung (z. B. Verdoppelung der Löhne, Steigerung der Lebenserwartung)
- Bewahrung des ökologischen Gleichgewichts
- Ausbau der internationalen wissenschaftlichen Zusammenarbeit

M 3 Ziele der russischen Arktisstrategie 2035 (beschlossen 2020)

Im Umkreis des Arktischen Ozeans [...] liegen die drei großen und geologisch sehr alten Kontinentalschilde Laurentia, Baltica und Siberia. Diese bestehen überwiegend aus kristallinen Gesteinen und teilweise aus mächtigen Sedimentserien, die ein Alter von einer Milliarde bis 2,5 Milliarden Jahren haben. Die dort vorherrschenden geologischen Bedingungen führten vor allem zur Bildung mineralischer Rohstoffe wie Gold, Kupfer, Eisenerz, Molybdän, Blei, Zink, Platin, Nickel, Diamanten und Seltene Erden. Erdöl- und Erdgaslagerstätten dagegen finden sich eher in jenen Teilen der Arktis, wo Flüsse und Meere einst über Millionen von Jahren Sedimente abgelagert haben, sodass kilometerdicke Sedimentschichten entstanden. Das geschah in den zurückliegenden 350 Millionen Jahren vor allem in den Schelfgebieten*. Deren Sedimentschichten enthalten zum Teil sehr viel organisches Material und boten somit beste Bedingungen für die Bildung und Anreicherung von Erdöl und Erdgas. [...] Erdöl und -gas werden seit mehreren Jahrzehnten in der Arktis gefördert. Seit Beginn der Suche nach beiden Rohstoffen Mitte der 1930er-Jahre wurden über 450 bedeutende Erdöl- und Erdgasvorkommen nördlich des Polarkreises entdeckt – an Land ebenso wie in den Schelfgebieten. Mittlerweile finden insgesamt etwa zehn Prozent der weltweiten Erdöl- und 25 Prozent der Erdgasförderung in der Arktis statt, allerdings nahezu ausschließlich aus Lagerstätten auf dem Festland. [...]
Trotz dieser großen Fördermengen gilt die Arktis nach wie vor in großen Teilen als unerschlossen, vor allem offshore*. Das heißt, viele mögliche Lagerstätten sind noch gar nicht entdeckt. Wie groß die bislang unentdeckten Vorkommen beider Rohstoffe in der Arktis vermutlich sind, versuchte der Geologische Dienst der Vereinigten Staaten (US Geological Survey, USGS) im Jahr 2008 in seiner großen CARA-Studie (Circum-Arctic Resource Appraisal, CARA) abzuschätzen. Seinen Berechnungen zufolge lagern nördlich des Polarkreises etwa 30 Prozent aller noch unentdeckten Erdgasreserven der Welt und rund 13 Prozent der unentdeckten Erdölvorkommen. Ein Großteil dieser bislang unentdeckten Felder wird in den flachen Schelfbereichen des Arktischen Ozeans vermutet – in Wassertiefen von weniger als 500 Metern. [...] Die größten Energierohstoffvorkommen werden im Westsibirischen Becken, dem Timan-Petschora-Becken sowie in Alaskas North-Slope-Becken und dem mittelnorwegischen Schelf (Barentssee) vermutet. Die ölreichsten Gebiete liegen dabei vor der Nordküste Alaskas sowie in den arktischen Gewässern Kanadas und Grönlands; die größten Erdgaslagerstätten befinden sich vermutlich im Westsibirischen Becken Russlands, hier vor allem in der südlichen Karasee. [...] Der Studie zufolge liegen zwei Drittel der zu erwartenden Reserven im eurasischen Teil der Arktis, das restliche Drittel im nordamerikanischen Teil. [...]
Bis heute findet der Abbau mineralischer Rohstoffe in der Arktis ausschließlich an Land statt und ist aus diesem Grund weniger von den Folgen des Klimawandels und dem damit einhergehenden Rückgang des arktischen Meereises betroffen. Derzeit gibt es etwas mehr als 20 Bergwerksbetriebe, die mineralische Bodenschätze abbauen. In Russland allein sind es über ein Dutzend, denn die russische Arktis ist reich an Eisen-, Bunt-, Edelmetallen, Metallen der Seltenen Erden und Düngemittelrohstoffen sowie an Edel- und Halbedelsteinen.

Quelle: World Ocean Review 6. Hamburg: Maribus 2019, S. 260–262

M 1 Quellentext zu den Rohstoffvorkommen in der Arktis

Arktis – Rohstoffe ohne Ende?

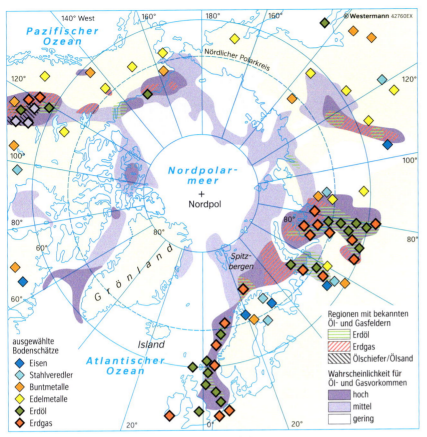

- Fläche: 2,2 Mio. km²
- Einwohner: 2,5 Mio. (1,7 % der Gesamtbevölkerung Russlands, 40 % aller Arktisbewohner weltweit)
- Anteil der arktischen Wirtschaft am russischen BIP: 11 %
- Anteil an den Exporten: 22 %
- Anteil an den ADI*: 10 %
- Wert der Rohstoffvorkommen: 30 Bio. US-$ (erschlossen: 2 Bio. US-$)
- Rohstoffvorkommen in der Arktis:
  - 60 % der russischen Gasreserven (55 Bio. m³)
  - 90 % der derzeitigen russischen Gasförderung
  - 60 % der russischen Ölreserven (10 Mrd. t Rohöl)
  - 60 % der derzeitigen russischen Ölförderung
  - 40 % der russischen Goldreserven
  - 47 % der russischen Platinmetalle
  - 90 % der russischen Diamanten-, Antimon- und Apatitvorkommen
  - 30 % der russischen Palladiumvorkommen
  - 90 % der russischen Vorkommen von Nickel, Kobalt, Chrom und Mangan
  - 60 % der russischen Kupfervorkommen
  - 90 % der russischen Vorkommen seltener Erden

M 4 Rohstoffvorkommen und -förderung in der Arktis

M 8 Russische Arktisregion (definiert als Region nördlich des Polarkreises)

- fehlende Infrastrukturen in der Arktis und infolgedessen lange Erschließungszeiten (über 15 Jahre)
- schwierige klimatische und witterungsabhängige Bedingungen (extreme Temperaturen, starke Winde, bewegliches Meereis, Instabilität des arktischen Permafrostbodens)
- lange, zum Teil schwierige Transportwege
- hohe Personalkosten für Fachpersonal, welches bereit ist, in den unwirtlichen und entlegenen Gebieten zu arbeiten.
- schwankende Rohstoffpreise (Förderung in der Arktis nur rentabel bei hohen Rohstoffpreisen)
- geopolitische Entwicklungen (Notwendigkeit von internationaler Zusammenarbeit bei Rohstoffexploration; aktuell problematisch: Sanktionen gegenüber Russland)
- Umweltbeeinträchtigungen (hohe Sensibilität polarer Ökosysteme)
- Druck der Öffentlichkeit (Klagen oder Kampagnen von Umweltorganisationen)

Quelle: World Ocean Review 6

M 5 Unkalkulierbare Faktoren bei der Rohstoffförderung in der Arktis

Um die lukrativen Rohstoffexporte zu sichern, sind der Ausbau der Rohstoffförderung und die Erschließung neuer Lagerstätten in der Arktis für Russland von großer Bedeutung. Neben der wirtschaftlichen hat die Forcierung für Russland aber auch eine strategische und politische Bedeutung und dient der symbolischen Aufwertung des russischen Selbstbildes als arktischer Nation, weshalb die Arktisstrategie auch mit militärischen Investitionen verbunden ist. Die Regierung sieht in der Arktis eine essenzielle Grundlage für die soziale und wirtschaftliche Entwicklung des Landes, zu der auch die Ansiedlung von Menschen in der Region und der Ausbau der Infrastruktur gehören.
Die Regierung fördert die großen (größtenteils staatlichen) Energiekonzerne mit Steuererleichterungen, um die hohen Investitionen stemmen zu können (z. B. Eisbrecher, eisfähige Tankschiffe, Pipelines usw.). Tatsächlich gehen aber viele Projekte auf Land und besonders auf See (offshore) nur sehr schleppend voran.

M 6 Pläne Russlands in der Arktis

In der neuen Arktis-Strategie hat die russische Führung erneut ihren Willen bekundet, die arktischen Ökosysteme zu schützen. Das ist dringend nötig: Die oftmals marode Schwerindustrie im Norden, Folgen des Klimawandels wie das Auftauen des Permafrosts und lokales Staatsversagen sind eine toxische Mischung für die empfindlichen Ökosysteme der Arktis. [...] Die Arktis-Strategie sieht nun vor, dass empfindliche Infrastruktur für den Klimawandel fit gemacht wird. Außerdem ist geplant, neue Umweltschutzgebiete auszuweisen und die Abfallwirtschaft staatlich zu unterstützen. Neu ist, dass die russische Arktis regelmäßig auf Verschmutzungen geprüft werden soll, für die die Staaten Nordamerikas, Europas oder Asiens verantwortlich gemacht werden könnten. Während weltweit in vielen Staaten die Klimaschutzbemühungen intensiviert werden, vermeidet die russische Führung zusehends, die Ursachen des Klimawandels zu benennen. Die 2013 beschlossene Entwicklungsstrategie für die Arktis enthielt noch einen Verweis auf den menschengemachten Klimawandel. In der neuen Strategie werden die Gründe für die Erderwärmung nicht mehr erwähnt. Russlands Klimapolitik bleibt damit zwiespältig. Moskau nutzt das Thema im Rahmen der Vereinten Nationen, um sich von Washington abzugrenzen und als verantwortungsvoller Akteur darzustellen. Zwar wird auch in Russland über ein Gesetz für die Regulierung von CO_2-Emissionen diskutiert. Man hat sich selbst aber Emissionsziele gesetzt, die sogar noch über den aktuellen Emissionen liegen. Kein Thema ist derweil die Abkehr von der Förderung von Öl und Gas. Im Gegenteil: Moskau will die Förderung und den Export fossiler Brennstoffe weiter steigern. Das gilt auch für die besonders klimaschädliche Kohle, deren Produktion bis 2035 auf bis zu 668 Millionen Tonnen pro Jahr anwachsen könnte.

Quelle: Janis Kluge, Michael Paul: Russlands Arktis-Strategie bis 2035: große Pläne und ihre Grenzen. SWP-Aktuell 89/2020

M 7 Quellentext zu Umweltaspekten in der Arktisstrategie

3.3 Die Abhängigkeit vom schwarzen Gold

Russland fliegt seit Jahrzehnten in den Weltraum, produziert auf vielen Gebieten Hightech und hat hervorragende Wissenschaftler und Ingenieure. Trotzdem ist sein mit Abstand wichtigstes Exportprodukt Erdöl, größtenteils unverarbeitet, gefolgt von Erdgas, Kohle und anderen Rohstoffen. Der Verkauf von Öl und Gas macht 20 Prozent des russischen Bruttoinlandsprodukts aus und trägt 40 Prozent zu den Steuereinnahmen des Landes bei. Der Export der Energierohstoffe spülte insbesondere in den 2000er-Jahren viel Geld in die leeren Kassen. Seit geraumer Zeit werden auch in Russland die Risiken dieser Rohstoffabhängigkeit gesehen. Begriffe wie Holländische Krankheit* oder auch Ressourcenfluch, den man lange eher mit arabischen oder afrikanischen Rohstoffexportstaaten in Verbindung brachte, werden nun auch auf Russland angewendet. Zudem stellt sich immer mehr die Frage, welche Zukunft Erdöl und Erdgas in absehbarer Zeit haben werden.

1. Beschreiben Sie die Lage der russischen Erdölförderstätten (M4, Atlas, S. 53: M5).
2. Vergleichen Sie die Stellung und die Entwicklung der Erdölwirtschaft in Russland, den USA und Saudi-Arabien (M2, M5, M6).
3. Analysieren Sie die Rohstoff- bzw. Erdölabhängigkeit der russischen Wirtschaft (M7, M10).
4. Beurteilen Sie Chancen und Risiken einer rohstoffbasierten Wirtschaft (M8, M9).
5. Erläutern Sie den Begriff „russische Krankheit", den Alexander Etkind verwendet (M9).
6. Erörtern Sie die russische Rohstoff- und Handelspolitik vor dem Hintergrund der energiepolitischen Entwicklungen in Europa (M11, M12).

Anfang der 1960er-Jahre entdeckten sowjetische Geologen in Westsibirien in vergleichsweise geringen Tiefen von 700 bis 3000 Metern Erdöl. Die Erschließung war aufgrund der klimatischen Verhältnisse problematisch. Mitte der 1970er-Jahre begann die Förderung. Die hohen Erschließungskosten hatten sich gelohnt, denn schnell erlangte die UdSSR die Spitzenposition in der Welterdölförderung. Die zum Ende der Sowjetzeit und mit Beginn der Transformationsphase rückläufigen Investitionen führten zu einem deutlichen Produktionsrückgang. Die technischen Anlagen waren verschlissen, Bohrlöcher ruiniert, die Erschließung neuer Lagerstätten stockte. Mit den steigenden Rohölpreisen auf dem Weltmarkt verbesserten sich die Bedingungen für die Erdölwirtschaft wieder. Auch gelang es den neuen russischen Ölunternehmen, die Produktion effektiver und rationeller zu gestalten.

M1 Geschichte der russischen Erdölwirtschaft

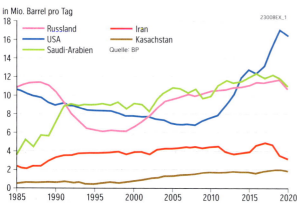

M2 Erdölförderung ausgewählter Länder (1985–2020)

M3 Erdölförderung in Westsibirien

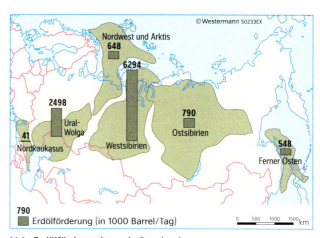

M4 Erdölförderregionen in Russland

	Russland	Saudi-Arabien	USA
Reserven	107,8	297,5	68,8
Rohölproduktion	10,7	11,0	16,5
Rohölverbrauch	3,2	3,5	17,2
Raffineriekapazität	6,7	2,9	18,1
Rohölexport	5,8	7,3	2,9
Export Erdölprodukte	2,6	1,1	5,2

Quelle: BP

M5 Daten zur Erdölwirtschaft in ausgewählten Ländern (2020; in Mio. Barrel am Tag)

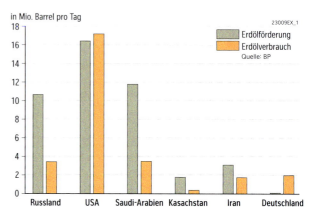

M6 Erdölförderung und -verbrauch ausgewählter Länder (2020)

Die Abhängigkeit vom schwarzen Gold 57

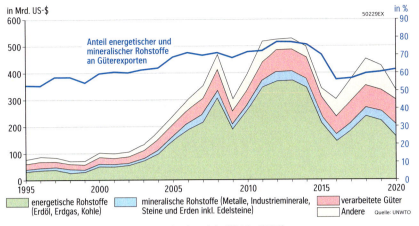

M 7 Entwicklung des russischen Außenhandels (1995 – 2020)

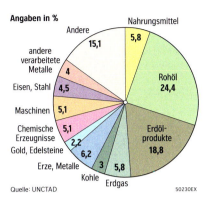

M 10 Russlands Exporte (2019)

M 8 Russisches Wirtschaftswachstum und internationale Erdölpreise (1995 – 2021)

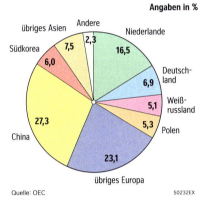

M 11 Zielländer Rohölexporte (2019)

1977 beschrieb The Economist die holländische Krankheit*, den wirtschaftlichen Rückgang, der in den Niederlanden erfolgte, nachdem in der Nordsee unweit von Groningen Gasvorkommen entdeckt worden waren. Selbst in diesem entwickelten Land hatte das Entstehen eines mehr als gewinnträchtigen Wirtschaftssektors dazu führen können, dass andere Branchen unterdrückt wurden. Trotzdem haben die Niederlande und nach ihnen Norwegen, Kanada und Australien die Probleme mit Rohstoffexporten überwunden. Man hatte gelernt, die holländische Krankheit dadurch zu heilen, dass die Öldollars in Staatsfonds flossen – grundlegend neue staatlich-gelenkte Institutionen.

In Russland, im Iran, in Venezuela und Nigeria können wir einen Teufelskreis der Rohstoffabhängigkeit beobachten. Diese Staaten zerstören Humankapital, weil sie Rohstoffe fördern und dabei keine vernünftige Verwendung von Rohstoffeinnahmen auf die Beine stellen. Wenn sie sich dann mit mangelnder Kompetenz, schrumpfender Produktivität und kaputten Institutionen konfrontiert sehen, werden sie noch abhängiger von den natürlichen Ressourcen. Diese Gesellschaften kommen von einer Krise in die nächste und verschmutzen dabei die Umwelt. Folgen dieser umgekehrten Entwicklung sind eine Entmodernisierung, der Verlust des bereits erreichten Bildungs- und Gleichheitsniveaus, die zunehmende Lähmung der Gesellschaft und die Willkür des Staates.

Ein Musterbeispiel hierfür ist Russland mit seinem Ressourcenreichtum, seinem ungesicherten Recht auf Eigentum, seinem politischen Autoritarismus und seinen Rekorden, was das Thema Ungleichheit angeht. Die holländische Krankheit ist eine Kombination aus Ressourcenabhängigkeit und guten oder wenigstens passablen Institutionen. Folglich können wir also die Kombination aus Rohstoffabhängigkeit und schlechten Institutionen als „russische Krankheit" bezeichnen. Russland hat in den vergangenen 18 Jahren aufgrund des Öl- und Gasexports im Schnitt zehn Prozent mehr exportiert als importiert. Das ergibt in der Summe weitaus mehr als die 200 Prozent kumulativen Wirtschaftswachstums. Allerdings sind die dabei berücksichtigten Vermögensposten, staatliche wie private, sehr viel langsamer gewachsen. Grund hierfür war die Kapitalflucht. Das Offshore-Vermögen in russischen Händen beläuft sich auf 800 Milliarden US-Dollar oder 75 Prozent des jährlichen Nationaleinkommens. Das Vermögen im Ausland ist genauso groß wie sämtliche Vermögen innerhalb Russlands.

Quelle: Alexander Etkind: Die politischen Auswirkungen der russischen Krankheit. Dekoder 28.1.2020

M 9 Quellentext zur Rohstoffabhängigkeit Russlands

„Wir sehen, dass neue Trends entstehen. Der Wunsch nach kohlenstoffneutraler Energie und eine Kohlenstoffsteuer sind für viele Länder ein wichtiges Thema geworden. Es ist also offensichtlich, dass die Energiewende nicht vernachlässigt werden kann. Allerdings muss man sich darüber im Klaren sein, dass bis zum Jahr 2035 weder Europa noch die Vereinigten Staaten vollständig auf Kohlenwasserstoffe verzichten werden und somit die traditionellen Energien weiterhin eine bedeutende Rolle spielen werden. Die Erfahrungen des vergangenen Winters hinsichtlich der strengen Fröste und deren Einfluss auf die erhöhte Nachfrage nach traditionellen Brennstoffen müssen genau untersucht werden. Es lohnt sich nicht, nur auf die Sonnen- und Windenergie zu setzen, ohne auf die ausgereiften Energiespeichersysteme zu achten. Deshalb besteht die Notwendigkeit, eine ausreichende Reserve an traditionellen Erzeugungskapazitäten und traditionellen Brennstoffvorräten vorzuhalten. [...] Es wäre falsch, über einen Verzicht auf Ölexporte nachzudenken. Man sollte Kohlenwasserstoffe nicht voreilig weggeben. Aber neben diesen traditionellen Energiearten müssen die erneuerbaren Energien ausgebaut werden. Wir müssen uns dafür einsetzen, dass die Atomenergie offiziell als klimaneutral anerkannt wird."

Nikolai Grigorievich Shulginov, russischer Energieminister (2021)

M 12 Zitat

ROHSTOFFE UND NACHHALTIGKEIT

3.4 Jamal: Koexistenz von Nenzen und Erdgasindustrie?

An der arktischen Karasee im Nordwesten Sibiriens leben die Nenzen. Einige Tausend dieses indigenen Volks* haben auf der Jamal-Halbinsel ihre nomadische Lebensweise in Familienverbänden beibehalten, die durch das Rentier bestimmt wird. Das Herdentier dient ihnen als Nahrungsquelle und Transportmittel. In den letzten Jahren haben sich im Zuge der Ausweitung der Erdgasgewinnung auf Jamal die Lebensbedingungen der Nenzen gewandelt. Einerseits behindern die Infrastruktur, ökologische Probleme, aber auch der Klimawandel die traditionelle Lebensweise, andererseits bietet der Bergbau auch Chancen für die jungen Nenzen.

1. Beschreiben Sie die Bevölkerungsentwicklung der Nenzen und lokalisieren Sie ihren Lebensraum (M3, M6, S. 40: M1).
2. Charakterisieren Sie die Lebensweise der nomadischen Nenzen aufgrund der naturräumlichen Bedingungen (M1, M2, M4, M8).
3. Erläutern Sie die Einschränkungen der traditionellen Lebensweise der nomadischen Nenzen durch die Erdgasindustrie und den Klimawandel (M5, M8, M10).
4. Beurteilen Sie, ob eine Koexistenz von nomadischen Nenzen und der Erdgasindustrie auf Jamal möglich ist.
5. Erörtern Sie die Chancen junger Nenzen in der Zukunft (M10).

„Menschenleer", das hören die Menschen im Nordpolargebiet überhaupt nicht gerne. Sicher, die Arktis ist extrem dünn besiedelt und weite Landstriche sind tatsächlich menschenleer. [...] Insgesamt leben in der Arktis [...] rund vier Millionen Menschen. [...] Vor allem [...] ist die Arktis das Land indigener Völker. Die Arktis ist ihr Lebensraum, ihre Geschichte, die Grundlage ihrer Kultur und ihres Lebensstils. Für die indigenen Völker ist der Nordpolarraum nicht feindlich, unwirtlich oder abweisend, wie es oft aus der Perspektive der Menschen aus dem Süden heißt. Hier leben sie seit Jahrhunderten oder gar Jahrtausenden [...]. Die Angehörigen der indigenen Völker sind eine Minderheit unter den Arktisbewohnern. Sie stellen mit annähernd einer halben Million Menschen rund zehn Prozent der Bevölkerung. Sie sind Jäger, Sammler und Hirten, die das traditionelle Leben der Arktisbewohner pflegen und auf historisch überlieferten Routen durchs Land ziehen. Sie sind aber auch Unternehmer, Ingenieure, Computerspezialisten, Lehrer, Mediziner, Künstler und Prospektoren, die in der Moderne leben, mit Smartphone und Tablet-Computer, Schneemobil und Jetboot.
Quelle: Gerd Braune: Die Arktis. Berlin: Christoph Links 2016, S. 60–61

M1 Quellentext zur indigenen Bevölkerung in der Arktis

[Die Lebensgrundlage der Familie] ist die 400 Tiere umfassende Rentierherde, die während des dreimonatigen Winterlagers auf den schneebedeckten Weiden im Umkreis von 15 Kilometern steht. [...] Die Rentiere stehen bei eisigem Wind in der offenen Tundra und versuchen mit ihren Schnauzen, durch den Schnee an Flechten, Moose und Pilze zu kommen. [...] Bereits Ende März, früher als sonst, werden die Nomaden ihre Winterlager abbrechen und wieder in den Norden der Jamal-Halbinsel ziehen. Sie müssen hierfür den Ob-Fluss überqueren. [...] Es gibt für die Nenzen keine Alternative zum Zug nach Norden, denn die Herden würden im Morast der Waldtundra versinken. Moskitos und die Sommertemperaturen sind für Rentiere unerträglich. Die Sommerlager stehen jeweils nur wenige Tage, da die Weiden schnell abgegrast sind. Die Nenzen sind im Sommer mit leichtem Gepäck und leichten Schlitten unterwegs, die von Rentieren über die schneefreie Tundra gezogen werden.
Quelle: Michael Martin: Das wunderbare Nirgendwo der Nenzen Der Spiegel 24.3.2020

Die Rentiernomaden siedeln in Familienverbänden, die in zwei bis fünf Tschum leben. Neben der Rentierhaltung gehen sie auch fischen und zur Jagd. In den Wintermonaten ziehen sie mit ihren Tieren in die Nähe von Städten, wo sie Geschäfte in ihrer Reichweite haben. Auch wenn die Nenzen dort Lebensmittel aller Art erhalten, dominiert auf ihrem Speiseplan vor allem eins: Rentierfleisch – roh, gesalzen, getrocknet oder gekocht. Auch das Blut der Rentiere ist beliebtes Lebensmittel. Während die Nenzen mit ihren Tieren durch die Tundra ziehen, müssen ihre Kinder in die Schule und bleiben deswegen in den Städten, wo sie bei Verwandten oder in Internaten leben.
Quelle: Tamina Kutscher: Bei den Nenzen. Dekoder 30.8.2018

M4 Quellentexte zur Lebensweise der Nenzen

Erdgasindustrie
- Abfackelung des Begleitgases: Ölruß bildet mit Schnee eine Kruste, die die Nahrungsaufnahme der Rentiere behindert.
- Umweltschäden durch lecke Pipelines
- Blockade der Wanderrouten durch Straßen, Eisenbahnstrecken, Pipelines, Industrieareale und neue Siedlungen

Klimawandel
- Behinderung der Rentiere durch tauende Permafrostböden und neu entstehende Seen
- Veränderung der Wanderrouten/-zeiten durch Verschiebung der Jahreszeiten (früher einsetzender Frühling)
- zunehmende Regen-auf-Schnee-Ereignisse (–> Bildung einer undurchdringlichen Eisschicht)
- Insektenplagen

M5 Probleme durch Erdgasindustrie und Klimawandel

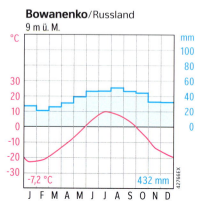

M2 Klimadiagramm

M3 Nenzen in Russland (1926–2010)

M6 Bevölkerung im Autonomen Kreis der Jamal-Nenzen (1939–2010)

Jamal: Koexistenz von Nenzen und Erdgasindustrie?

M 7 Nenzen-Familie bei der Überquerung einer asphaltierten Straße bei Bowanenko

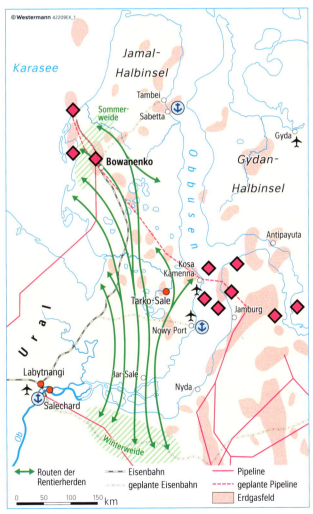

M 8 Jamal-Halbinsel

Für [den zehnjährigen Raman] ist es der letzte Tag mit seinen Tieren und seiner Familie. Der Sommer ist zu Ende. Der Hubschrauber kommt aus der Kreisstadt und bringt die Kinder zur Schule. „Eine neue Zeit ist angebrochen. Die Kinder müssen lernen. Sie werden in der Zukunft wohl kaum noch so viele Rentiere haben, wie wir, denn in der Tundra werden immer mehr Bohrtürme hochgezogen, Gas gefördert. Darunter leiden die Rentiere", sagt Mutter Nekotscha. Trotzdem halten Nekotscha und ihr Mann an ihrem Leben als Nomaden fest und ziehen das ganze Jahr durch die Tundra über die Halbinsel Jamal [...]. Ihren Sohn Raman bereiten sie behutsam auf das Leben in der Stadt vor, obwohl er am liebsten hier draußen ist in der freien Natur. [...] „Unsere zwei Großen sind schon Studenten. Raman, unser jüngster Sohn kommt jetzt in die 5. Klasse, aber er ist lieber in der Tundra bei den Rentieren", sagt Nekotscha.

Der Abschied fällt ihnen schwer. Raman hat sein eigenes Rentier, seinen eigenen Hund und seine Freiheit – den ganzen Sommer. „Im Internat weine ich vor Sehnsucht. Aber mir gefallen die Fächer Technologie und Mathe am besten. Damit beschäftige ich mich im Internat. Ich will Pilot werden", sagt Raman. Um dann eines Tages mit einem Hubschrauber über die Tundra zu fliegen und die Kinder zur Schule zu bringen. Davon träumt Raman schon lange. [...] „Ich werde immer in die Tundra zurückkehren, um meine Familie zu besuchen. Aber meine Zukunft sehe ich hier nicht. In der Schule rät man uns davon ab, in der Tundra zu leben. Lernt weiter, sagen sie uns", erzählt Victoria, Schwester von Raman. Im Nachbarzelt gibt es einen Kindergarten. Auch das gab es früher nicht. Die Kleinsten werden so auf die Schule vorbereitet. [...] „Um die Tiere zu retten, müssen wir immer neue Gegenden aufsuchen. In diesem Jahr mussten wir sogar im Frühjahr umziehen, um neue Weiden zu finden. Es ist also wichtig, dass unsere Kinder Berufe erlernen, Diplome machen, auch wenn sie in der Tundra leben wollen. Denn man weiß nie, wie es weitergeht".

Quelle: Birgit Virnich: Die Nenzen – Nomaden am Polarkreis. ARD Weltspiegel 29.8.2019

M 10 Quellentext über eine Nenzen-Familie

Die nomadischen Nenzen leben im Autonomen Kreis der Jamal-Nenzen, in dem sie einige Sonderrechte genießen. In dieser Verwaltungseinheit sind die Nenzen aber nur eine Minderheit. Offiziell sind die Nenzen in Russland als kleines indigenes Volk anerkannt.
Wegen der hohen Einnahmen der Ölindustrie hat der Autonome Kreis der Jamal-Nenzen das höchste Pro-Kopf-Einkommen Russlands, die Nenzen profitieren aber nur wenig davon. Sie zählen zu den ärmsten Bevölkerungsgruppen Russlands, und die Rechte an der Nutzung ihres Lands sind aufgrund widersprüchlicher Gesetze ungeklärt.
Staat und Rohstoffunternehmen nutzen rechtliche Instrumente, um sie zu entmachten, und üben mit Polizei und Geheimdiensten Druck auf sie aus. Die Industrie rückt den indigenen Territorien immer näher und vertreibt die indigenen Gemeinschaften zunehmend von ihrem eigenen Boden.

Gesellschaft für bedrohte Völker (2021)

M 9 Sozioökonomische und rechtliche Stellung der Nenzen

3.5 Kohle – ein nachhaltiger Energierohstoff?

Ohne Kohle als leicht gewinnbarer Energierohstoff wäre die industrielle Revolution im 19. Jahrhundert nicht möglich gewesen. Aber auch heute noch liefert Kohle gut 27 Prozent der weltweiten Primärenergie*, und ist damit nach Erdöl der zweitwichtigste Energierohstoff. Daneben ist sie bis heute für die Herstellung von Roheisen unverzichtbar. Während die Bedeutung der Kohle für die Energieversorgung in Russland kontinuierlich sinkt – sie wird vor allem im europäischen Teil von Erdgas getragen – steigen die Exporte deutlich an. Mit hohen Investitionen in die Ertüchtigung der Förderanlagen, der Transportinfrastruktur und den Ausbau der Umschlaghäfen soll das Exportvolumen weiter steigen. Der Bedarf an Kohle nimmt im asiatischen Raum weiter rasant zu, sodass neue Abbaugebiete in Sibirien erschlossen werden. Wie nachhaltig ist die Förderung und Vermarktung der russischen Steinkohleproduktion?

1. Beschreiben Sie die Lage der russischen Kohlenreviere und daraus resultierende Herausforderungen für deren Erschließung und Nutzung (M1, Atlas, S. 53: M5).
2. Analysieren Sie die Entwicklung und Bedeutung der russischen Kohlenindustrie (M2, M5, M6).
3. Beschreiben Sie die Lage und Entwicklung des Standortes Kusnezk-Becken (M1, M4).
4. a) Charakterisieren Sie die Kohlenregion Westsibirien (M8).
   b) Beurteilen Sie die Kohlenförderung in der Region hinsichtlich der sozialen und ökologischen Nachhaltigkeit (M7, M8).
   c) Erörtern Sie Möglichkeiten, die Kohlenwirtschaft in der Region nachhaltiger zu gestalten.

M 3 Steinkohlentagebau in Kemerowo

Das Kusnezk-Becken gilt es als größtes Steinkohlerevier der Nordhalbkugel. Seine enormen Kohlevorräte (Ressourcen: 750 Mrd. t) sind die Basis für eine leistungsfähige und energieintensive Stahl- und Hüttenindustrie. Flächenmäßig entspricht es einem Drittel Deutschlands. Der Name Kusnezk (russ. = Schmied) geht auf die Erzvorkommen im Schorischen Bergland zurück. Schon 1721 entdeckte man in der Nähe der Stadt Kemerowo Steinkohle. Aber erst zu Beginn des 20. Jahrhunderts, als das Kusnezkbecken Anschluss an die Transsibirische Eisenbahn erhielt, begannen sich die Erschließung und Förderung der Kohlevorkommen zu lohnen. Ein Großteil der Kohle kann sogar im Tagebau und damit extrem kostengünstig abgebaut werden. Hochwertige Kokskohle liegt aber auch im Kusnezkbecken nur in größeren Tiefen und muss über Schachtanlagen erschlossen werden.

M 4 Kusnezk-Becken

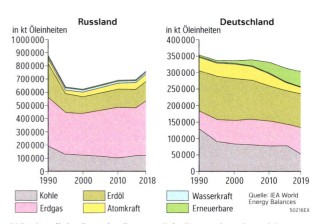

M 5 Anteil der Energieträger am Primärenergieverbrauch*

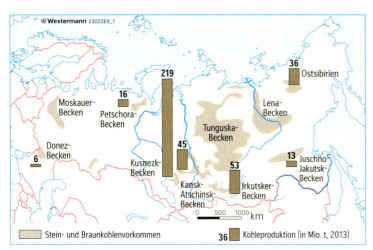

M 1 Kohlenvorkommen und -förderung in Russland

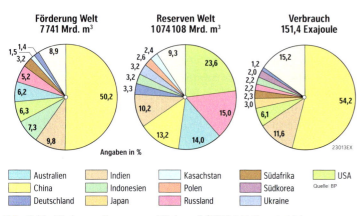

M 2 Kohle: Förderung, Reserven und Verbrauch (2020, inkl. Braunkohle)

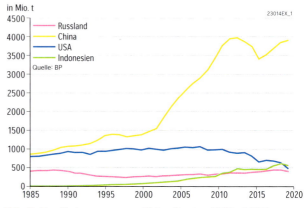

M 6 Kohlenförderung ausgewählter Staaten (1985–2020)

Kohle – ein nachhaltiger Energierohstoff?

Kohle ist eine der schmutzigsten Industrien in Russland. [...] Siebzig Prozent der russischen Kohle wird derzeit im Tagebau gefördert. Die Industrie, die ausschließlich aus privaten Unternehmen besteht, beschäftigt rund 150 000 Menschen. Über 170 Kraftwerke in Russland werden mit Kohle betrieben. Mehr als 80 Prozent dieser Anlagen sind über 20 Jahre alt, und einige haben einen elektrischen Wirkungsgrad von nur 23 Prozent [modern: 46 Prozent]. [...] Jährlich werden 360 Millionen Kubikmeter Luft in russische Untertagebergwerke geblasen und über 200 Millionen Tonnen Wasser abgepumpt. Im Tagebau werden zwischen 300 Millionen und 350 Millionen Tonnen Gestein auf Halden geschoben.

Bohr- und Sprengarbeiten, Abgase von Fahrzeugen, die zum Abbau der Kohle eingesetzt werden, Emissionen von Kraftwerken und Brände, die durch die Selbstentzündung der Kohle während des Abbaus und der Verarbeitung entstehen, sind allesamt Quellen der Luftverschmutzung. Beim Tagebau sind feste Partikel – anorganischer Staub, der Siliziumdioxid enthält, Kohleasche und schwarzer Kohlenstoff (Ruß) – die Hauptschadstoffe. Allein in der Region Kemerowo werden jährlich über 1,5 Millionen Tonnen Schadstoffe in die Atmosphäre abgegeben und über eine halbe Million Kubikmeter verschmutzte Abwässer eingeleitet. Ein Bericht über den Zustand der Umwelt in der Region aus dem Jahr 2011 schätzt, dass die durchschnittlichen Konzentrationen schädlicher Luftschadstoffe zwei- bis dreimal so hoch waren wie die zulässigen Höchstwerte in Russland. In einer Reihe von Fällen überstiegen sie diese Grenzwerte sogar um das 18-Fache.

Der Kohleabbau wirkt sich nicht nur auf die unmittelbare Umgebung der Minen aus, sondern auch auf die angrenzenden Gebiete. Städte in Bergbaugebieten, wie die Regionen Kuzbass und Vorkuta, leiden typischerweise unter hohen Konzentrationen von Schwebstoffen in der Luft. Erhöhte Werte von Blei, Cadmium, Quecksilber und Arsen finden sich in den lokal angebauten Lebensmitteln.

Der Dreck zeigt seine Auswirkungen in Krankheitsbildern. In der Region Kemerowo, wo die Kohle der größte Verschmutzer ist, waren Atemwegserkrankungen mit 23,5 Prozent der Patienten, die medizinische Hilfe suchten, die häufigste Krankheitsart. Die Gesundheitsrisiken sind für schwangere Frauen und Kinder am höchsten. In den letzten zehn Jahren hat sich die Krankheitsrate bei schwangeren Frauen in der Region fast verfünffacht. Die Müttersterblichkeitsrate ist doppelt so hoch wie der russische Durchschnitt.

Quelle: Coal Atlas 2015. Heinrich-Böllstiftung, S. 38–39

M 7 Quellentext zum Kohlenbergbau

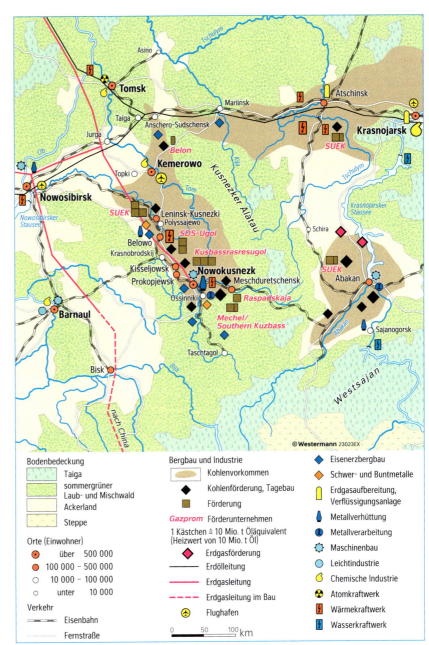

M 8 Bergbauregion Westsibirien

Die Stadt Kisseljowsk mit ihren rund 90 000 Bewohnern ist vor Jahrzehnten wegen der Kohle entstanden. Lange gab es nur Bergwerke. Seit dem Ende der Sowjetunion sind Tagebaue hinzugekommen. In der gesamten Region sind es mehr als 50. Die Landschaft des Kusnezker Beckens ist eine Abfolge von Tagebaulöchern und Abraumhalden. Dabei entstehen gewaltige ökologische Lasten. Die schwelenden Kohlebrände in Abraumhalden produzieren giftige Gase, fast immer weht Kohlestaub durch die Luft, im Winter wird der Schnee vielerorts rasch schwarz. „Gesetzliche Bestimmungen werden permanent unterlaufen", sagt Anton Lementujew von der NGO Ecodefense: „Der Abstand eines Tagebaus zu Wohnhäusern muss mindestens 1000 Meter betragen. Und zu Abraumhalden mindestens 500 Meter. Tatsächlich beobachten wir überall im Kusnezker Becken, dass Häuser sogar nur 100 Meter Abstand haben. In Kisseljowsk 100 bis 200 Meter."

Eines der Bergbauunternehmen, Strojservis, [...] weist [...] auf unentgeltliche Sozialleistungen für seine Beschäftigten hin. Dazu gehörten Sonderzahlungen, auch für Mütter, oder Urlaub am Meer, außerdem das Anpflanzen von Bäumen. Fragt man Betroffene, die wenige Hundert Meter von einem Tagebau entfernt leben, widersprechen die: Die Sozialleistungen bekämen nur wenige. Und ein paar Tausend Bäume glichen den Raubbau an der Natur keinesfalls aus. Aber die meisten Menschen haben keine andere Wahl, als zu bleiben, weil sie keine andere Arbeit finden.

Quelle: Thielko Grieß: Ein Dorf leistet Widerstand. Deutschlandfunk 19.9.2019

M 9 Quellentext zum Kohlenbergbau im Kusnezk-Becken

3.6 Norilsk – Bergbaustadt am Polarkreis

Palladium wird aufgrund seiner chemischen Eigenschaften in Abgaskatalysatoren eingesetzt und ist heute wegen seines niedrigen Preises in der Automobilindustrie begehrt. Eines der wichtigsten Vorkommen dieses Edelmetalls der Platingruppe befindet sich im Hohen Norden Sibiriens. Neben diesem Bodenschatz gibt es hier auch ertragreiche Nickel- und Kupferlagerstätten. 1935 ließ Stalin in dieser abgelegenen, jedoch mit riesigen Erzlagerstätten ausgestatteten Region den Gulag „Norillag" errichten. Strafgefangene erschlossen unter extremsten natürlichen Bedingungen Förderanlagen und bauten die Siedlung Norilsk und erste Betriebe. Erst 1953 wurde das Lager aufgelöst. Von Beginn an war das Bergbau- und Metallurgiekombinat das Herz der Stadt. 1994 wurde es privatisiert und in die Aktiengesellschaft Norilski Nickel (kurz: Nornickel) umgewandelt. Ist jedoch eine nachhaltige Entwicklung in dieser unwirtlichen Region überhaupt möglich?

1. Beschreiben Sie die Lage von Norilsk (Atlas, M6).
2. Analysieren Sie die Umgebung von Norilsk (Google Earth, M2).
3. Stellen Sie Probleme für das Leben der Menschen sowie für wirtschaftliche Aktivitäten, die sich aus der Lage und dem Naturraum ergeben, dar (M3, M4, M5, Atlas).
4. Erklären Sie die Bevölkerungsentwicklung in Norilsk (M1).
5. Recherchieren Sie zu den aktuellen Umweltbelastungen und dem Katastrophenmanagement nach den Ölkatastrophen.
6. Beurteilen Sie, inwieweit eine nachhaltige Nutzung der Minen in Norilsk möglich ist (M6 – M10).

Norilsk ist nach Murmansk die zweitgrößte Stadt der Welt nördlich des Polarkreises. Ohne die riesigen Bodenschätze wäre dort, 80 km vom Fluss Jenissej, 2000 km von der Gebietshauptstadt Krasnojarsk und 3500 km von Moskau entfernt, nie eine Stadt entstanden. 400 km nördlich des Polarkreises

- herrschen während der Polarnacht 45 Tage im Jahr völlige Dunkelheit,
- sinken die Temperaturen im Winter auch mal auf bis zu -60°C,
- gibt es jährlich an rund 90 Tagen Schneesturm mit Windgeschwindigkeiten bis 150 km/h, von den Einheimischen „tschornaja purga" – „schwarzer Schneesturm" – genannt.

So ist es nicht verwunderlich, dass es eine große Herausforderung ist, ausreichend Arbeitskräfte für die arktische Industriestadt zu gewinnen. Mit überdurchschnittlichen Löhnen und Vergünstigungen – zum Beispiel im russischen Landesvergleich deutlich mehr Urlaubstagen, zusätzlichen Sozialleistungen und einem früh möglichen Renteneintritt – wird für den Zuzug des notwendigen Personals in diese abgelegene Region geworben.

Lange galt Norilsk als eine der schmutzigsten Städte der Erde mit hoher Smog-Belastung, besonders im Sommer. In den letzten Jahren wurde in Filteranlagen gegen die Emissionen von Gasen und Feinstäuben investiert und es wurden Umweltprogramme aufgelegt. Das hat die Situation verbessert, dennoch mahnen nationale und internationale Umweltschutzorganisationen hohe Defizite im Naturschutz in dem sensiblen Ökosystem der Tundra um die Stadt an.

M 4 Leben in Norilsk

Unter den Bedingungen des Permafrostbodens sind die Kosten für den Bau und die Unterhaltung der Gebäude sowie infrastruktureller Einrichtungen wie zum Beispiel die Wasser- und Wärmeversorgung enorm hoch. Um deren Stabilität während des Auftauens der oberen Bodenschichten im Sommer zu sichern, müssen die Fundamente tief in den Permafrost eingebracht werden (vgl. Kap. 1.9). Mehrfach stürzten Gebäude ein, 30 Prozent haben permafrostbedingte Schäden. Problematisch und teuer ist auch die Belieferung der Stadt mit Lebensmitteln, vor allem während der Wintermonate.

M 5 Herausforderung Klima

M 1 Bevölkerungsentwicklung von Norilsk

M 3 Klimadiagramm Norilsk

M 2 Norilsk

Norilsk – Bergbaustadt am Polarkreis

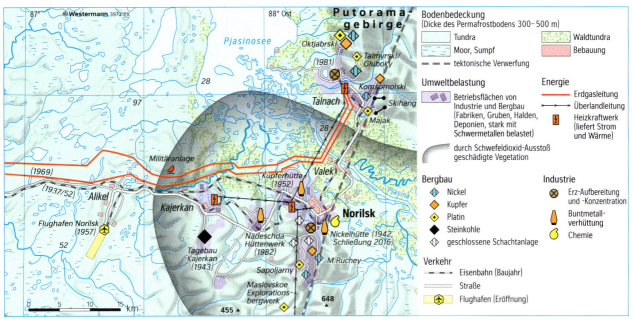

M 6 Norilsk

Die russische Stadt Norilsk unweit des Nordpolarmeeres ist erneut in den Schlagzeilen und dieses Mal nicht wegen der steigenden Nickel- und Palladiumproduktion. [...] Die Rede ist von gleich zwei Ökokatastrophen. [...] Die erste Ökokatastrophe ereignete sich am 29. Mai, als aus dem Tanklager eines Kraftwerks, das dem Nornickel-Konzern gehört, etwa 21000 Tonnen Diesel austraten. Der Treibstoff gelangte in den Boden und in die nahe gelegenen Flüsse und wurde zu einer ernsten Bedrohung für das empfindliche Ökosystem in diesem Teil der Arktis. Das Unternehmen und die von ihm stark abhängigen örtlichen Behörden versuchten mehrere Tage lang, die Katastrophe zu verheimlichen oder kleinzureden. Erst am 3. Juni fand eine vom russischen Präsidenten Wladimir Putin einberufene Videokonferenz statt, auf der der Notstand ausgerufen wurde: Die Katastrophe wurde somit als ein Ereignis von nationaler Tragweite qualifiziert. Danach wurden zusätzliche Kräfte des Ministeriums für Katastrophenschutz nach Norilsk entsandt. [...] Genau einen Monat später, am 28. Juni, werden erste Informationen über einen zweiten schwerwiegenden Vorfall in Norilsk mit eindeutigem Potenzial für einen neuen Umweltskandal publik. Dieses Mal geht es um ein Absetzbecken (oder Schlammteich). So nennt man im Bergbau künstlich angelegte Reservoire, in die Abwässer mit oft giftigen Elementen abgeleitet werden. Aus einem solchen Absetzbecken wurde eine große Menge mit Schwermetallen und Schwefelsäure belasteten Wassers in die Tundra abgepumpt. [...] Nornickel bestätigte in einer kurzen Mitteilung den Vorfall, behauptete aber, das „technische Wasser" sei am 28. Juni aus dem nach Regenfällen überfüllten Absetzbecken über den Damm geschwappt, wäre danach aber gestoppt und auf das „angrenzende Gebiet" abgepumpt worden. [...] Umweltaktivisten befürchten nun, dass das hochgiftige Wasser aus dem Absetzbecken letztendlich über kleine Flüsse nördlich von Norilsk in den Pjassinosee gelangen wird [...]. In ihn münden auch jene Flüsse, die durch den Diesel-Austritt Ende Mai verschmutzt worden sind.
Quelle: Andrey Gurkov: Erneute Umweltkatastrophe in Norilsk. Deutsche Welle 20.6.2020

M 7 Quellentext zu zwei Ölunfällen in Norilsk

Nornickel betrachtet den Umweltschutz als einen integralen Bestandteil aller Produktionsprozesse. Im Umweltschutzbericht von 2020 betont das Unternehmen, dass es sich an die geltenden Gesetze und internationalen Vereinbarungen hält und sich zur schrittweisen Reduzierung der Emissionen und zur nachhaltigen Nutzung der natürlichen Ressourcen verpflichtet. Im Jahr 2020 hat Nornickel eine neue, ganzheitliche Umweltstrategie entwickelt. Sie zeigt sechs Schlüsselbereiche des Umweltschutzes auf und legt die Ziele fest, die das Unternehmen bis 2030 erreichen will:
(1) Klimawandel: Emissionen (CO_2-Äquivalent): -38 %
(2) Luft: NOx-Emissionen: -80 %, Staubemissionen: -65%
(3) Wasser: Verbrauch: -50 %, Wasserrecycling: +1,5 %
(4) Abfall: Recyclingquote: +1,4x
(5) Land: zerstörte Flächen: -90 %
(6) Biodiversität: Unterstützung mehrerer Naturschutzgebiete, Erhaltung von seltenen und gefährdeten Arten

M 8 Nornickel Sustainability Report 2020

Wegen der Erderwärmung tauen die Permafrostböden auf, was auch Ursache für das Auslaufen von 20000 Tonnen Diesel in Sibirien ist. Muss man künftig mit solchen Katastrophen häufiger rechnen?
Wenn man auf diese Gefahren nicht reagiert und die Infrastruktur, wo Öl gelagert wird, nicht stabilisiert, dann ist das Risiko weiterhin gegeben. Momentan deutet alles darauf hin, dass durch die Klimaveränderung auch der Permafrost weiter schmelzen wird und die Auswirkungen in Zukunft deutlich sichtbarer werden.

M 9 Roman Netzer, Experte für Ölunfälle von der Forschungsorganisation SINTEF

Anteile von Nornickel am globalen Markt (einschl. der Standorte auf der Halbinsel Kola und Tschita):
- Palladium: 44 %
- Nickel: 31 %
- Kobalt: 18 %
- Platin: 15 %
- Rhodium: 12 %
- Kupfer: 2 %

Produktion 2020:
- Nickel: 234000 t
- Kupfer: 487000 t
- Palladium: 80,1 t
- Platin: 17,7 t

Ressourcen und Reserven Norilsk:
- Reserven: 743 Mio. t
- Ressourcen: 2081 Mio. t
- Reichweite: > 75 Jahre

Mitarbeiter: 72000, davon 43800 in Norilsk
- 1 % am russischen BIP
- 4,3 % an den russischen Exporten
- 4,2 % an rus. Industrieproduktion

Ausgaben für Umweltschutzmaßnahmen:
- 2017: 26,7 Mrd. Rubel
- 2018: 32,5 Mrd. Rubel
- 2019: 39,5 Mrd. Rubel
- 2020: 34,6 Mrd. Rubel

M 10 Nornickel in Zahlen

3.7 Auf dem Weg zur nachhaltigen Forstwirtschaft?

Weniger als 500 Sibirische Tiger leben heute nur noch in den Wäldern im Fernen Osten Russlands beziehungsweise im angrenzenden Nordostchina. Nur durch intensive Schutzbemühungen konnte die auch als Amur-Tiger bekannte Großkatze vor dem Aussterben bewahrt werden, denn es gab in den 1940er-Jahren nur noch etwa 30 Tiere in der freien Wildbahn. Doch der gegenwärtig stark wachsende Nutzungsdruck auf bislang noch unberührte Urwälder kann diesen Erfolg wieder zunichtemachen und bedroht nicht nur den weiterhin stark gefährdete Amur-Tiger sondern auch andere Arten und Naturräume. Obwohl sie als Wirtschaftsfaktor national (1 % des BIP) und als Holzexporteur international (4 % des weltweiten Holzhandels) eher unbedeutend ist, spielt die russische Forstwirtschaft bei der nachhaltigen Nutzung der Taiga und ihrer Waldflächen eine wichtige Rolle.

1. a) Beschreiben Sie die Bewaldung in Sibirien (M1, Atlas).
   b) Erklären Sie den hohen Anteil an Nadelwäldern (M7).
2. Erläutern Sie den Stellenwert der Forstwirtschaft in Russland (M2, M5).
3. Analysieren Sie die Entwicklungen der Bewaldung und der Forstwirtschaft in Russland (M2, M4, M6).
4. a) Stellen Sie Probleme und Herausforderungen der russischen Forstwirtschaft dar (M8).
   b) Charakterisieren Sie dabei die Rolle Chinas.
5. Erläutern Sie das Konzept nachhaltiger Forstwirtschaft (M10).
6. Beurteilen Sie den Nutzen des FSC-Siegels für eine nachhaltige Forstwirtschaft (M9–M12).

M3 Sibirischer Tiger

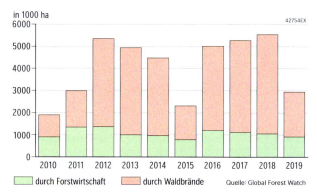

M4 Waldverlust in Russland

	Waldfläche		Waldum-wandlung[1]
	1990	2020	2020
	in Mio. ha	in Mio. ha	Anteil an Landesfläche	in 1000 ha
Russland	809,0	815,3	47,7 %	192
Brasilien	588,9	496,6	58,3 %	17 101
Kanada	348,3	346,9	35,1 %	464
USA	302,5	309,8	31,5 %	291
China	157,1	220,0	23,0 %	0
Australien	133,9	134,0	17,3 %	6
DR Kongo	150,6	126,2	53,8 %	1 101
Indonesien	118,5	92,1	48,1 %	579
Peru	76,6	72,3	56,3 %	179
Indien	63,9	72,2	22,0 %	0

[1] Umwandlung von Wald zu anderer Nutzung (Netto-Wert)   Quelle: FAO

M2 Länder mit den weltweit größten Waldflächen

	Produktion	Export[1]	
Industrie-Rundholz	203,2 Mio. m³	15,9 Mio. m³	1,1 Mrd. US-$
Schnittholz	44,5 Mio. m³	33,4 Mio. m³	4,5 Mrd. US-$
Papier und Pappe	9,2 Mio. t	3,2 Mio.t	2,0 Mrd. US-$
Zellstoff[2]	8,3 Mio. t	2,2 Mio.t	1,1 Mrd. US-$

[1] Gesamt Forstwirtschaft: 11,1 Mrd. US-$ [2] zur Papierherstellung   Quelle: FAO

M5 Ausgewählte Forstprodukte Russlands (2019)

Jahr	Holzeinschlag	Jahr	Holzeinschlag
1950	237 Mio. m³	1990	304 Mio. m³
1960	336 Mio. m³	2000	158 Mio. m³
1970	354 Mio. m³	2010	175 Mio. m³
1980	328 Mio. m³	2019	218 Mio. m³

Quelle: FAO

M6 Holzeinschlag Russlands/der Sowjetunion (1950–2019)

Die Taiga (jakutisch: Wald) ist der sibirische Teil der auf der nördlichen Hemisphäre weltumspannenden borealen Nadelwaldzone. Vier Nadelholzgattungen bestimmen das Aussehen dieses riesigen Waldgebietes: Fichte, Kiefer, Tanne und Lärche, wobei häufig über Tausende Quadratkilometer nur eine Baumart vorherrscht. Nadelbäume sind den großen jährlichen Temperaturunterschieden, langen Wintern und dem Permafrost am besten angepasst. Es kommen aber auch Laubbäume vor. Sie sind häufig Pionierpflanzen nach Waldbränden. Aufgrund der kurzen Vegetationsperiode ist der jährliche Holzzuwachs sehr gering.

M7 Wald in der Taiga

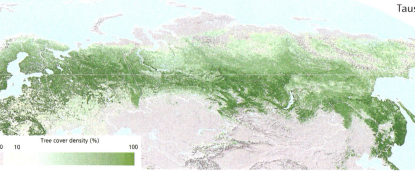

M1 Nordasien: Bewaldungsgrad (tree cover density = Dichte der Baumbedeckung)

Oleg Schadrin steht knietief im Schnee. Hinter dem Waldarbeiter erstreckt sich eine Fläche so groß wie sechs Fußballfelder. Hier und da ragen Baumstümpfe in die Höhe. „Sie hätten ausgegraben werden und an ihre Stelle junge Kiefern gesetzt werden müssen," erklärt der 35-Jährige, und hat Mühe, seine Wut zu verbergen. Chinesische Arbeiter hätten vor wenigen Monaten den Kiefernwald etwa sieben Autostunden nördlich von Omsk in der Nähe des Dorfes Jekaterinovka gerodet und danach das Holz abtransportiert. „Illegal", wie er sagt. Das Holz wurde mit modernen Maschinen abgeholzt. Solche Berichte kennt Nikolaj Shmatkow vom World Wide Fund For Nature (WWF) zuhauf. „Vor allem im Fernen Osten und entlang der russisch-chinesischen Grenze kommt es zu illegalen Rodungen". [...] Die Gesetzeshüter seien überfordert – sie schauten zu oder verdienten gar mit. Oft seien es nicht chinesische, sondern russische Waldarbeiter, die Holz ohne Genehmigung in das Reich der Mitte verscherbeln.

Zwar würden die chinesischen Zollbeamten darauf achten, dass die Papiere in Ordnung seien. „Doch diese zu bekommen, ist in Russland kein Problem", meint er. Korruption sei unter Staatsbediensteten und den sie deckenden und mitverdienenden Politikern weit verbreitet. Hinzu kämen die Armut vieler Bewohner in entlegenen Gebieten, Gleichgültigkeit vieler in der russischen Gesellschaft sowie Misswirtschaft. „Selbst die zuständigen Ministerien in Moskau oder in den Regionen wissen nicht, wo welche Bäume wachsen", sagt Shmatkow. Die Informationen der Behörden seien teilweise Jahrzehnte alt. Es gebe Dutzende Millionen von Hektar Land, bei dem unklar bleibe, ob sie Agrar- oder Waldflächen seien. Oft fehle es der Regierung und den Ämtern an Geld, um sich ein genaues Bild zu machen.

Greenpeace sieht es ähnlich. Die offiziellen Statistiken schönten das Bild vom Zustand des russischen Waldes; angeblich werde kaum Holz gestohlen, Waldbrände würden wirksam bekämpft, sagt Alexey Jaroshenko von Greenpeace Russland. „Mit der Wirklichkeit hat das nichts zu tun", glaubt er. Oft wird illegal gefälltes Holz per Zufall gefunden. [...] Seit 2006 hat sich die Lage dramatisch verschlechtert. Damals hat die Regierung ein neues Gesetz zum Schutz des Waldes erlassen – dort ging es aber vor allem darum, Geld zu sparen. Die Folge: Inzwischen arbeiten deutlich weniger Menschen in der staatlichen Forstwirtschaft. Bedeutet: Weniger Menschen schützen den Wald vor Raubbau. Doch selbst nach offiziellen Angaben sei nur etwas über drei Prozent der gesamten russischen Waldfläche vorgesehen für die Erhaltung der Biodiversität, heißt es bei der NGO. [...] Was die Kontrolle ebenfalls erschwert: Praktisch der gesamte Waldbestand Russlands sei in Staatsbesitz, erklärt Nikolaj Shmatkow vom WWF. Genaue Informationen gelten als Staatsgeheimnis. Die Bedrohung der unberührten Natur verharmlosen die staatlich gelenkten russischen Medien oder verschweigen es.

Offizielle Quellen behaupten: Russlands Wald wachse in jedem Jahr ein wenig. Wirklich nachprüfen lässt sich das nicht. In Wirklichkeit würden seltene, teure Hölzer gefällt und – bestenfalls – durch billige ersetzt, meint Shmatkow. Im Fernen Osten seien etwa die Mongolische Eiche oder die Mandschurische Esche bedroht. Sie gehören zu den wertvollsten Harthölzern. Meist werden sie nach China exportiert. [...] Die Folge: In Russland schrumpfe jener Wald, der Artenvielfalt garantiert und fördert. China ist der weltweit größte Importeur von Holzprodukten. Moskauer Umweltexperten schätzen, dass etwa 20 Prozent des Holzes, welches aus Russland nach China exportiert wird, auf gesetzeswidrige Art und Weise gefällt wurde. China, das über die weltweit zweitgrößte Papierindustrie verfügt, braucht das Holz aus Sibirien. Es wird verarbeitet zu Möbeln oder Parkett. Diese werden wiederum weltweit exportiert - auch nach Russland.

Quelle: Miodrag Soric: Russland: Raubbau im größten Wald der Welt. Deutsche Welle 25.3.2019

M 8 Quellentext zur Forstwirtschaft in Russland

Bereits seit über 25 Jahren setzt sich FSC für die Förderung einer umweltfreundlichen, sozialförderlichen und ökonomisch tragfähigen Bewirtschaftung von Wäldern ein. Die unabhängige, gemeinnützige Nicht-Regierungsorganisation wurde 1993 im Rahmen der Folgeprozesse nach der der VN-Konferenz „Umwelt und Entwicklung" in Rio de Janeiro gegründet. Heute ist der FSC in über 80 Ländern mit nationalen Arbeitsgruppen vertreten. [...] Hinter dem FSC-Label steckt ein durchgängig zuverlässiger Prozess: Es wurden zehn Prinzipien und 56 Indikatoren entwickelt, auf denen die weltweit gültigen FSC-Standards zur Waldbewirtschaftung basieren. Wälder, die nach diesen Standards bewirtschaftet werden, können das FSC-Zertifikat erwerben.

Quelle: Forest Stewardship Council www.fsc-deutschland.de

M 9 Selbstdarstellung von FSC Deutschland

Einhaltung der nationalen Forstgesetze und internationalen Verträge/Abkommen sowie der FSC-Prinzipien

Langfristige Besitzansprüche und Nutzungsrechte an Land- und Forstressourcen sollen klar definiert, dokumentiert und rechtlich verankert sein.

Wahrung der Rechte indigener Völker

Die Waldbewirtschaftung soll das soziale und ökonomische Wohlergehen der im Wald Beschäftigten und der lokalen Bevölkerung langfristig erhalten oder vergrößern.

Ökonomische effiziente Nutzung möglichst vielfältiger Produkte und Leistungen aus dem Wald

Gewährleistung von Biodiversität, Schutzfunktionen des Waldes und Landschaftsschutz

Erstellung, Umsetzung und Aktualisierung eines Bewirtschaftungsplanes (langfristige Bewirtschaftungsziele und die Mittel zu deren Verwirklichung)

Kontrolle durch angemessene Dokumentation und Bewertung der Nachhaltigkeit

Erhaltung von Wäldern mit hohem Schutzwert

Plantagen können als Ergänzung zu naturnaheren Bewirtschaftungsformen soziale und ökonomische Vorteile liefern und den Druck auf sogenannte „Naturwälder" mindern.

M 10 Prinzipien nachhaltiger Forstwirtschaft (FSC)

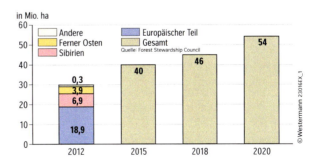

M 11 FSC-zertifizierte Forstfläche in Russland (2012 – 2020)

Nikolai Krotov, Leiter der Forstabteilung der Region Archangelsk [...], ist der Meinung, dass zertifizierte Unternehmen viel gesetzestreuer sind. Die Zertifizierung hat auch die Verringerung der Umweltbelastung gefördert, einschließlich des Übergangs zu umweltfreundlicheren Abholzungsmethoden, der Erhaltung seltener Arten und der Artenvielfalt sowie der Reduzierung der Waldverschmutzung. Alexander Mariev, stellvertretender Forstminister der Republik Komi [...], ist der Meinung, dass die Zertifizierung die Unternehmen dazu bringt, mehr Verantwortung für den Sektor zu übernehmen, insbesondere für Wälder mit hohem Schutzwert und traditionelle Waldnutzungsgebiete.

Quelle: Forest Stewardship Council Russland www.ru.fsc.org

M 12 Meinungen zur FSC-Zertifizierung in Russland

3.8 Nachhaltige Energiegewinnung aus Wasserkraft?

Der Durchmesser eines der sechs neuen Laufräder für das Bratsker Wasserkraftwerk in Ostsibirien beträgt 5,60 Meter. Es wurde von einem russischen Energieversorger bei einem deutschen Wasserkraftwerksausrüster bestellt. Den Transport des mehr als 70 Tonnen schweren Turbinenteils zu dem mehr als 7000 km entfernten Zielort konnte nur das größte Transportflugzeug der Welt, eine Antonov AN124-100, bewältigen. Neben der Modernisierung der Großkraftwerke aus Sowjetzeiten gibt es noch viel ungenutztes Potenzial der Wasserkraftnutzung an den großen russischen Flüssen. Doch ist ein weiterer Ausbau des erneuerbaren Energieträgers Wasser in Russland wirklich nachhaltig?

1. Analysieren Sie das naturräumliche Potenzial für die Nutzung von Wasserkraft in Russland (M1–M4, Atlas).
2. Erklären Sie die Funktionsweise eines Laufwasserkraftwerkes (M6).
3. a) Beschreiben Sie das Flusssystem Jenissej/Angara und die Wasserwerkskette an der Angara (M4, M10, M11, Atlas).
   b) „Der Bau von Wasserkraftwerken gab wesentliche Entwicklungsimpulse für die Besiedlung und Industrialisierung in Sibirien". Erläutern Sie diese Aussage anhand der Region Bratsk-Ust-Ilimsk (M7, M8, Atlas).
   c) Beurteilen Sie die Nachhaltigkeit des Wasserkraftwerks Bratsk.
   d) Charakterisieren Sie die Region mithilfe von Google Earth und erstellen Sie eine kurze Präsentation.
4. Beurteilen Sie die möglichen Entwicklungen der Wasserkraftnutzung unter dem Aspekt der Nachhaltigkeit.

M5 Transport des Laufrads für das Wasserkraftwerk in Bratsk

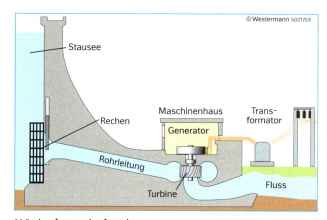

M6 Laufwasserkraftwerk

	Flusslänge (in km)	Flusslänge in Russland (in km)	Einzugsgebiet (in 1000 km²)	Wasserkraftwerke in Russland[1]
Jenissej/Angara	5550	4460	2580	9 (0)
Ob/Irtisch	5410	3050	2990	3 (4)
Amur	5052	4133	2100	3 (20)
Lena	4692	4692	2490	3
Wolga	3731	3731	1360	13
Kolyma	2513	2513	643	2
Ural	2422	1550	237	2
Dnjepr	2201	485	504	0 (8)
Indigirka	1977	1977	360	0
Don	1923	1923	422	1

[1] in Klammern außerhalb Russlands Quelle: Osteuropa, 7-09/2020 S. 195-218, Evgenij Simonov

M3 Flüsse Russlands und ihre Nutzung zur Stromerzeugung

Russland: Stromerzeugung nach Energieträger (in MW, 2019)

- Solarenergie: 834
- Windenergie: 184
- Atomenergie: 29 132
- Wasserkraft: 48 506
- Fossile Energie: 164 587

Quelle: IEA

M2 Russland: Stromerzeugung nach Energieträger (in MW, 2019)

	theoretisches Potenzial	technisches Potenzial	Stromerzeugung in Wasserkraftwerken	Nutzung des technischen Potenzials
China	6083	2500	912	17%
Russland	2784	1670	183	11%
Brasilien	2282	1250	391	31%
Kanada	2250	981	353	36%
Indien	2192	660	114	17%
USA	4488	529	269	51%

Quelle: Boguš 2016

M1 Wasserkraftressourcen im globalen Vergleich (in TWh/Jahr)

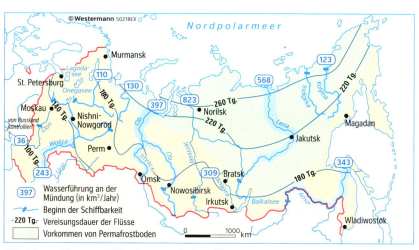

M4 Wasserführung und Vereisung russischer Flüsse

Nachhaltige Energiegewinnung aus Wasserkraft?

M 7 Talsperre und Wasserkraftwerk bei Bratsk

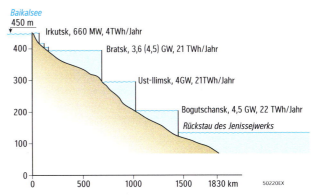

M 11 Kraftwerkskette auf der Angara

M 8 Region Bratsk-Ust-Ilinsk

„Dein Antlitz, Mutter Russland, hast du mir in Bratsk gezeigt", so beginnt ein Gedicht vom russischen Dichter Jewgeni Jewtuschenko, als 1966 das damals größte Kraftwerk der Welt im sibirischen Bratsk in Betrieb genommen wurde. Dreizehn Jahre zuvor begann mitten in der nahezu unberührten Taiga der Bau der 125 Meter hohen und 1430 Meter langen Staumauer an der Angara, wichtigster Nebenfluss des Jenissei. Der Standort wurde von den Planern bewusst gewählt: Die Angara hat eine ganzjährig ausgeglichene Wasserführung und das Durchbruchstal an der Paduner Enge bot sich für die Errichtung eines Stauwerks an der sonst in einem breiten Tal fließenden Angara an. Mehr als 15 000 Arbeitskräfte bereiteten die Bauarbeiten vor – viele von ihnen waren zu Beginn noch zwangsverpflichtete Strafarbeiter und Armeeangehörige. Riesige Flächen des borealen Nadelwaldes mussten gerodet und mehr als 250 kleine Siedlungen mit über 110 000 Einwohnern (größtenteils indigene Bevölkerung) umgesiedelt werden. Später führten Tausende freiwillige Komsomolzen, Mitglieder der Jugendorganisation der Staatspartei, und angestellte Arbeitskräfte die Arbeit auf der Großbaustelle fort.

Der Bratsker Stausee ist mit einem Stauvolumen von rund 170 km³ bis heute der drittgrößte Stausee Russlands und nimmt eine Fläche ein, die doppelt so groß wie das Saarland ist. Mit dem Bau weiterer Talsperren an der Angara entstand eine Kaskade von Stauseen, die eine ganze Kette von Wasserkraftwerken bilden. Der Betrieb der Kraftwerke wird dadurch begünstigt, dass der Baikalsee einen natürlichen Ausgleichsspeicher bildet. Das einst größte, heute 4,5 GW-Wasserkraftwerk in Bratsk liegt weltweit mittlerweile auf Rang 22 (Drei-Schluchten (China): 22,5 GW). Noch heute produziert es vergleichsweise sehr preisgünstigen Strom.

Im Umfeld der Wasserkraftwerke entwickelte sich eine Industrieregion, die bis heute von energieintensiven Branchen gekennzeichnet ist. In der Pionier- und sozialistischen Planstadt Bratsk entstand zunächst eine holzverarbeitende und Papierindustrie sowie Baustoffindustrie. Später wurde der billige Strom für die Aluminiumproduktion verwendet (Bauxit aus Australien und Kasachstan).

M 10 Das Wasserkraftwerk in Bratsk

Vorteile
- Nutzbarkeit in der Regel unabhängig von Wetter und Zeit, im Unterschied zu z. B. Sonnenenergie und Windkraft
- gute Regelbarkeit der erzeugten Energie (Speicherfähigkeit)
- erneuerbare Energieform mit bis zu 90%-igen Wirkungsgrad (zum Vergleich: Solarstrom um 40 %)
- keine CO_2-Emission im laufenden Betrieb
- langlebige und vergleichsweise einfache Technik
- Talsperren mit Hochwasserschutzfunktion
- Sicherung der Trinkwasserversorgung
- aufgestaute Flüsse besser schiffbar

Nachteile
- hoher baulicher Aufwand, Investitionskosten
- notwendige Umsiedlung von Bewohnern
- tief greifende Auswirkungen auf Flora und Fauna, Zerstörung der natürlichen Fließgewässer
- Versandung und Verschlammung im Stauraumbereich durch das Absinken von Schwebstoffen und Sedimenten, dadurch Volumenverkleinerung des Stauraums
- mögliche Störung des Grundwasserhaushalts durch Absinken oder Ansteigen und durch Verunreinigung
- lokale Klimawandelphänomene
- Stauseefläche steht für land- und forstwirtschaftliche Nutzung nicht mehr zur Verfügung

M 9 Vor- und Nachteile von Großwasserkraftwerken / Talsperren

In der Sowjetunion waren Wasserkraftwerke ein Signum der Moderne und Motoren der Industrialisierung. Noch heute entstehen in Russland knapp 20 Prozent des produzierten Stroms in diesen Kraftwerken. In Zeiten des „Kampfs gegen den Klimawandel" könnte Wasserkraft vor einer neuen Blüte stehen. Das Potenzial erscheint schier unbegrenzt. Doch Staudämme zerstören die sensiblen Ökosysteme und fügen der lokalen Bevölkerung, der Fischerei und der Landwirtschaft irreparable Schäden zu. [...] In Russland stagniert [aktuell] der Zuwachs an Wasserkraftkapazitäten. Grund sind jedoch vor allem die finanziellen Risiken. [...] Ökologische Erwägungen sind meist zweitrangig. [...] Auch die im Juni 2020 veröffentlichte „Energiestrategie bis 2035" erkennt grundsätzlich an, dass der Bau neuer Wasserkraftwerke mit einer Reihe von Problemen verbunden ist: lange Bauzeiten, ungenügende rechtliche Rahmenbedingungen, wachsende Kosten für die Gewährleistung der Sicherheit von Wasserkraftanlagen, Unklarheit über die Rentabilität von Investitionen in neue Anlagen. Zentrale Aufgabe sei daher nicht die Errichtung neuer Kraftwerke, sondern die Erhöhung des Wirkungsgrades bestehender Anlagen.

Quelle: Evgenij Simonov: Auslaufmodell – Wasserkraft in Russland. Osteuropa 7–9/2020, S. 195

M 12 Quellentext zur Zukunft der Wasserkraft in Russland

ROHSTOFFE UND NACHHALTIGKEIT

3.9 Kasachstan – Zukunft mit Rohstoffen?

Kasachstan ist nach der Fläche der drittgrößte Staat Asiens und der neuntgrößte weltweit. Wichtigster Wirtschaftszweig und Haupteinnahmequelle des Landes ist der Rohstoffsektor. Das Land gehört mit seinen reichhaltigen Rohstoffvorkommen zu den bedeutendsten und aufstrebenden Beschaffungsmärkten für den steigenden mineralischen Ressourcenbedarf der Welt. Die Mehrheit der kasachischen Unternehmen konzentriert sich auf die Förderung von Rohstoffen, die Weiterverarbeitung findet mehrheitlich im Ausland statt. Das verschärft die Abhängigkeit von den stark schwankenden internationalen Rohstoffpreisen. Darüber hinaus besteht ein hoher Modernisierungsbedarf der Rohstoffwirtschaft, auch vor dem Hintergrund des Strebens des Staates zum Ausbau einer „grünen Wirtschaft" mit hoher Energieeffizienz. Langfristig möchte Kasachstan die starke Abhängigkeit von der Rohstoffbranche verringern. Dabei setzt das Land verstärkt auf internationale Zusammenarbeit. Wie attraktiv Kasachstan für ausländische Direktinvestitionen* ist und welche Perspektiven das Land bei der Modernisierung der Rohstoffwirtschaft und Diversifizierung seiner Wirtschaft besitzt, kann mit einer SWOT-Analyse untersucht werden.

M 3 Erdölförderung am Kaspischen Meer

1. Beschreiben Sie den Entwicklungsstand Kasachstans (M1).
2. Stellen Sie die Lagerstättenverteilung Kasachstans dar (Atlas).
3. Analysieren Sie die Rohstoffabhängigkeit der kasachischen Wirtschaft (M1, M4).
3. Führen Sie eine SWOT-Analyse zu einer der folgenden Fragestellungen durch:
   Soll Kasachstan auch in Zukunft auf eine rohstoffbasierende Wirtschaft setzen?
   Kasachstan – ein zukunftsträchtiger Investitionsstandort für deutsche Unternehmen?
   a) Stellen Sie in arbeitsteiligen Gruppen Stärken, Schwächen, Chancen und Risiken dar (M5).
   b) Erarbeiten Sie in Partnerarbeit Strategien und Handlungsempfehlungen.
   c) Fassen Sie die Ergebnisse zusammen und formulieren Sie eine Antwort auf die Leitfragen.
4. Erörtern Sie die Notwendigkeit einer nachhaltigen Rohstoffwirtschaft in Kasachstan (M6, M7).

Methode: SWOT-Analyse

SWOT-Analysen – basierend auf den englischen Begriffen strengths (Stärken), Weacknesses (Schwächen), opportunities (Chancen), Threats (Risiken) – sind ein Arbeitsinstrument zur Bestimmung des Entwicklungsstandes von Unternehmen und Firmen. Aus diesen lassen sich Möglichkeiten und Strategien für ihre zukünftige Entwicklung herausarbeiten.
SWOT-Analysen lassen sich auch für die Untersuchung eines geographischen Raumes oder einer geographischen Fragestellung nutzen.

Ablauf:

1. Analyse des Ist-Zustandes
a) Ermittlung des Ist-Zustand von Stärken und Schwächen.
b) Ermitteln von Chancen und Risiken möglicher Zukunftsentwicklungen.
2. Erarbeitung von Handlungsempfehlungen bzw. Strategien
a) Wie lassen sich Stärken nutzen, um Risiken abzuwenden?
b) Wie lassen sich Chancen nutzen, um Schwächen abzumildern?
c) Wie lassen sich Chancen durch Stärken entwickeln?
d) Wie lassen sich Risiken und Auswirkungen von Schwächen abmildern?
3. Präsentieren der Ergebnisse und Formulierung eines Fazits.

Landesfläche	2,7 Mio. km²
Einwohner	18,754 Mio.
Besiedlungsdichte	6,9 Ew./km²
BIP/Einw.	9056 US-$
Anteil Landwirtschaft am BIP (an Erwerbstätigen)	5,3 % (4,7 %)
Human Development Index (2019)	0,825 (Rang 51)
Global Competitiveness Index*	Range 42 (von 63)
Bergbau	• 30,2 % am gesamten BIP • 19 % in der industriellen Beschäftigung • 73,6% aller ausländischen Direktinvestitionen*

Quelle: World Bank, UNDP, IMD

M 1 Daten zu Kasachstan (2020)

	Reserven	Förderung
Wolfram	Rang 1	-
Chromerz	Rang 2	Rang 3
Uran	Rang 2	Rang 1
Manganerz	Rang 4	Rang 8
Silber	Rang 4	Rang 10
Blei	Rang 5	Rang 11
Zink	Rang 5	Rang 8
Bauxit	Rang 5	Rang 8
Titan	Rang 10	Rang 19
Zinn	Rang 10	-
Eisenerz	Rang 11	Rang 13
Kupfer	Rang 12	Rang 11
Erdöl	Rang 12	Rang 13
Gold	Rang 15	Rang 21
Erdgas	Rang 18	Rang 22

Quelle: Kazakh Invest JSc

M 2 Kasachstan: Bergbaureserven und -förderung im weltweiten Vergleich

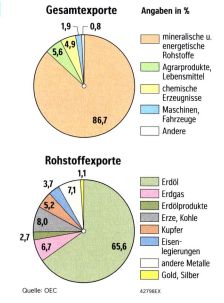

Quelle: OEC

M 4 Kasachstan: Exporte (2019)

Stärken (Strengths)	Schwächen (Weaknesses)
Allgemein: • politische Stabilität • stärkste Volkswirtschaft in Zentralasien • geringe Staatsverschuldung • hohe Währungs- und Goldreserven • staatliche Förderung von Schwerpunktbranchen und Konjunkturmaßnahmen • Bemühungen um Diversifizierung der Wirtschaft Bergbauwirtschaft: • Rohstoffreichtum (mineralische Rohstoffe, Erdöl) • viele Vorkommen sind erschlossen • weitere gut erreichbare, förderungswürdige Lagerstätten • gute Einbindung in das Pipelinesystem mit Russland und China	Allgemein: • hoher Anteil von Staatsunternehmen mit Monopolstrukturen • geringe wirtschaftliche Diversifizierung (hohe Abhängigkeit von der Rohstoffwirtschaft) • geringe Innovationskapazitäten • Fachkräftemangel im Hochtechnologiebereich • geringe Transparenz bei der Auftragsvergabe Bergbauwirtschaft: • veraltete Infrastruktur und Maschinenausstattung • Mangel an Explorationsaktivitäten • geringe Aufbereitungs- und Weiterverarbeitungkapazitäten • hoher Energieverbrauch • großes Abfall- und Altlastenproblem • Umweltbelastungen (z.B. radioaktive Abfälle)
Chancen (Opportunities)	Risiken (Treaths)
Allgemein: • Verbesserung des Investitionsumfeldes (z.B. durch Beitritt zur WTO) • größerer Binnenmarkt durch Mitgliedschaft in der Eurasischen Wirtschaftsunion • große Offenheit gegenüber ausländischen Investoren • Schutz ausländischer Investoren • Deutschland wichtiger Handelspartner Bergbauwirtschaft: • zahlreiche staatliche Investionsprogramme • Partnerschaftsabkommen mit Deutschland (seit 2012) • Staatliche Finanzierung von Strukturierungsmaßnahmen aus Erlösen des Erdölexports • Trend zu westlichen Arbeitsmethoden, Wunsch nach Qualität • politischer Wille zum Ausbau einer „grünen Wirtschaft"	Allgemein: • strenge Regulierung der Wirtschaft durch den Staat • abnehmende Staatsausgaben • mangelnde Rechtssicherheit, große Bürokratie, Korruption • hohe Abhängigkeit von Entwicklung in China und Russland • Einfluss chinesischer Konkurrenz • zunehmende Auslandsverschuldung Bergbauwirtschaft: • langfristige Ressourcenknappheit • stark schwankender Wechselkurs • hohe Inflationsrate • Produktionsrückgang durch COVID-Pandemie im Jahr 2020 • starke Abhänigkeit von Rohstoffpreisen (insbes. Erdöl) • Nachfrageabnahme nach fossilen Rohstoffen (Klimawandel)

Quelle: nach Zielmarktanalyse Bergbau- und Rohstoffwirtschaft in Kasachstan 29.10.2020

M 5 SWOT-Analyse: Bergbau in Kasachstan

Durch die intensive Entwicklung aller Industrien über einen langen Zeitraum hinweg haben sich in Kasachstan mittlerweile mehr als 26 Mrd. Tonnen fester Produktionsabfälle angesammelt [...]. Von dieser Menge sind ca. 58 %, also 15,1 Mrd. Tonnen, dem Bereich Bergbau zuzuordnen [z. Vgl. Deutschland: 29,19 Mio. t Bergbauabfälle]. [...] Zudem ist die kasachische Erdöl-, Kohle- und Gasindustrie für einen Großteil der Schadstoffe, die von den Förderindustrien in die Atmosphäre abgegeben werden, verantwortlich. Schätzungsweise 80 % der Gesamtemissionen bestehen aus giftigen Schwefeldioxiden, Kohlenoxiden, Stickoxiden und Kohlenwasserstoffen. Daneben gehören Bergbauunternehmen mit einem Verbrauch von 30 % des Frischwassers vom Land und bis zu 75 % des von der Industrie genutzten Wassers zu den größten Wasserverbrauchern und weisen darüber hinaus die größte Einleitung von verschmutztem Abwasser auf. Eine weitere Auswirkung dieser Industrie auf die Umwelt ist der Verlust an landwirtschaftlicher Nutzfläche. [...]

Bisher gibt es noch sehr wenige Maßnahmen, um den negativen Folgen der Bergbauindustrie entgegenzuwirken. Nicht nur das fehlende Bewusstsein über den Zustand der Umwelt, einschlägige Kenntnisse und praktische Erfahrungen auf diesem Gebiet, sondern auch ein schlichtweg passives Verhalten der Kohlenunternehmen und der Bürger, der Mangel an ökologischer Kultur sowie der Glaube an die Unerschöpflichkeit der natürlichen Ressourcen behindern maßgeblich die Optimierung des Umweltmanagements. [...] Ganzheitliche Umweltaktivitäten [...] erfordern zumeist erhebliche Kosten, was viele Unternehmen noch immer davon abhält, derartige Maßnahmen zu ergreifen. Trotzdem müssen die Unternehmen damit rechnen, dass gesetzliche Umweltanforderungen in der Bergbau- und Verarbeitungsindustrie künftig immer strenger werden und daher zeitnah entsprechende Lösungen entwickelt werden müssen.
Quelle: Zielmarktanalyse Bergbau- und Rohstoffwirtschaft in Kasachstan 29.10.2020

M 6 Quellentext zu Umweltproblemen durch den Bergbau

Kasachstan verfügt am Kaspischen Meer über bedeutende Öl- und Gasfelder, die sich teilweise in ökologisch wertvollen Gebieten hoher Biodiversität befinden und sowohl onshore als auch offshore* erschlossen werden [M3]. [...] Zur Erschließung der Offshore-Reserven hob die kasachische Regierung bereits 1993 das Verbot zur Ölförderung auf, legte jedoch strenge Umweltauflagen fest. Seitdem stehen die Bergbaukonzerne unter der Beobachtung lokaler und internationaler Nichtregierungsorganisationen und werden häufig mit Strafzahlungen belegt, wenn sie gegen die Umweltgesetze verstoßen. [...] Um transnationale Konzerne anzulocken, sicherte ihnen Kasachstan große Anteile an der Öl- und Gasförderung zu, während die Staatseinnahmen an den Ertrag der Unternehmen geknüpft wurden. Aufgrund der extrem hohen Kosten zur Erschließung der Ölfelder in teilweise 4500 m Tiefe unter dem Meeresgrund sowie des Mangels an Transparenz und Rechenschaftspflicht der Unternehmen und Behörden gegenüber der kasachischen Zivilgesellschaft ist unklar, in welcher Höhe Kasachstan Gewinne aus der Ölförderung zieht.

Die transnationalen Konzerne profitieren von den niedrigen Lohnkosten in Kasachstan, während die Schaffung von Arbeitsplätzen sowie die von den Konzernen finanzierten Sozial- und Infrastrukturprojekte, wie der Bau von Straßen, Schulen und Krankenhäusern, positive Effekte für die lokale Bevölkerung darstellen. Allerdings entbinden diese Projekte den Staat von seiner Verpflichtung in diesen Bereichen, werden oftmals nur unzureichend umgesetzt und sind mit Korruption behaftet. Zudem sieht die lokale Bevölkerung ihre Sicherheit und Gesundheit durch die Bergbauaktivitäten bedroht, die für Wasserverschmutzung, für den Verlust biologischer Vielfalt sowie aufgrund hoher Schwefelemissionen für eine Reihe gesundheitlicher Probleme verantwortlich gemacht werden.
Quelle: Matthias Schmidt: Ungleiche Energiepotenziale in Zentralasien – Perspektiven der Politischen Ökologie. Geographische Rundschau 6/2021, S. 31– 32

M 7 Quellentext zur Ölgewinnung am Kaspischen Meer

Zusammenfassung

Rohstoffgigant Russland

Russland besitzt aufgrund seiner Flächengröße ein riesiges Rohstoffpotenzial nahezu aller Bodenschätze und natürlicher Ressourcen wie Wasserkraft, Holz, Fisch und Boden. Neben den Energieträgern Erdöl- und Erdgas sowie Kohle zählen dazu auch so wichtige Metalle wie Eisen, Nickel, Kupfer, Platingruppenmetalle, Gold und Diamanten. Nach China und den USA ist Russland die drittgrößte Bergbaunation der Welt und besitzt bei vielen Rohstoffen noch große Reserven. Die geologischen Verhältnisse sowie die Größe der Lagerstätten vieler Energierohstoffe und mineralischer Rohstoffe sind so gestaltet, dass diese im Weltmaßstab vergleichsweise kostengünstig abgebaut werden können. Allerdings befindet sich der Großteil der abbauwürdigen Lagerstätten in klimatisch extremen Räumen beziehungsweise müssen große Entfernungen zwischen den Abbaustandorten und den Märkten oder den Orten der Weiterverarbeitung überwunden werden. Das erfordert hohe Investitionen in den Ausbau der Infrastruktur, die Unterhaltung der Anlagen sowie die Versorgung der Menschen. Trotzdem will Russland in den nächsten Jahren, seine Anstrengungen bei der Erschließung und dem Abbau arktischer Lagerstätten ausweiten. Diese Anstrengungen haben aber nicht nur wirtschaftliche, sondern auch soziale sowie außen- und sicherheitspolitische Motive. Inwieweit diese Projekte auf nachhaltige Weise umzusetzen sind, ist allerdings zumindest fraglich. Bergbau in der Arktis – an Land oder unter dem zunehmend eisfreien Nordpolarmeer – ist mit großem finanziellem Aufwand und hohen ökologischen Risiken verbunden. Zudem ist fraglich, ob etwa auch die indigene Bevölkerung der Region vom Bergbau profitieren kann.

Rohstoffexporte und Rohstoffabhängigkeit

Seit Beginn der Transformation profitierte Russland von seinem Rohstoffreichtum. Die Einnahmen aus dem Export von Rohstoffen, insbesondere Erdgas und Erdöl, federten die Einbußen ab, die durch den strukturellen Wandel der Wirtschaft eintraten. Bis heute tragen die Gewinne zu einem erheblichen Anteil zum Staatseinkommen bei. Bei der Modernisierung und dem Ausbau bestehender Anlagen zur Förderung von Rohstoffen sowie der Erschließung neuer Lagerstätten wurde auch auf ausländische Firmen zurückgegriffen, was allerdings durch die Sanktionen westlicher Staaten seit 2014 erschwert ist. Hauptabsatzgebiet russischer Rohstoffe ist Europa, wenn auch der Rohstoffexport nach China in den letzten Jahren immer weiter zugenommen hat.

Der Anteil von Rohstoffen am gesamten russischen Außenhandel ist bis heute überproportional hoch. Damit ist die Russische Föderation stark von den Entwicklungen auf dem Weltmarkt abhängig. Rund die Hälfte des Staatsbudgets wird allein über Erdgas und Erdöl finanziert. Fallende oder stagnierende Rohstoffpreise, zum Beispiel aufgrund von Wirtschaftskrisen oder langfristig aufgrund eines weltweiten Rückgangs der Nachfrage nach fossilen Energierohstoffen, haben gravierende Auswirkungen, zumal bis heute die Einnahmen aus den Exportportüberschüssen kaum in die Entwicklung anderer Branchen der Volkswirtschaft flossen. Nicht wenige Experten sprechen davon, dass Russlands Rohstoffökonomie Merkmale der „Holländischen Krankheit" aufweist.

Umweltprobleme im Rohstoffsektor

Vielerorts ist der Bergbau auch mit zahlreichen Umweltproblemen sowie damit verbundenen Gesundheitsrisiken für die Bevölkerung verbunden, etwa in dem großen westsibirischen Kohlerevier Kusnezk. Die Bergbaustadt Norilsk wird regelmäßig zu den schmutzigsten Städten der Welt gezählt, wenn sich auch das dort ansässige Bergbauunternehmen in den letzten Jahren vermehrt um Umweltschutz bemüht. Zwei schwere Ölunfälle in der Region zeigen aber auch, dass der vermehrt tauende Permafrost eine starke Gefährdung der Infrastruktur wie etwa Pipelines mit sich bringt.

Die im Vergleich große, aber wirtschaftlich eher unbedeutende Forstwirtschaft in Russland gelingt es bisher ebenfalls nicht, die Waldbewirtschaftung nachhaltig zu gestalten. Internationale Zertifizierungsprogramme sollen dabei helfen.

Erneuerbare Energiequellen spielen in Russland Energie- und Elektrizitätsgewinnung bis auf die Wasserkraft keine Rolle. Für diese gibt es aufgrund der vielen Flüsse ein noch gewaltiges Potenzial. An einen Ausbau der bestehenden Wasserkraftwerke wird momentan aufgrund hoher Kosten und geringen Bedarf an Elektrizität in mittelbarer Nähe der Kraftwerke aber nicht gedacht.

Weiterführende Literatur und Internetlinks

Daten zu mineralischen Rohstoffen
Deutsche Rohstoffagentur
• www.bgr.bund.de/DERA/DE

United States Geological Survey (USGS)
• http://minerals.usgs.gov/minerals

Daten zu Erdöl, Erdgas und Uran
Organisation of the Petroleum Exporting Countries (OPEC)
• www.opec.org

BP Statistical Review of Energy
• www.bp.com/en/global/corporate/
  energy-economics/statistical-review-of-
  world-energy.html

International Energy Agency
• www.iea.org

World Nuclear Organisation
• www.world-nuclear.org

Ministry of Energy
• https://minenergo.gov.ru/en

Norilsk
Norilsk-Nickel
• www.nornickel.com

Daten zur Holzwirtschaft
Food and Agriculture Organization of the United Nations (FAO)
• http://faostat.fao.org

Forest Stewardship Council
• www.fsc-deutschland.de
• https://ru.fsc.org

The Russian Federation Forest Sector, Outlook Study to 2030
• www.fao.org/docrep/016/i3020e/
  i3020e00.pdf

Global Forest Watch
• www.globalforestwatch.org/dashboards/
  country/RUS

Wasserkraft in Russland
• www.eng.rushydro.ru/

Kasachstan
Ministry of National Economy of the Republic of Kazakhstan
• www.gov.kz/memleket/entities/
  economy?lang=en

Kazakh Invest
• https://invest.gov.kz/

4 WIRTSCHAFT UND TRANSFORMATION

Start einer Sojus-2.1a-Rakete im Kosmodrom Wostotschny (2018)

WIRTSCHAFT UND TRANSFORMATION

4.1 Von zentraler Plan- zur Marktwirtschaft

Am 31. Januar 1990, dem Eröffnungstag des ersten McDonalds Restaurants in der damaligen Sowjetunion, standen über 30 000 Moskauer auf dem Puschkin-Platz stundenlang für einen Burger Schlange. Das Bild galt und gilt bis heute als ein Zeichen für den Umbruch und den Wandel des Landes vom sozialistischen zum marktwirtschaftlichen System in den 1990er-Jahren. Bis heute ist das Unternehmen in seiner Branche Marktführer in Russland, gehört mit mehr als 60 000 Angestellten zu den größten Arbeitgebern des Landes und wird ausschließlich von lokalen Produzenten beliefert. Auch wenn der Erfolgskurs ungebrochen ist, mehren sich in den letzten Jahren im Zusammenhang mit Sanktionen westlicher Industrieländer gegen Russland immer wieder Stimmen, die sich gegen das Unternehmen richten.

M1 Eröffnung des ersten McDonald's in Moskau

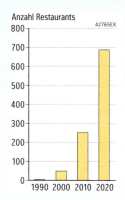

M2 Anzahl der McDonald's-Filialen in Russland

Vor der Transformation

Ende der 1970er-Jahre waren die Anzeichen für eine tief greifende Krise in der Sowjetunion unübersehbar: Sinkender Leistungsstand der Wirtschaft, Verringerung des Lebensstandards der Bevölkerung, Vergrößerung des technologischen Rückstandes zu den westlichen Industrienationen, große Umweltschäden. Die in den 1980er-Jahren von Michail Gorbatschow eingeleiteten Reformen – „Glasnost*" (Transparenz) und „Perestroika*" (Umbau) – konnten die politische und wirtschaftliche Lage nicht mehr stabilisieren. Die Union der Sozialistischen Sowjetrepubliken (UdSSR) löste sich Ende 1991 endgültig auf. Russland wurde der mit Abstand größte Nachfolgestaat der Sowjetunion. Nach 1917, als bei der Oktoberrevolution das Zarenregime beseitigt und durch ein sozialistisches System ersetzt wurde, wurde das Land 1991 zum zweiten Mal grundlegend umgebaut und die Menschen mussten sich neu orientieren.

1. und 2. Transformationsphase (1991 bis 2010)

Zunächst löste der Übergang vom zentral gelenkten sozialistischen System zu pluralistisch-marktwirtschaftlichen Strukturen in allen gesellschaftlichen und wirtschaftlichen Bereichen Prozesse der Auflösung und des Zerfalls aus. In den 1990er-Jahren begann die Privatisierung der Staatsbetriebe. Davon profitierte jedoch nicht die Bevölkerung, sondern meist nur ehemalige Manager, die oft auch über illegale Wege als sogenannte Oligarchen* ganze Großbetriebe und ganze Wirtschaftszweige wie zum Beispiel die Erdöl- und Erdgasindustrie übernahmen. Mit der Transformation* wurde auch die frühere Vormachtstellung der Sowjetunion deutlich geschwächt. Die Abspaltung der baltischen Staaten von der GUS und die Einbindung der ehemaligen „Ostblockstaaten" in die EU wie zum Beispiel Polen und Tschechien haben den geostrategischen Einflussbereich deutlich verringert. Insgesamt verschärfte sich im ersten Transformationsjahrzehnt die wirtschaftliche, soziale und politische Krise.

Mit Beginn des zweiten Transformationsjahrzehnts ab den 2000er-Jahren kam es, getragen von einem steigenden Ölpreis auf dem Weltmarkt sowie staatlichen Investitionsprogrammen, zu einer wirtschaftlichen und politischen Stabilisierung, wenn auch mit großen regionalen Unterschieden.

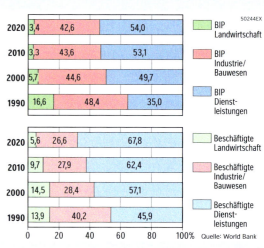

M3 Russland: sektoraler Anteil am BIP und an der Beschäftigung (1990 – 2020)

Neue Entwicklungen:

Trotz eines hohen Wirtschaftswachstums in den 2010er-Jahren gelang es der russischen Wirtschaft nicht, einen grundlegend strukturellen Wandel zu vollziehen. Bis heute beruht sie vor allem auf den Einnahmen aus der Rohstoffproduktion, die zu einer starken Abhängigkeit von der Weltkonjunktur und dem Ölpreis führt. So können sich die beachtlichen Wachstumspotenziale wie zum Beispiel die hohe Einwohnerzahl, die geographisch günstige Lage zwischen Asien und Europa oder die Stärken in der Grundlagenforschung nur bedingt entfalten. Darüber hinaus hat das Land nach wie vor mit Korruption und einer ineffizienten Bürokratie zu kämpfen. Spätestens seit dem Ukraine-Konflikt im Jahr 2015 hat sich die politische und wirtschaftliche Lage durch geopolitische Spannungen und Sanktionen der westlichen Handelspartner verändert. Russland reagiert mit protektionistischen Maßnahmen und umfangreichen staatlichen Förderprogrammen. So werden zum Beispiel in Russland hergestellte Industrie- und Landwirtschaftsprodukte bei öffentlichen Aufträgen gegenüber ausländischen Importwaren bevorzugt. Das soll auch die Diversifizierung* der russischen Wirtschaft fördern. Durch den Nationalen Wohlstandsfond (seit 2004, 2020: 168 Mrd. US-$) – gespeist aus den Einnahmen aus Rohstoffexporten – verfügt Russland über ausreichende Finanzreserven.

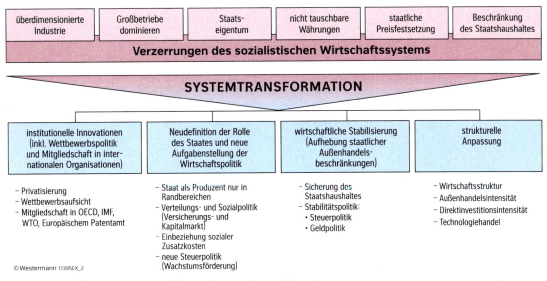

M 4 Systemtransformation vom sozialistischen zum marktwirtschaftlichen Wirtschaftssystem

Der Transformationsindex der Bertelsmann Stiftung (BTI) analysiert und bewertet die Qualität von Demokratie, Marktwirtschaft und politischem Management in 129 Entwicklungs- und Transformationsländern. Beurteilt werden Indikatoren zur rechtsstaatlichen Demokratie und sozialpolitisch flankierter Marktwirtschaft in einem Bereich von 1 (geringster Wert) und 10 (höchster Wert).

M 5 Transformationsindex

	2003	2006	2010	2014	2020
Russland	6,0	6,1	5,7	5,2	5,3
Armenien	5,7	6,3	5,8	5,7	6,2
Aserbaidschan	4,4	4,5	4,9	4,7	4,3
Georgien	4,1	5,7	6,0	6,2	6,4
Kasachstan	5,1	5,5	5,2	5,1	4,9
Kirgisistan	4,5	4,8	5,0	5,6	5,9
Tadschikistan	3,2	3,5	3,4	3,6	3,3
Turkmenistan	3,3	3,2	3,6	3,5	2,7
Usbekistan	3,4	3,5	3,3	3,1	4,1

Quelle: Bertelsmann

M 6 Transformationsindex Russlands und der asiatischen Nachfolgestaaten der Sowjetunion

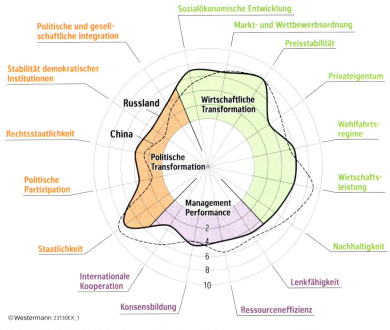

M 8 Transformationsindex Russlands und Chinas

Politische Transformation
- **Staatlichkeit**: staatliches Gewaltmonopol, staatliche Identität, kein Einfluss religiöser Dogmen, grundlegende Verwaltungsstrukturen
- **politische Partizipation**: freie und faire Wahlen, effektive Regierungsgewalt, Vereinigungs- und Versammlungsfreiheit, Presse- und Meinungsfreiheit
- **Rechtsstaatlichkeit**: Gewaltenteilung, Unabhängigkeit der Justiz, Ahndung von Amtsmissbrauch, Garantie der Bürgerrechte
- **Stabilität demokratischer Institutionen**: Leistungsfähigkeit und Akzeptanz demokratischer Institutionen
- **politische und gesellschaftliche Integration**: stabiles Parteiensystem, Vermittlung durch Interessengruppen, Zustimmung zur Demokratie

Wirtschaftliche Transformation
- sozioökonomisches Entwicklungsniveau
- **Markt- und Wettbewerbsordnung**: Grundlagen marktwirtschaftlichen Wettbewerbs, Antimonopol-/Wettbewerbspolitik, Liberalisierung des Außenhandels, Etablierung eines Finanz- und Bankensystems
- **Währungs- und Preisstabilität**: Antiinflations- und Wechselkurspolitik, makroökonomische Stabilität
- **Privateigentum**: Garantie der Eigentumsrechte, Privatwirtschaft
- **Sozialordnung**: soziale Sicherungssysteme, Chancengleichheit
- **Leistungsstärke der Volkswirtschaft**
- **Nachhaltigkeit**: Umweltpolitik, Institutionen für Bildung sowie Forschung und Entwicklung

M 7 Indikatoren des Transformationsindex (Auswahl)

1. Von der Sowjetunion zur Russischen Föderation und ihren Nachfolgestaaten. Beschreiben Sie den Prozess der wirtschaftlichen Transformation (Text, M 4).
2. Erläutern Sie wirtschaftliche Folgen des Transformationsprozesses in Russland. (M 3, M 4).
3. Vergleichen Sie den Transformationsindex von Russland und China und bewerten Sie die Aussagekraft des Index (M 5 – M 8).

4.2 Transformation der landwirtschaftlichen Besitzstrukturen

Die Dominanz landwirtschaftlicher Großbetriebe – erst in privater, dann in kollektiver oder staatlicher Hand – hat eine lange Tradition in Russland. Der Großteil der agrarischen Nutzfläche war während der Sowjetzeit im kollektiven Besitz von Sowchosen und Kolchosen. Zu Beginn der 1990er-Jahre erfasste die russische Landwirtschaft ein tief greifender Strukturwandel. Mit der Abkehr von der Zentralverwaltungswirtschaft* stürzte der ländliche Raum in eine Krise. Absatzmärkte brachen weg. Die Ausgaben der Agrarbetriebe für Saatgut, Dünger, Kraftstoffe stiegen, während die Verkaufspreise für Landwirtschaftsprodukte sanken. Das bedeutete für die große Mehrzahl der Betriebe, vor allem in landwirtschaftlichen Ungunsträumen, die Zahlungsunfähigkeit. Welche Folgen hatte dieser Wandel für das Leben im ländlichen Raum?

1. Die Strukturen der russischen Landwirtschaft sind das Ergebnis einer etwa 200 Jahre langen Geschichte. Gliedern Sie diese in Etappen bis zur Beginn der Transformation (M3).
2. Analysieren Sie die Veränderungen in der Landwirtschaft während der ersten Transformationsphase* (M4, M5, M6).
3. a) Beschreiben Sie die Lage der Region Privolnaja und die natürlichen Voraussetzungen für die landwirtschaftliche Nutzung (M7, Atlas).
   b) Charakterisieren Sie Strukturen und Veränderungen des Betriebes „Privolnoe" (M7, M8).
   c) Erstellen Sie mit verschiedenen Werkzeugen von Google Earth eine Bildpräsentation des Betriebes „Privolnoe".
4. Erläutern Sie die Abhängigkeiten von privaten Landwirten, Nebenerwerbswirtschaften und landwirtschaftlichen Großbetrieben (M9, M5).
5. „Die landwirtschaftlichen Großbetriebe sind ein Auslaufmodell der russischen Landwirtschaft". Beurteilen Sie diese Aussage.

	Getreideproduktion (in Mio. t)	(in kg/ha)	Fleischprod. (in Mio.t)	Milchprod. (in Mio.t)
1913	50,5	800	k. A.	k. A.
1932	47,5	690	k. A.	k. A.
1940	55,6	790	2,4	17,8
1950	46,8	720	2,6	21,4
1970	107,4	1480	6,2	45,4
1990	116,7	1950	10,1	55,7
2000	65,4	1560	4,4	32,3
2010	61,0	1830	7,2	31,5
2019	121,2	2670	10,9	31,4

Quelle: Rosstat

M4 Landwirtschaftliche Produktion in der Sowjetunion/Russland

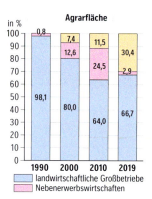
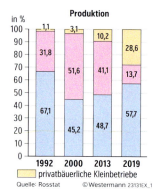

M5 Agrarfläche und -produktion nach Betriebsstruktur

Die Leibeigenschaft wurde im Vergleich zu anderen europäischen Ländern in Russland sehr spät aufgehoben (1861). Die freien Bauern bekamen zu wenig Land, als dass sie eigene leistungsfähige Betriebe gründen konnten. Für geringste Entlohnung mussten sie weiter auf den Gutsherrenfeldern arbeiten. Ein zusätzliches Entwicklungshemmnis stellte das fortbestehende Eigentums- und Nutzungsrecht von Flächen dar, das allein den Gemeinden zustand. Diese teilten den Boden einzelnen Bauern immer nur für einen bestimmten Zeitraum zu, so dass diese nur eine geringe Bindung an das bewirtschaftete Land entwickelten. All das führte dazu, dass sich zu Beginn des 20. Jahrhunderts der Großteil des Landbesitzes in der Hand von Großgrundbesitzern befand. Dem gegenüber stand eine Vielzahl von Kleinstbetrieben mit einem hohen Zersplitterungsgrad der Agrarflächen. Klein- und Mittelbetriebe fehlten und die russische Landwirtschaft war von einer geringen Produktivität und einem extrem geringen Ausbildungsgrad der Landbevölkerung gekennzeichnet.

Nach der ersten russischen Revolution 1905 förderten die sogenannten Stolypinschen-Reformen die Einrichtung von privaten Agrarbetrieben. Sie stellten unter anderem das Eigentumsrecht einzelner Bauern auf den Boden über das Zuteilungsrecht der Gemeinde und begünstigten mit verbilligten Krediten den Kauf von Landeigentum. Doch der Ausbruch des 1. Weltkrieges 1914 brachte das vorzeitige Ende der Landwirtschaftsreformen.

Nach der Oktoberrevolution 1917 zielte die Politik der Sowjetregierung auf die generelle Verstaatlichung der Landwirtschaft. Es entstanden drei eigentums- und besitzrechtliche Grundformen:
- **Sowchosen** (Staatsgüter), in denen sämtliche Produktionsmittel (Maschinen, Gebäude, Boden) Staatseigentum waren.
- **Kolchosen** (Kollektivbetriebe), die mit staatlichen Produktionsmitteln auf den der Genossenschaft überlassenen Flächen vom Staat festgelegte Erzeugnisse produzierten.
- **Nebenwirtschaften**, in denen die Landarbeiter auf kleinsten Parzellen Anbau betreiben durften.

Als Resultat der fast 70-jährigen sowjetischen Agrarpolitik zeigte die russische Landwirtschaft zu Beginn der Transformation* ein nahezu homogenes Bild: In den Dörfern dominierte ein spezialisierter Großbetrieb, der darüber hinaus alle sozialen und kommunalen Einrichtungen unterhielt. Auf den kleinen Parzellen der Nebenwirtschaften erzeugte die Bevölkerung Nahrungsmittel für den Eigenbedarf, versorgte aber auch nahe gelegene Städte.

M1 Mähdrescher auf den Felder der 4. Brigade der Sowchose Berlik des Gebiets Koktschetaw in den 1960er-Jahren

M2 Kolchose des Dorfes Ruohi in der Grusinischen SSR

M3 Von der Leibeigenschaft zur Kollektivierung der Landwirtschaft in der UdSSR

Transformation der landwirtschaftlichen Besitzstrukturen

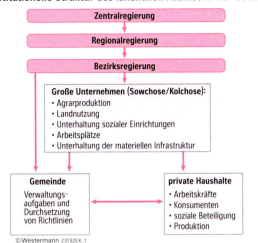
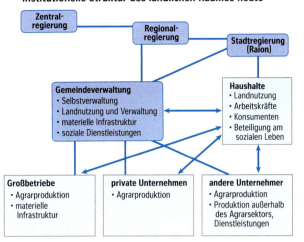

M 6 Institutionelle Strukturen des ländlichen Raums in der UdSSR und in Russland heute

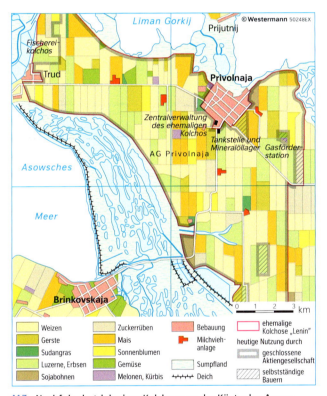

M 7 Nachfolgebetrieb einer Kolchose an der Küste des Asowschen Meeres

Der Betrieb „Privolnoe", die frühere Kolchose „Lenin", bewirtschaftet heute rund 15 000 ha. Das natürliche Potenzial für den Ackerbau ist durch den tiefgründigen Schwarzerdeboden mit einem hohen Humusanteil, den ebenen Flächen und ganzjährigen Niederschlägen hervorragend. Arbeiteten vor 1990 noch etwa zwei Drittel aller Erwerbstätigen des Ortes in dem Betrieb, so ist es heute nur noch jeder Vierte, der hier sein Einkommen verdient. Neben dem Verlust an Arbeitsplätzen war die größte Herausforderung für die Gemeinde, die bis dahin von der Kolchose betriebenen und finanzierten infrastrukturellen Einrichtungen – Straßen, Wasserleitungen, Stromnetz, Schule, Kindergärten, medizinische Versorgung, Kulturzentrum – neu zu organisieren. Die Bearbeitung der Feldflächen erfolgt bis heute durch große Maschinen. Mit Investitionen in moderne, leichtere Fahrzeuge kann die Verschlechterung der Bodeneigenschaften durch Bodenverdichtung und die damit einhergehende Erosionsanfälligkeit verringert werden.

M 8 Entwicklung eines ehemaligen Kolchose-Betriebs

Tatyana Nefedowa, eine bekannte Geographin, forscht und schreibt seit vielen Jahren über die russische Landwirtschaft. […] „Das wichtigste Resultat der Reformen war, dass die früheren Sowchosen und Kolchosen ihr Landmonopol verloren haben. Der Boden wurde unter den Mitgliedern aufgeteilt, die das Recht erhielten, die Kolchosen mit ihrem Land zu verlassen. Allerdings haben 96 Prozent ihren Anteil wieder zurückgegeben, sodass die Kolchosen dieses Land wie eh und je nutzen. Die Kolchosen wurden zwar in Genossenschaften, Aktiengesellschaften und so weiter umgewandelt, im Wesentlichen jedoch änderte sich sehr wenig. Sie blieben so oder so eine Form der Kollektivwirtschaft."

Es hat sich also bis auf die wenigen Einzelbauern nichts verändert?

„Tatsächlich existiert eine leistungsfähige private Landwirtschaft, aber diese private Wirtschaft funktioniert nur in Symbiose mit den Kolchosen. Dieser Sektor liefert einen wichtigen Teil der Lebensmittel, laut Statistik mehr als die Hälfte, aber das ist meiner Ansicht nach weit übertrieben, vierzig Prozent entspricht eher der Realität. Nehmen Sie das Wolgagebiet. Die Kolchosen sind nicht sehr reich, zahlen keine Gehälter, sondern geben den Leuten Getreide. Jede Familie hat zwei bis drei Kühe, fünf bis zehn Schweine und verkauft das Fleisch. Diese Leute, die sich nicht Fermer [landwirtschaftliche Familienbetriebe], sondern Nebenerwerbsbauern nennen, leben in enger Symbiose mit den Kolchosen. Wenn man ihnen das Getreide der Kolchosen wegnähme und sie zwänge auf eigenen Füßen zu stehen, dann könnten sie nicht überleben. Sie bekommen laut Statistik kein Gehalt, die Arbeitslosigkeit übersteigt fünfzig Prozent, und alles ist angeblich ein einziger Albtraum. Wenn du aber dann in so ein Dorf kommst, dann siehst du vor jedem zweiten Haus ein Auto, das noch in den neunziger Jahren angeschafft wurde. Die Leute bauen und ihre Kinder studieren in der Stadt, was bedeutet, dass man für sie aufkommen und ihnen eine Wohnung mieten kann. Das alles basiert auf den Kühen. Eine ist zum Überleben da, die zweite, um den Kindern eine Ausbildung zu ermöglichen, die dritte Kuh, um das Haus zu renovieren und so weiter."

In der Landwirtschaft gibt es im heutigen Russland eine verwirrende Vielzahl von Eigentums- und Wirtschaftsformen. Das reicht von Fermer genannten Privatbauern über Kolchosen, die sich in Genossenschaften umbenannt haben, aber wie die alten Kolchosen wirtschaften, bis hin zu hoch mechanisierten Riesenbetrieben mit Tausenden von Hektar.

Quelle: Ernst von Waldenfels: Kolchosen, Fermer und Oligarchen, Deutschlandfunk 16.12.2006

M 9 Quellentext zur Transformation in der Landwirtschaft

4.3 Entwicklungsperspektiven der russischen Landwirtschaft

21.06.

Obwohl große Flächen für die landwirtschaftliche Nutzung ungeeignet sind, ist Russland allein aufgrund seiner Landesgröße eine bedeutende Agrarnation. Der Niedergang der russischen Landwirtschaft während der ersten Transformationsphase*, der sich in einer stagnierenden Produktivität, Produktionsrückgängen und wachsenden Brachflächen äußerte, wurde gestoppt, und die Anpassungsprobleme wurden schrittweise überwunden. Seit einigen Jahren steht die Landwirtschaft wieder weit oben auf der politischen Agenda. Welche Folgen hatte der Importstopp für europäische Nahrungsmittel seit 2014 für die russische Landwirtschaft und welche Potenziale für eine nachhaltige Entwicklung besitzt der russische Agrarsektor?

1. a) Stellen Sie die Entwicklung der landwirtschaftlichen Produktion während der zweiten Transformationsphase und in der Gegenwart dar (M2, M3, M5).
   b) Charakterisieren Sie die Maßnahmen, die zur Umsetzung der Ziele zur Entwicklung der russischen Landwirtschaft getroffen werden (M1, M4).
2. a) Erläutern Sie die Auswirkungen des Agrarhandelskonflikts aus Sicht Russlands und der EU (M6, M9).
   b) Recherchieren Sie die aktuelle Situation im Agrarhandelskonflikt zwischen Deutschland und Russland (Internet).
3. Erörtern Sie das Engagement von Ekosem-Agrar vor dem Hintergrund der Sanktionspolitik (M7).
4. Erläutern sie den Entwicklungsstand und die Perspektiven der Biolandwirtschaft in Russland (M8, M11).
5. „Die russische Landwirtschaft – in Zukunft mit globaler Bedeutung". Erörtern sie diese Position.

Seit 2013 gehört neben Bildung, Gesundheit und Wohnungsbau die Landwirtschaft zu einen der vier nationalen Förderprojekte. Folgende Ziele werden verfolgt:
- Selbstversorgung der Bevölkerung durch einheimische Produktion, Verringerung der Agrarimporte,
- Modernisierung des Agrarsektors,
- Förderung kleiner Betriebe,
- Verbesserung der Lebensbedingungen der Landbevölkerung,
- Förderung des Agrarmaschinenbaus und der agrarwissenschaftlichen Forschung,
- Steigerung des Exports von Agrarprodukten,
- Entwicklung der Nachhaltigkeit im Agrarsektor sowie Anpassung an die Folgen des Klimawandels.

M1 Ziele Russlands zur Entwicklung der Landwirtschaft

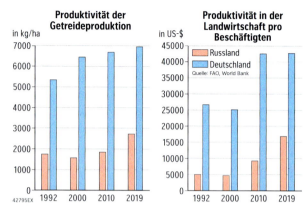

M3 Vergleich landwirtschaftlicher Produktivität (1992 – 2019)

Deutschland deutlich Produktiver

Die Landwirtschaft gehört zu den wachstumsstärksten Wirtschaftszweigen in Russland. Sie spielt eine wichtige Rolle bei der angestrebten Diversifizierung* der Exportstruktur. Ein Erlass von Präsident Putin sieht die Steigerung der Agrarausfuhren von 25 Milliarden US-$ im Jahr 2018 auf 45 Milliarden US-$ im Jahr 2024 vor. Die Branche gilt als strategisch wichtig, um die Versorgungssicherheit der Bevölkerung zu gewährleisten. Noch vor rund einem Jahrzehnt war Russland bei vielen Grundnahrungsmitteln wie Getreide, Milch und Fleisch von Importen abhängig. Staatliche Subventionen, das russische Einfuhrverbot für Lebensmittel aus der EU und Nordamerika sowie Investitionen großer Agrarholdings haben die Situation grundlegend geändert. Der schwache Rubel verbessert die Wettbewerbsfähigkeit einheimischer Agrarprodukte. Das größte Land der Erde ist sogar zum weltweit führenden Weizenexporteur aufgestiegen und kann sich mit Getreide, Zucker und Pflanzenöl inzwischen weitgehend selbst versorgen. Rindfleisch und Milch müssen aber weiterhin im Ausland hinzugekauft werden.
Die Branche entwickelt sich dynamisch und hat riesiges Potenzial. Während Deutschland ein Drittel seiner Landfläche als Ackerland nutzt (11,7 Millionen Hektar), beträgt der Anteil in Russland nur 7 Prozent (116 Millionen Hektar). Deshalb sollen in den kommenden zehn Jahren weitere 10 Millionen Hektar gewonnen und mehr Brachland kultiviert werden. Moskau subventioniert die Landwirtschaft jährlich mit rund 3 Milliarden Euro. Entwicklungshemmend wirken die geringe Attraktivität der Branche für Arbeitnehmer, die schlechte Infrastruktur im ländlichen Raum und die allgemeine Landflucht.

Quelle: Gerit Schulze: Digitalisierung der Landwirtschaft in Russland. GTAI 21.6.2021

M4 Quellentext zum Wachstumssektor Landwirtschaft

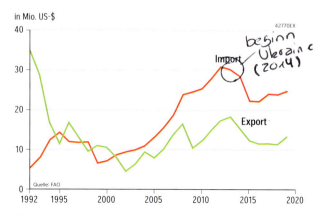

(Beginn Ukraine (2014))

M2 Export und Import von Agrarprodukten (1992 – 2019)

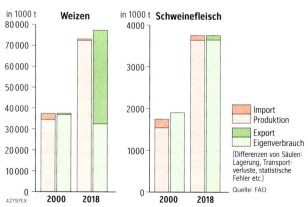

M5 Nahrungsbilanzen: Weizen und Schweinefleisch

Um Russlands Verstöße gegen das Völkerrecht zu ahnden sowie ein Einlenken in der Ukraine-Krise zu erwirken, verhängten die USA, Kanada, Australien, die Europäische Union und Norwegen im März 2014 Sanktionen gegen Russland. Sie bestehen unter anderem aus Einreiseverboten für Funktionsträger, dem Verbot der Kreditvergabe an führende russische Banken und Unternehmen und aus Embargos für Exporte von Technologien zur Erdölförderung. Als Gegenmaßnahme hat Russland am 6. August 2014 ein Importverbot für einige Agrarprodukte (Fleisch, Milch und Milchprodukte, Obst, Gemüse, Nüsse und Fisch) aus den Sanktionsländern verhängt, das immer wieder verlängert wurde.

M 6 Sanktionen und Importstopp 2014

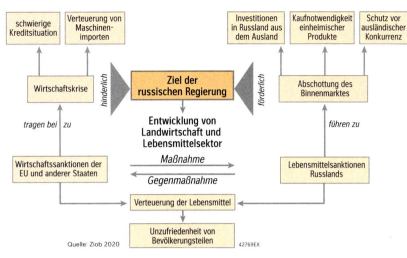

M 9 Wirkungsgefüge zum Agrarhandelskonflikt

Wolfgang Bläsi, Vorstand und CFO von Ekosem-Agrar im Interview:
Wie sehen Sie die aktuelle Situation in Russland für ihre Gesellschaft?
Wir profitieren weiterhin von den sehr guten Rahmenbedingungen für die Landwirtschaft in Russland. Die Förderpolitik der Regierung hat sehr geholfen, den Sektor weiterzuentwickeln. Die Landwirtschaft ist in der aktuellen Krise eine der wenigen Industrien, die noch Wachstum verzeichnet und wir gehen davon aus, dass sich dies fortsetzt. Innerhalb des Sektors ist die Milchindustrie einer der vielversprechendsten Bereiche. Die Doktrin zur Ernährungssicherheit Russlands hat einen Grenzwert für Selbstversorgung mit Milchprodukten von 90 Prozent festgelegt, um den Ausbau der einheimischen Produktion zu fördern. Davon ist man noch deutlich entfernt. Insofern wird es weiterhin Förderungen in Form von Investitionszuschüssen, zinsgünstigen Darlehen und anderen Maßnahmen geben, die auch künftig zu einer positiven Entwicklung unseres Kerngeschäfts beitragen werden. [...] Dass das von der Regierung gesteckte Ziel, anders als bspw. bei der Schweinemast, noch nicht erreicht ist, liegt vor allem daran, dass die Milchproduktion wesentlich kapitalintensiver ist und langfristigere Investitionen erfordert. Dafür fehlt vielen Investoren die strategische Weitsicht und schlicht und einfach die Geduld, was uns zugutekommt."
Quelle: Ekosem-Agrar: Der größte Rohmilcherzeuger in Russland. 4investors 28.1.2021

M 7 Ein deutsches Agrarunternehmen in Russland

M 10 Milchviehanlage Woronesch

Die deutsche Ekosem-Agrar AG, Walldorf (gegründet 2000) ist eines der größten in Russland aktiven Agrarunternehmen (Marktanteil im Milchsektor: 4,7 %). Mit rund 100 000 Milchkühen produzierte die Gesellschaft über 750 000 Tonnen Milch im Jahr 2019. Zudem werden vier Molkereien betrieben. Darüber hinaus ist das Unternehmen in der Saatgutherstellung und -züchtung aktiv und beschäftigt in sieben Regionen Russlands rund 14 000 Mitarbeiter.

Seit 2020 ist in Russland das Föderale Gesetz über „Bio-Produkte" in Kraft. Damit soll der Anteil des bislang kaum entwickelten ökologischen Landbaus im Land deutlich erhöht werden. Bislang fallen nicht mal 0,5 % der landwirtschaftlichen Nutzfläche in diese Kategorie. Dabei steigen vor allem in den großen Städten das Interesse und die Nachfrage nach Bioprodukten, insbesondere bei den gut verdienenden Konsumenten. Mit dem Gesetz sollen auch die Entwicklungshemmnisse wie zum Beispiel die heute noch sehr hohen Verbraucherpreise für Bioprodukte (150–600 % teurer; zum Vergleich in der EU 15–50 %) abgebaut und ein bislang fehlendes staatliches Zertifizierungssystem aufgebaut werden. So gibt es seit Februar 2020 in Russland ein erstes zentrales Verzeichnis zertifizierter Erzeuger ökologischer Produkte. Seitdem dürfen nur noch dort registrierte Produzenten das neue Biosiegel verwenden.
Ein weiteres Ziel der Entwicklung der Biolandwirtschaft ist ein wachsender Export von ökologisch produzierten Agrarprodukten. Die bislang noch brachliegenden Agrarflächen sollen wieder in Nutzung genommen werden und den Flächenanteil von Ökolandbau vergrößern. Neben dem hohen Flächenpotenzial sind auch die niedrigen Arbeitskosten ein Vorteil für den exportorientierten Biolandbau. Allerdings gibt es einen großen Nachholbedarf bei der Qualifizierung von Personal, und vielen

M 8 Perspektiven der Biolandwirtschaft in Russland

M 11 Bioanbau von Erdbeeren in Kashira

Betrieben fehlen Investitionsmittel, ihre Produktion auf Bioproduktion umzustellen oder gar neue Ökobetriebe zu gründen. Die Biobetriebe hoffen auf eine bessere staatliche Förderung für die Kosten der Öko-Zertifizierung, die ökologische Saatgutproduktion, zum Ausgleich für die teureren Biodüngemittel und den ökologischen Pflanzenschutz, aber auch auf günstige Kredite und verbesserte Verbraucherinformationen.

4.4 Verarbeitendes Gewerbe – der vernachlässigte Sektor

Nach wie vor wird die russische Wirtschaft als Rohstofflieferant wahrgenommen. Zu Zeiten der Sowjetunion wurde insbesondere die Schwerindustrie gefördert. Es dominierten die großen Staatsbetriebe, deren Produktionsschwerpunkte und Produktionsmengen festgelegt waren. Selbst das Handwerk war verstaatlicht. 1992 waren die Industriebetriebe marode und auf dem Weltmarkt nicht konkurrenzfähig. Neue Großkonzerne entstanden. Die Einführung der Marktwirtschaft bot auch die Chance für die Gründung kleiner und mittlerer Privatunternehmen. In der prosperierenden Industriestadt Kaluga haben sich auch eine Reihe internationaler Unternehmen angesiedelt.

1. a) Beschreiben Sie die Entwicklung und aktuelle Struktur des Verarbeitenden Gewerbes* in Russland (M1–M3).
   b) Begründen Sie den Rückstand des Verarbeitenden Gewerbes in Russland.
2. Analysieren Sie die Wirtschaftsstruktur der Oblast Kaluga (M4, M6).
3. Erklären Sie die Vorteile der Clusterbildung für Unternehmen (M8).
4. Charakterisieren Sie die russische PKW-Produktion (M4, M7).
5. Erläutern Sie die Motive Russlands und der ausländischen Automobilkonzerne, in Russland Fabrikationswerke zu errichten (M1, M4, M5, M7).

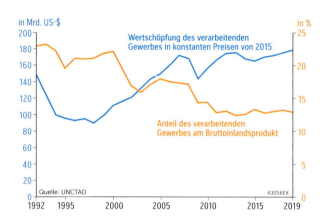

M2 Verarbeitendes Gewerbe in Russland (1992–2019)

Beschäftigung	1990	2000	2005	2010	2019
gesamt	75,3	64,5	66,8	67,6	71,1
Ver. Gewerbe	21,0	13,3	10,3	10,3	11,0
Anteil (in %)	27,9	20,6	15,4	15,2	14,1

Quelle: Rosstat

M3 Beschäftigung im Verarbeitenden Gewerbe (in Mio.; 1990–2019)

Die sowjetische Planwirtschaft, getrieben von dem Verständnis, in einer produktivitätsmäßig hinterherhinkenden und agrarlastigen Ökonomie durch beschleunigte Industrialisierung mit dem imperialistischen Westen gleichzuziehen oder diesen gar zu überholen, fokussierte auf die Schwergüterindustrie und stellte Forschung und Technologieentwicklung primär dem militärisch-industriellen Komplex zur Verfügung. [...] Es gehörte zu den absehbaren Folgen, dass mit dem wirtschaftspolitischen Regimewechsel ab 1989/90 ein enormer Umsteuerungsbedarf auftrat. Umgesetzt wurde die Transformation* mit einer Schocktherapie, zu der die bekannten Eingriffe gehörten: Unternehmensprivatisierungen, Preisfreigaben inklusive der Öffnung des Wechselkurses und Handelsliberalisierung*. [...] Der „marktwirtschaftliche Zugewinn" an Produktivität und die Entstehung neuer Produkte und Sparten ließen auf sich warten. Grenzöffnung und Reduzierung der Schutzzölle sorgten vor allem dafür, dass nicht (mehr) konkurrenzfähige sowjetische Produkte vom Markt verschwanden. [...] Im Vergleich mit anderen Reformgesellschaften darf die russische Transformation als die welthistorisch wohl größte Zerstörung von Produktionskapazitäten bezeichnet werden, die ein Land außerhalb von Kriegszeiten und Naturkatastrophen je durchlitten hat. [...] 1999 [...] setzte der Ölpreisboom ein und mit den rasch steigenden Deviseneinnahmen aus Energieausfuhren veränderten sich schlagartig wieder die wirtschaftlichen Rahmenbedingungen. Die Öljahre ab 1999 brachten Russland enorme Einnahmen. Öl wird nicht hergestellt, sondern gehoben und Öleinnahmen stellen oberhalb der Förderkosten nur Renten* dar.
Quelle: Rudolf Traub-Merz: Öl oder Autos. Friedrich-Ebert-Stiftung Feb 2015

In Russland existiert eine Dominanz großer Finanz- und Industriekonglomerate, die auf Basis der gewinnträchtigen Rohstoffunternehmen (Öl, Gas, Metalle etc.) einen wesentlichen Teil der russischen Wirtschaft kontrollieren. Diese Konzerne sind oftmals im Zuge der Privatisierungen entstanden und vergrößern sich kontinuierlich, da die Gewinne aus dem Kerngeschäft in neue gewinnversprechende Produktionen und den Aufkauf von Konkurrenten und Unternehmen (auch im Ausland) investiert werden. Es gibt daher eine Tendenz zur Monopolisierung und Oligopolisierung* von Märkten. Andere Strukturmerkmale haben sich noch aus der Sowjetzeit erhalten, so z. B. die Abhängigkeit einzelner Städte und Regionen von einem einzigen Großbetrieb, eine wenig konkurrenzfähige Produktion dauerhafter Konsumgüter (z. B. Pkw, Elektronikartikel) und die wichtige Rolle der Rüstungsindustrie. [...]
An erster Stelle [im Industriesektor] stehen Grundstofferzeugung (Bergbau, Öl- und Gasförderung) und Schwerindustrie (Stahl, Metallurgie). Außerdem sind die chemische Industrie, Holz- und Papierindustrie sowie die Energieerzeugung (Atomkraftwerke) von Bedeutung. Eine wichtige Rolle spielen des Weiteren die Bau-, Maschinenbau- und Rüstungsindustrie. [...] Hinsichtlich Metallurgie nimmt Russland eine führende Rolle in der weltweiten Produktion von Stahl und Aluminium ein. Neben der Metallurgie profitierten v.a. auch die chemische Industrie und die Holz- und Papierindustrie von den im Vergleich zum Weltmarktniveau niedrigen innerrussischen Energiepreisen. [...] Russland verfügt über ein großes Know-how im Bereich der Hochtechnologie. Dieses war traditionell im Rüstungsbereich angesiedelt und auch heute hat die Rüstungsindustrie eine starke Position, während zivile Produktionen (z. B. Flugzeugbau, Kfz) am Weltmarkt geringere Konkurrenzfähigkeit aufweisen. Probleme existieren in der russischen Industrie v.a. in Bereichen, die nicht von Exporterlösen profitieren können und damit eine zu geringe Finanzkraft aufweisen, um Investitionen zum Ersatz obsoleter Technologien vorzunehmen, sowie in Bereichen, die starker ausländischer Konkurrenz ausgesetzt sind. Die Regierung versucht bereits seit einigen Jahren, die Abhängigkeit der russischen Wirtschaft von Rohstoffproduktion und Schwerindustrie zu reduzieren und die Wirtschaft zu diversifizieren. U. a. werden auch Modernisierungsinvestitionen in die produzierende oder verarbeitende Leichtindustrie – z. B. Automobilzulieferung – getätigt.
Quelle: Außenwirtschaft Austria: Exportbericht Russische Föderation Januar 2018

M1 Quellentexte zur Transformation und aktuellen Struktur der russischen Industrie

Die Oblast Kaluga gilt in Russland als wirtschaftlich besonders entwickelte Region. Den Kern der Region bilden die beiden Großstädte Kaluga (325 000 Einwohner) und Obninsk (105 000 Einwohner). Kaluga selbst gilt als bedeutende Forschungs- und Industriestadt. Besondere Unterstützung erhalten kleinere und mittlere Unternehmen. Das Investitionsklima gilt als gut. Entsprechend hat sich in Kaluga auch eine Vielzahl großer internationaler Konzerne angesiedelt. Besonders hervorzuheben ist die Automobilindustrie. Volkswagen eröffnete sein Montagewerk 2007, 2009 wurde die Vollproduktion mit 6100 Mitarbeitern aufgenommen. Volvo und Renault stellen hier bereits seit 2001 LKW her, und Peugeot und Citroen einschließlich Mitsubishi zogen mit einem Montagewerk 2010 nach. Seit 2014 unterhält zudem die Continental AG in Kaluga eine Fertigungsstätte für PKW-Reifen. Durch hohe Importzölle (25%) hat die russische Regierung die Automobilkonzerne massiv unter Druck gesetzt, die Fertigung in Russland selbst vorzusehen. Jeder ausländische PKW-Hersteller, der reduzierte Importzölle anstrebt, muss laut Dekret 166 mindestens 300 000 Autos pro Jahr in Russland selbst produzieren. So gelang es Russland in kurzer Zeit die PKW-Produktion im Land auszuweiten. Die Automobilkonzerne profitieren bei der Fertigung in Russland von den europaweit niedrigsten Lohnstückkosten. Allerdings wirkt sich der Verfall des Rubelkurses auf den Kauf teurer Autos aus. Zwar läuft das Dekret 166 aus, die russische Regierung schließt aber Folgeverträge mit den Automobilherstellern. Im Juni 2021 gab Volkswagen Group Rus bekannt, dass im VW-Werk Kaluga ab 2024 „1.4 TSI-Motoren" hergestellt werden sollen.

M 4   Internationale Automobilkonzerne in Kaluga

- Cluster PKW-Produktion und Autokomponenten (>11% der in Russland produzierten Autos)
- Cluster Pharmazie, Biotechnologie, Biomedizin (65 Unternehmen und Organisationen, >162 Arzneimittel)
- Cluster Transport und Logistik (größtes Distributionszentrum in Zentralrussland, internationaler Flughafen)
- Cluster Agro-Industrie (750 Agrarbetriebe, 45 Unternehmen der Lebensmittel- und Verarbeitungsindustrie)
- Cluster Verbundwerkstoffe und Keramiktechnologie (22 Industriebetriebe, 11 Partnerunternehmen, >400 innovative Entwicklungen)
- Cluster für Informations- und Kommunikationstechnologie (131 Entwickler, Zulieferer, Hersteller)
- Cluster für Elektro- und Haushaltsgeräte
- Cluster für Metallverarbeitung
- Cluster für Bildung (Duales Bildungssystem aus Deutschland übernommen, Internationale Schule)
- Cluster für Tourismus und Freizeit
- Cluster für Lebensmittelindustrie

M 8   Cluster* in Kaluga

M 5   Volkswagenwerk in Kaluga

	2005	2009	2013	2015	2017	2019
Verkauf	1520	1466	2597	1481	1554	1568
Einfuhren[1]	452	866	660	292	222	k. A.
PKW-Produktion in Russland	1068	596	1937	1215	1348	1524
davon russische Hersteller	914	316	581	334	350	411
davon ausländ. Hersteller	154	280	1356	881	998	1113

[1] ausländische Neuwagen Quelle: OICA

M 7   Verkauf, Einfuhr und Produktion von Pkw in Russland (in 1000; 2005 – 2019)

M 6   Industriecluster in Kaluga

4.5 Russland – ein Staat mit Spitzentechnologie?

In Russland kennt jedes Kind den Namen des „Volkshelden Jurij Gagarin". In Moskau zieht es am Wochenende Scharen von Familien in das Museum of Cosmonautics. Nach wie vor identifiziert sich die Bevölkerung mit den Weltraumerfolgen in sowjetischer Zeit. Aber was ist aus dieser Ära geworden? Verfügt das heutige Russland über Spitzentechnologie? Benötigt Russland die neue Weltraummacht China, um Pläne für eine Mondstation zu realisieren? In Nowosibirsk gehören die Luftfahrt- und die Nuklearindustrie zu den herausragenden Industriezweigen.

1. Lokalisieren Sie die russische Luft- und Raumfahrtindustrie sowie die Einrichtungen der Nukleartechnologie (M5).
2. Analysieren Sie die Wirtschaftsstruktur in Nowosibirsk (M2, M4).
3. Fassen Sie die Situation in der russischen Luft-, Raumfahrt- und Atomindustrie zusammen (M7).
4. Analysieren Sie die Entwicklung der Exporte verarbeitender Güter in Russland und China (M3).
5. Nehmen Sie Stellung zur Zukunftsfähigkeit russischer Spitzentechnologie (M1, M3, M7).

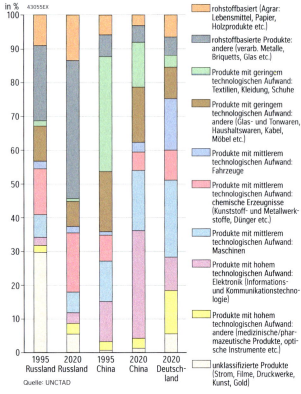

M3 Exporte verarbeiteter Güter nach Fertigungsgrad (1995, 2020)

Der Flugzeugbau und die Nuklearindustrie gehören in Nowosibirsk zu den wichtigsten Industriezweigen. Der Standort ist einer der weltweit führenden Brennstofflieferanten für Kernkraftwerke. Die 1893 im asiatischen Russland gegründete Stadt ist mit 1,6 Mio. Einwohnern die drittgrößte Stadt Russlands. Im Gegensatz zu anderen sibirischen Großstädten bilden hier nicht die Rohstoffgewinnung, sondern das verarbeitende Gewerbe und Dienstleistungen wie Wissenschaft und Forschung die wirtschaftliche Grundlage. In der Stadt sind 34 Hochschulen mit 120 000 Studenten beheimatet. Hier erfolgt die Fachkräfteausbildung nicht nur für den eigenen Standort, sondern für ganz Sibirien. Die 120 000 Betriebe und Organisationen sowie die 42 000 Einzelunternehmen in der Stadt beschäftigen insgesamt 820 000 Menschen.

M4 Nowosibirsk

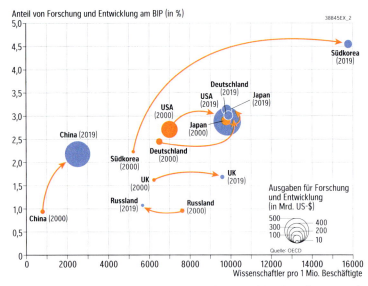

M1 Entwicklung von FuE*-Ausgaben und Wissenschaftlerdichte (2000, 2019)

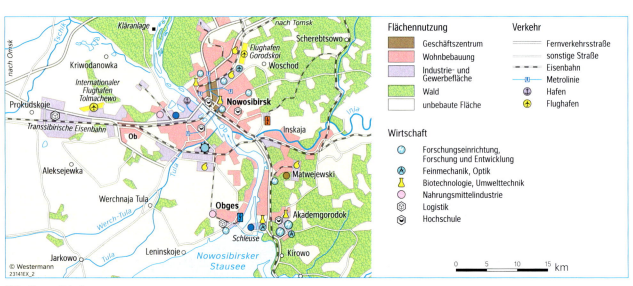

M2 Nowosibirsk

Russland – ein Staat mit Spitzentechnologie?   81

M 5   Luft-, Raumfahrt- und Atomindustrie in Russland

Die UdSSR war ein Pionier der Eroberung des Weltraums: [Der erste Satellit] Sputnik, der erste Mensch im Weltraum [Juri Gagarin] 1961, die erste Orbitalstation [Weltraumstation Mir] 1986. Ihre Luftfahrtindustrie produzierte jedes Jahr 700 bis 900 Kampfflugzeuge und 200 bis 300 Verkehrsflugzeuge für die UdSSR, die „Bruderländer" [des Warschauer Pakts*] und die Verbündeten von Moskau. Beides brach gleichzeitig mit der UdSSR zusammen.

Zwischen 1992 und 2003 ohne Aufträge überlebten [nur] die Hersteller von Kampfjets dank des Exports. Zivile Produzenten (wie Tupolew in Moskau), die ihre Flugzeuge nicht an neue internationale Standards anpassen konnten, sind fast verschwunden. [Die größte russische Fluggesellschaft] Aeroflot musste sich sogar mit [Flugzeugen von] Boeing und Airbus ausrüsten. [...] Während die Zukunft des [Militärflugzeugherstellers] MiG ungewiss bleibt, floriert Souchoi mit dem Verkauf seiner [...] Kampfjets in Russland und im Ausland. Russland ist neben den USA und China eines von drei Ländern der Welt, die einen Kampfjet der 5. Generation, die Su-57, entwickelt haben. Er wird in Komsomolsk am Amur produziert. [...] Das Regionalflugzeug Super Jet 100 von Suchoi war das erste Verkehrsflugzeug, das seit dem Fall der UdSSR in Russland entwickelt wurde. Montiert in Komsomolsk wurden seit 2011 134 Exemplare produziert. Um die Wartung weltweit sicherzustellen, sind die großen westlichen Hersteller beteiligt [...] Die Vermarktung wird durch immer wiederkehrende Engpässe bei Ersatzteilen behindert. [...]

Die UdSSR hatte drei Raketenhersteller, Chrunitschew (Proton), Energia (Sojus) und Loujmach (Zenit). [...] [Diese wandten] sich dem internationalen Markt zu [...] und suchten Partnerschaften. Chrunitschew hat mit Boeing in die Internationale Raumstation (ISS) investiert. [...] Energia produziert auch die Raumsonde Sojus, die gegen eine Gebühr Astronauten aus allen Ländern in die Umlaufbahn der ISS bringt, sowie die Progress, die ihre Versorgung sicherstellt. [...] Die Belegschaft [in der Raumfahrtindustrie] beträgt aber nur [noch] 200 000 Menschen, verglichen mit 1,3 Millionen zu Sowjetzeiten. [...]

Die UdSSR hatte einen riesigen zivilen und militärischen Nuklearsektor aufgebaut, der 500 000 Menschen beschäftigte. Die Regierung hat den gesamten zivilen Sektor, vom Bergbau bis zum Kraftwerksbetrieb einschließlich der Urananreicherung, in der bundesstaatlichen Atomenergiebehörde Rosatom zusammengefasst. Der Global Player der Branche beschäftigt noch immer mehr als 250 000 Mitarbeiter. [...] Die sowjetische Atomindustrie überlebte den Fall der UdSSR, indem sie sich dem Export zuwandte. [...] Rosatom bietet ihre [...] Reaktoren der neuen Generation [mit gleichen Sicherheitsstandards wie westliche Kraftwerke] auf dem Weltmarkt an und verfügte [2019] über den größten Exportauftragsbestand. [...] Sechs Kraftwerksprojekte laufen in Russland und acht weltweit.

Quelle: Pascal Marchand: Atlas géopolitique de la Russie. Paris 2019, S. 30 (Übersetzung: Rainer Starke)

M 6   Quellentext zur Luft-, Raumfahrt- und Atomindustrie in Russland

M 7   Zentrale Kontrolleinheit des Atomkraftwerks Kursk

M 8   Produktion eines MiG-Kampfjets

4.6 Tourismus – eine Entwicklungschance für Kirgisistan?

Bisher spielte der internationale Tourismus in den zentralasiatischen Staaten eher eine geringe Rolle. Erst in den Jahren nach der Transformation* und auch aufgrund erleichterter Einreisebedingungen wie die Abschaffung der Visumpflicht für viele Länder wächst auch hier der Tourismussektor. Ein zentralasiatisches Land, Kirgisistan, rückt in den letzten Jahren zunehmend in den Fokus von Reiseveranstaltern und Individualtouristen. Mit atemberaubenden Naturschönheiten und unberührter Natur wird das Land vor allem für Trekkingtouristen und Naturliebhaber beworben. Doch wie könnte die Zukunft des Tourismus in Kirgisistan aussehen? Welche Tourismusformen sind zukunftsfähig und nachhaltig?

1. Beschreiben Sie die Lage und die naturräumliche Ausstattung Kirgisistans (M1, M3, M6, M9, Atlas).
2. Analysieren Sie das touristische Potenzial (M6, M7, M9, Internet).
3. Charakterisieren Sie die touristische Entwicklung in Kirgisistan (M2, M3, M4, M5, M10).
4. Erläutern Sie das Gemeindebasierte Tourismuskonzept (Community Based Tourism, CBT) und die Entwicklung und Angebote des CBT Tourismus in Kirgisistan (M8, M11). Recherchieren Sie hierzu auch im Internet (https://cbtkyrgyzstan.kg).
5. Erörtern Sie, ob und inwieweit der nachhaltige Tourismus für Kirgisistan eine Entwicklungschance darstellen kann.

M3 Jurtencamp (Jailoo) am Song Köl mit Unterkunftsmöglichkeiten für Touristen

M4 Hotels am Issyk Kul. Der Issyk Kul ist mit einer Fläche von über 6000 km² der größte Hochgebirgssee (1609 m ü.N.N.) der Welt. Eingerahmt wird er von den gewaltigen Hochgebirgsketten des Tien Shan, dem Kungej Alatoo (4771 m) im Norden und dem Terskey Alatoo (5281 m) im Süden, deren Vier- und Fünftausender auch im Sommer schneebedeckt sind.

	Kirgisistan	Deutschland
Einwohner (2020)	6,5 Mio. (34 % Stadt, 66 % Land)	83,2 Mio.
Besiedlungsdichte	33 Ew./km²	232 Ew./km²
Hauptstadt	Bischkek (ca. 1 Mio. Einw.)	Berlin (3,7 Mio. Ew.)
Landesfläche	199 949 km² davon 90 % über 1500 m, davon 70 % über 3000 m (12 000 km² Naturschutzgebiete/-reservate)	357 578 km²
BIP/Einw. (2020)	1174 US-$	45 724 US-$
Anteil Landwirtschaft am BIP	13,7 %	0,7 %
HDI (2019)	0,697 (Rang 120)	0,947 (Rang 6)
Korruptionsindex (2019)	CPI 30 (Rang 126)	CPI 80 (Rang 9)

Kirgisistan
- ca. 600 000 bis 1 Mio. kirgisische Staatsbürger arbeiten im Ausland, viele von ihnen in Russland oder Kasachstan
- Die Rücküberweisungen betrugen 2017 32,9 % des BIP (weltweit zweithöchster Wert nach Tonga).

Quelle: World Bank, UNDP, Transparency International

M1 Daten zu Kirgisistan

		2019	2020
Ausgaben im Tourismus (in Mio. US-$)	Gesamt	873,8	360,7
	Inländer	285,4	172,9
	Ausländer (Anteil an Exporteinnahmen)	588,4 (20,7%)	187,8 (7,9%)
	Geschäftsreisen	456,1	199,2
	Urlaubsreisen	417,7	161,1
Beschäftigung im Tourismus (in 1000)		234,8	169,8[1]

[1] weltweiter Rückgang: 18,5 %   Quelle: WTTC

M2 Daten zum Tourismus in Kirgistan (2019–2020)

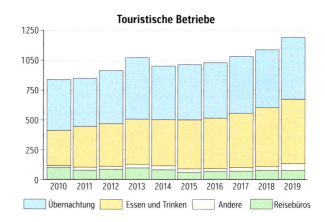

Touristische Betriebe — Übernachtung, Essen und Trinken, Andere, Reisebüros (2010–2019)

Anzahl der Zimmer und Betten (2010–2019)

M5 Entwicklung der Beherbergungskapazitäten

Tourismus – eine Entwicklungschance für Kirgisistan?

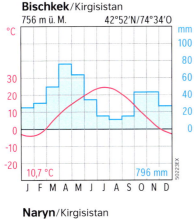

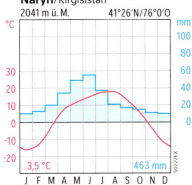

M 6 Klimadiagramme Bischkek und Naryn

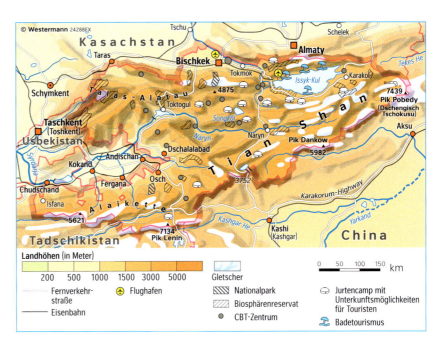

M 9 Kirgisistan

	2001	2006	2011	2016	2018	2019	2020
Anzahl der Touristen (in 1000)	514,4	852,8	819,9	1 273,2	1 380,4	1 778,9	463,9
organisiert	402,4	556,5	482,0	627,6	749,9	809,6	254,9
nicht organisiert	112,0	296,3	334,9	645,6	630,5	969,3	209,0
Tourismuseinnahmen[1] (in Mio. Som[2])	k.A.	4016	12 887	21 674	28 721	31 622	17 079
Anteil am BIP		3,5 %	4,5 %	4,6 %	5,0 %	5,1 %	2,9 %

[1] nicht enthalten: informeller Sektor, der im Tourismus eine nennenswerte Rolle spielt [2] 1 Euro = 100 kirg. Som
Quelle: National Statistical Committee of the Kyrgyz Republic

M 10 Entwicklung des Tourismus in Kirgisistan

Ein angenehmes Mikroklima mit warmen Sommern, fast 2700 Sonnenstunden und im Sommer Badetemperaturen von 20 Grad machen den Issyk Kul in den Monaten Juni bis August zu einem beliebten Reiseziel. 72 Prozent der fast 1,8 Mio. Kirgisistan-Touristen im Jahr 2019 verbrachten ihren Urlaub im Verwaltungsbezirk Issyk-Kul. Dabei handelt es sich vorwiegend um Touristen aus Russland und Kasachstan, aber auch für viele Kirgisen aus der Hauptstadtregion ist der Issyk Kul (das „Meer der Kirgisen") im Sommer ein beliebtes Ausflugsziel. Insbesondere das Nordufer des Sees ist touristisch gut erschlossen. Hier findet sich eine Vielzahl an Unterkunftsmöglichkeiten unterschiedlicher Preisklassen.

M 7 Tourismus am Issyk Kul

Gemeindebasierter Tourismus (Community based Tourism, CBT) ist eine Form des Tourismus, bei der Reisende in ländlichen Regionen Urlaub machen, um mit der lokalen Bevölkerung in Kontakt zu treten und deren Leben, Kultur und Traditionen auf authentische Weise kennenzulernen. Gleichzeitig sollen vor Ort neue Einkommensmöglichkeiten zur Verminderung von Armut geschaffen, soziale und andere Infrastrukturen aufgebaut und die regionale Entwicklung vorangetrieben sowie der Naturschutz gestärkt werden. CBT ist ein selbstbestimmter und partizipativer Tourismus, bei dem die Menschen in den Dörfern die Richtung und die Geschwindigkeit vorgeben.

M 8 Gemeindebasierter Tourismus

In Kirgisistan wurde im Jahr 2003 der Verband „Kyrgyz Community Based Tourism Association" (KCBTA) mit dem Ziel gegründet, die Lebensbedingungen in abgelegenen Gebirgsregionen durch die Entwicklung eines nachhaltigen Ökotourismus, der die lokalen Natur- und Erholungsressourcen nutzt, zu verbessern. Insgesamt gibt es im Land inzwischen ein ausgebautes Netzwerk von 15 CBT-Gruppen in den einzelnen Regionen des Landes, die ein vielfältiges Angebot für Touristen bereithalten. Naturräumliche und kulturelle Besonderheiten der jeweiligen Regionen stehen dabei im Vordergrund. Angeboten werden Trekking-Touren (zu Fuß oder mit dem Pferd), Off-Road-Touren in den Gebirgsregionen, Mountainbike-Touren, aber auch Touren, die den unmittelbaren Kontakt zur Kultur und Lebensweise der Kirgisen ermöglichen wie zum Beispiel Aufenthalte bei Familien, die Gästezimmer bereitstellen. Ab Juni treiben viele Bauern ihr Vieh bis zum Herbst auf die Hochweiden, die halbnomadisierende Viehzucht ist in Kirgisistan noch weit verbreitet. Die Jurten (traditionelle Behausung mittelasiatischer Nomadenvölker) werden dabei oft nicht nur für die eigenen Familien genutzt, sondern zunehmend auch Touristen angeboten, die so im Jurtencamp (Jailoo) die traditionelle Lebensweise der Kirgisen miterleben können und das Camp als Ausgang für Gebirgstouren nutzen können.

Für die kirgisische Landbevölkerung ergeben sich eine Vielzahl von Beschäftigungseffekten (Tourguide, Beherbergung und Versorgung der Touristen, Kunstgewerbe), wenngleich meistens saisonal auf die Sommermonate beschränkt. Inzwischen sind circa 300 Familien in solchen Projekten eingebunden, die Einnahmen bleiben zu 80 Prozent bei den lokalen Gastgebern, die restlichen 20 Prozent gehen an den Verband. Der Verband wiederum investiert Geld in dörfliche Infrastrukturprojekte aber auch in die Entwicklung der Landwirtschaft, Förderung des Kunsthandwerks und des Agro-Ökotourismus. Angeboten werden Trainings und Schulungen für die Bevölkerung, Berater vor Ort unterstützen Einzelpersonen oder Gruppen. Die Projekte sind vielfältig: Ausbildung von Tourguides (z. B. für neue nachhaltige touristische Produkte wie Exkursionen zu geologisch interessanten Orten, historischen Stätten (Petroglyphen) oder auch botanisch oder faunistisch interessanten Regionen), Fortbildungen von Landwirten (Verarbeitung und Vermarktung landwirtschaftlicher Waren, Aufbau von Lieferketten) oder auch Unterstützung bei der Digitalisierung und Vermarktung touristischer Angebote in den jeweiligen CBT-Regionen.

M 11 Gemeindebasierter Tourismus in Kirgisistan

4.7 Wirtschaftsräumliche Verflechtungen mit der EU

Die Energieversorgung vieler europäischer Staaten, die in den letzten Jahrzehnten verstärkt auf den Energieträger Erdgas gesetzt haben, ist von den russischen Erdgaslieferungen abhängig. Deutschland zum Beispiel kann nur zehn Prozent seines Erdgasbedarfs selbst decken (Erdöl: 3 %). Für Russland wiederum sind die Einnahmen aus dem Erdgasexport ein wichtiger gesamtwirtschaftlicher Faktor. Zudem benötigt die Erschließung neuer Rohstoffvorkommen durch den weltgrößten, russischen Erdgaskonzern Gazprom ein stabiles Finanzierungsumfeld. Welche Abhängigkeiten prägen heute und in Zukunft das Erdgasgeschäft in Europa und Russland?

1. Erdgas strömt mit einer durchschnittlichen Geschwindigkeit von 5 bis 10 m/s durch die Pipelines. Beschreiben Sie den Verlauf einer Erdgaslieferung von Bowanenko nach Deutschland und ermitteln Sie die Transportdauer (M1, M3).
2. Charakterisieren Sie die Erdgasversorgung Europas (M1, M6–M8).
3. Vergleichen Sie die Erdgasförderung und -reserven der GUS-Staaten (M 5).
4. Erläutern Sie die ökonomischen und politischen Folgen der Abhängigkeit der europäischen Staaten von russischem Erdgas beziehungsweise der Abhängigkeit Russland von den Einnahmen aus dem Export fossiler Energien (M7).
   Ⓩ b) Entwickeln Sie Alternativen, um diese Abhängigkeiten zu überwinden.
5. Recherchieren Sie den aktuellen Stand des Baus beziehungsweise der Inbetriebnahme von Nord Stream 2 (M6).
6. Beurteilen Sie, inwieweit angesichts des Ausbaus erneuerbarer Energien der weitere Bau von Erdgas- und Erdöl-Pipelines aus Russland sinnvoll ist.

M2 Bau einer Erdgas-Pipeline in Russland

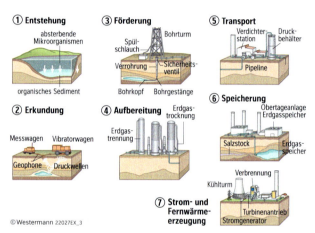

M3 Erdgas von der Lagerstätte zum Verbraucher

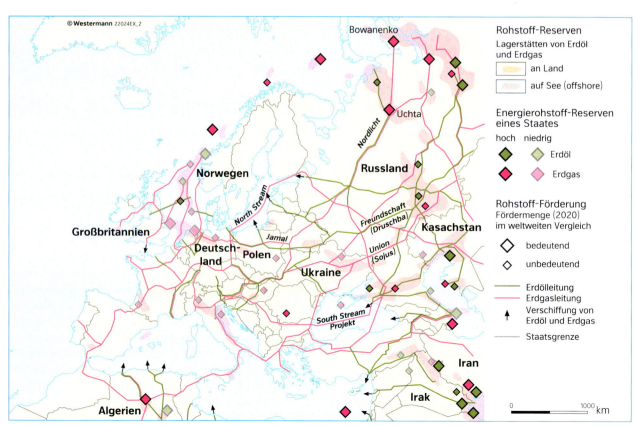

M1 Europa: Energierohstoffe und Transportwege

Im Zuge der Wirtschaftsreformen wurden 1989 die Ministerien für die Ölindustrie, die Gasindustrie und für die Ölraffinierung zu einem Ministerium zusammengefasst. Gleichzeitig entwarf die Regierung den Plan, aus diesen den Ministerien unterstellten und gesteuerten Großunternehmen zwei Staatskonzerne für die Ölindustrie und für die Gasindustrie zu gründen. Während die Einrichtungen der sowjetischen Ölindustrie in mehrere Unternehmen aufgeteilt wurden, blieben Produktion, Transport und Export des russischen Erdgases in einem einzigen Unternehmen konzentriert: GAZPROM (russische Abkürzung für Gasindustrie) ist heute das größte Erdgasförderunternehmen der Welt.

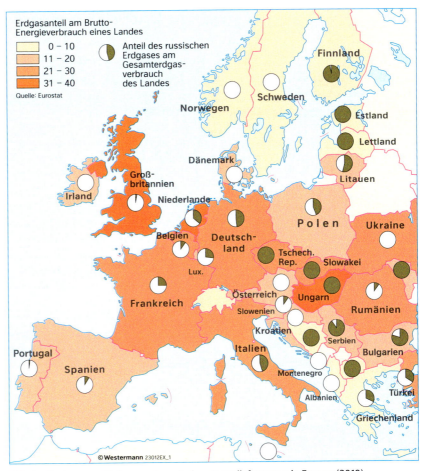

M 7   Bedeutung von Erdgas und russischen Ergaslieferungen in Europa (2019)

Unternehmenssitz	Moskau
Mitarbeiter	473 800
Umsatz	123 Mrd. US-$
Anteil an russischer Erdgasproduktion	68 %
Anteil an russischen Erdgasreserven	71 %
Anteil an weltweiter Erdgasproduktion	12 %
Anteil an weltweiten Erdgasreserven	16 %
Erdgasproduktion	501,2 Mrd. m³
Pipelines	175 200 km

M 4   Portait Gazprom (Daten 2019)

	Reserven	Produktion
Russland	37 400 (19,9 %)	638,5 (16,6 %)
Aserbaidschan	2 500 (1,3 %)	25,8 (0,7 %)
Kasachstan	2 400 (1,2 %)	31,7 (0,8 %)
Turkmenistan	13 600 (7,2 %)	59,0 (1,5 %)
Usbekistan	800 (0,4 %)	47,1 (1,2 %)

in Klammern Weltanteil Quelle: BP

M 5   Reserven und Förderung von Erdgas (2020, in Mrd. m³, in Kl. Weltanteil)

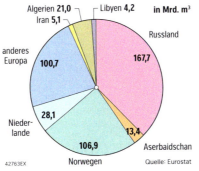

M 8   Erdgasimporte nach Europa per Pipeline (2020, LNG-Importe: 114,8 Mrd. m³)

M 9   Verlegung der Erdgas-Pipeline Nord Stream 2 in der Ostsee

Das Ende des Kalten Krieges belebte den Pipeline-Bau. [Die Jamal-Pipeline, die über 4000 Kilometer bei voller Leistung etwa 33 Milliarden Kubikmeter Erdgas im Jahr von der sibirischen Insel Jamal nach Oderbruch bei Reitwein im Brandenburgischen transportiert, entstand 1999.] Als dort das erste Gas seinen weiten Weg nahm, liefen schon die Planungen für Nord Stream, die Rohrleitung quer durch die Ostsee über mehr als tausend Kilometer von Wyborg bei Sankt Petersburg bis nach Lubemin bei Greifswald. Deren Ziel war, jedenfalls aus Sicht Russlands, vor allem den unsicheren Kantonisten Ukraine zu umgehen. Nord Stream 1 mit seinen zwei Röhren war ein deutsch-russisches Projekt, vor acht Jahren fertiggestellt. Hier können maximal 55 Milliarden Kubikmeter im Jahr transportiert werden. Der umstrittene Bau von Nord Stream 2 ist allein eine russische Angelegenheit. [...] Amerikanische Sanktionen gegen Russland hatten ihn verzögert. In Deutschland scheiden sich an Nord Stream die Geister. In Mecklenburg-Vorpommern schafft die Pipeline Arbeitsplätze, dort ist man unbedingt dafür. Kritiker jedoch meinen, es brauchte Nord Stream 2 gar nicht mehr, schon Nord Stream 1 sei derzeit nicht ausgelastet.

Quelle: Frank Pergande: Volles Rohr. Frankfurter Allgemeine Sonntagszeitung 17.1.2021

„Mit 449 zu 136 Stimmen und 95 Enthaltungen hat das Europaparlament heute ein Aus für Nord Stream 2 gefordert. Die Befürworter dieser Putin-Pipeline können nicht so tun, als verteidigten sie ein europäisches Anliegen gegen eine amerikanische Zumutung. Es ist klimapolitisch, wirtschaftlich und geostrategisch im Interesse Europas, dass dieser Deal gestoppt wird."

Reinhard Bütikofer (Grüne/EFA, 21.1.2021)

„Wenn wir die Fertigstellung stoppen, sägen wir energiepolitisch den Ast ab, auf dem wir sitzen."

Gerhard Schröder (Altkanzler, Aufsichtsrat Nord Stream AG, 30.1.2021)

M 6   Quellentexte zu Erdgas-Pipelines nach Europa

4.8 Wirtschaftsräumliche Verflechtungen der Nachfolgestaaten

Vor 1992 war die Sowjetunion eine politische und militärische, aber keine wirtschaftliche Weltmacht. Exportiert wurden schon damals vor allem Rohstoffe. Maschinen und Anlagen mussten eingeführt werden. Die asiatischen Unionsrepubliken der UdSSR wiederum waren wirtschaftlich stark abhängig von der Russischen Sowjetrepublik. Diese wirtschaftlichen Strukturschwächen und Abhängigkeiten bestehen im heutigen Russland sowie in den asiatischen Nachfolgestaaten der UdSSR fort.

1. Analysieren Sie die Wirtschaftsdaten und die Exportstruktur von Russland und den asiatischen Nachfolgestaaten der UdSSR (M1, M2).
2. a) Analysieren Sie die Bedeutung einerseits des Handels innerhalb der asiatischen Nachfolgestaaten der UdSSR und andererseits deren Handel mit Russland (M4, M5).
b) Erläutern Sie die Ursachen für diese Handelsbeziehungen und die Rolle Russlands unter den Nachfolgestaaten (M3, M6).
3. a) Fassen Sie die Vorgeschichte der Eurasischen Wirtschaftsunion (EAWU) zusammen (M7).
b) Recherchieren Sie die Fortschritte der wirtschaftlichen Zusammenarbeit der EAWU (Internet: Links siehe S. 92).
c) Beurteilen Sie die Entwicklungschancen der Eurasischen Wirtschaftsunion (EAWU).
4. „Wer die Sowjetunion nicht vermisst, hat kein Herz. Wer sie sich zurückwünscht, keinen Verstand." Nehmen Sie Stellung zu diesem Zitat von Wladimir Putin und dem Zitat von Nursultan Nasabarjew (M7).

Die Entwicklung der eurasischen wirtschaftlichen Integration [ist] durch zwei Merkmale geprägt, nämlich durch die sowjetische Vergangenheit und die bestehenden Machtasymmetrien. Der Zerfall der UdSSR hinterließ Volkswirtschaften der Länder Eurasiens, die stark miteinander verflochten waren: durch die gemeinsame Infrastruktur im Transport- und Energiebereich; durch die Abhängigkeit von Rohstofflieferungen aus anderen Ländern der Region und durch die technologischen Komplementaritäten im verarbeitenden Gewerbe. Das wichtigste Erbe der sowjetischen Zeit ist jedoch die Verbreitung der russischen Sprache und die Gemeinsamkeiten im Verhalten und in der Kultur. Sie wurden zu einer der Grundlagen der neuen, marktwirtschaftlichen Verflechtungen, die im Zuge der Transformation entstanden sind, etwa durch Direktinvestitionen oder Arbeitsmigration.

Interessanterweise führen die wirtschaftlichen Verflechtungen in Eurasien nicht automatisch zu einem Erfolg der wirtschaftlichen Integration [...]. Es ist eher umgekehrt: Für viele Länder sind gerade die starken wirtschaftlichen Abhängigkeiten von anderen Staaten Eurasiens, insbesondere Russland, ein Grund zur Sorge. Das liegt an einer zweiten Besonderheit der Region, nämlich der enormen wirtschaftlichen Asymmetrie zugunsten Russlands. Ohne die Russische Föderation wären die Verbindungen zwischen den einzelnen Staaten der Region zu vernachlässigen. Selbst in der Subregion Zentralasien spielen die Beziehungen der Länder zueinander eine geringere Rolle als jene zu Russland.

Quelle: Alexander Libmann: Regionale wirtschaftliche Integration in Eurasien: Die Eurasische Wirtschaftsunion. Russland-Analysen 353 20.4.2019, S. 3

M3 Quellentext zur wirtschaftlichen Integration Zentralasiens

	BIP (in Mrd. US-$)	BIP/Ew. (in US-$)	durchschnittliches Wirtschaftswachstum (in %) 1991–1999	2000–2009	2010–2019	Anteil LW/I/DL (in %)	Export (in Mrd. US-$)	Import (in Mrd. US-$)	Anteile an Exporten (in %) Erze Metalle	Erdöl/-gas
Russland	1 483,5	10127	-4,4	5,5	2,2	4,7/33,0/62,3	331,7	239,7	2,1	63,0
Armenien	12,6	4268	-3,4	8,7	5,4	16,7/28,5/54,8	2,5	4,6	2,2	2,8
Aserbaidschan	42,6	4214	-5,8	15,9	1,7	6,1/53,5/40,4	13,7	10,7	1,3	91,7
Georgien	15,9	4278	-6,7	5,9	6,1	8,2/23,9/77,9	3,3	8,0	7,4	0,9
Kasachstan	169,8	9056	-3,6	8,6	5,5	4,7/34,1/61,2	46,4	37,2	2,7	67,1
Kirgisistan	7,7	1174	-3,9	4,8	5,0	14,6/31,2/54,2	2,0	3,7	0,9	6,0
Tadschikistan	8,1	859	-7,8	8,4	9,8	28,6/25,5/45,4	1,8	3,1	74,8	k.A.
Turkmenistan	45,2	7612	-2,7	7,4	13,0	7,5/44,3/47,7	7,1	3,2	k.A.	87,9
Usbekistan	57,7	1686	-0,6	6,5	9,1	17,9/33,7/48,4	13,3	20,0	3,2	16,6

LW = Landwirtschaft; I = Industrie; DL = Dienstleistungen Quelle: World Bank

M1 Wirtschaftsdaten von Russland und den asiatischen Nachfolgestaaten der Sowjetunion (2020)

	Exportgüter
Armenien	Kupfer, Gold, Ferrolegierungen, Tabak, Spirituosen, Textilien, andere Halbedelmetalle, Diamanten, Nahrungsmittel
Aserbaidschan	Rohöl, Erdölprodukte, Erdgas
Georgien	Pkw, Kupfer, Ferrolegierungen, Wein, chemische Erzeugnisse (Dünger), Gold, Nüsse, Textilien
Kasachstan	Rohöl, Erdgas, Kupfer, andere Metalle, Uran, chemische Erzeugnisse
Kirgisistan	Gold, Metallerze, Erdölprodukte, Rohöl, Textilien, Fahrzeuge, Nahrungsmittel
Tadschikistan	Zinkerz, Bleierz, andere Erze, Aluminium, Gold, Baumwolle, Nahrungsmittel
Turkmenistan	Erdgas, Rohöl, Erdölprodukte, Baumwolle
Usbekistan	Gold, Erdgas, Baumwolle, Kupfer, Nahrungsmittel

M2 Wichtigste Exportprodukte der asiatischen Nachfolgestaaten der Sowjetunion

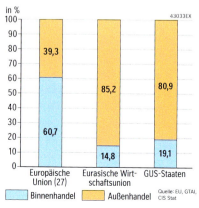

M4 Anteil des Binnenhandels (2020)

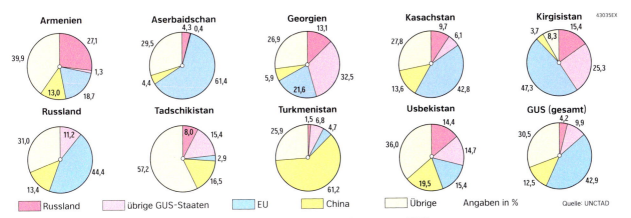

M 5 Handelspartner (Exporte) der asiatischen Nachfolgestaaten (in Prozent der Exporte, 2019)

Der Zusammenbruch der Sowjetunion ließ die ehemals befreundeten Sowjetrepubliken zu Rivalen werden. Wer hat die meisten Ressourcen, welcher Staatschef hat die größte Macht? Mit der neu gewonnenen Unabhängigkeit startete jedes Land in Zentralasien eine eigene Entwicklung. [...] Keiner der Staaten war so ausgestattet, dass er unabhängig von seinen Nachbarn eine solide Wirtschaft aufbauen konnte. Hinzu kam der Mangel an Know-how, wie ein unabhängiger Staat zu errichten sei. Turkmenistan hat gewaltige Ressourcen an Gas, Kasachstan hat gewaltige Landmengen sowie Öl und Gas, Usbekistan hat Gas und Öl-Ressourcen, und es beheimatet die Hälfte der Bevölkerung Zentralasiens. Schwieriger war es für Kirgistan und Tadschikistan, die von alledem wenig hatten, dafür aber das Wasser, das den drei anderen fehlt.

Jedes der fünf Länder musste sehen, wie es die plötzlich auftretenden Mängel in der Versorgung und in der inneren Struktur beseitigte, um einen unabhängigen Staatsaufbau zu ermöglichen. Ressourcen fehlten in jedem Land – menschliche, materielle und technische. Pläne für die Zukunft der Region setzen auf neue Handelsrouten und Energieleitungen, welche Zentralasien durchqueren und die Staaten untereinander verbinden. China unterstützt die Vorhaben mit großen Krediten und treibt damit sein Projekt der neuen Seidenstraße* voran. Die neuen Straßen und Eisenbahnen schaffen neue Verkehrswege, auf denen sich der Handel entwickeln kann, sowohl in der Region als auch über die Region hinaus. Die neuen Routen sind nicht immer überall willkommen, weil sie den Interessen Chinas und nicht denen der Region insgesamt folgen. [...]

Die ungleichen Partner in Zentralasien werden einander umso effektiver stärken, je besser sie den passenden Rahmen für ihre Zusammenarbeit finden. [...] Durch die Zusammenarbeit gibt es bereits einige Erfolge – auch wenn sich nicht alle Staaten mit gleicher Intensität daran beteiligen: Regelmäßige Treffen der Akteure auf mehreren Ebenen, einen vertraglich gesicherten Status des Kaspischen Meeres, die erfolgreiche Bilanz im Wassermanagement, eine sich stetig entwickelnde Kooperation im Ausbau der Energieerzeugung und Energieleitung – und deutlich steigende Besucherzahlen und Handelsgeschäfte – über die nationalen Grenzen hinweg.

Quelle: Birgit Wetzel: Zusammenarbeit in Zentralasien – Neue Tendenzen und Perspektiven. Zentralasien-Analysen 148 1.8.2021, S. 4–5

M 6 Quellentext zu Wirtschaftsbeziehungen zwischen den zentralasiatischen Staaten

Die Idee zur Schaffung einer Eurasischen Union wird dem kasachischen Präsidenten Nursultan Nasarbajew zugeschrieben: Er sprach sich bei seinem ersten Staatsbesuch in Russland im März 1994 für eine wirtschaftliche Integration der ehemaligen Sowjetrepubliken aus. Der unterschiedliche Entwicklungsstand auf dem Weg zu Marktwirtschaft und Demokratie war für Nasarbajew ein starker Grund, Wirtschaftspolitik und Reformen abzustimmen. „Die Kombination verschiedener Kulturen und Traditionen ermöglicht es uns, die besten Errungenschaften der europäischen und asiatischen Kulturen zu absorbieren", sagte Nasarbajew. „Angesichts des schnellen wissenschaftlich-technischen Fortschritts und des harten Kampfes um Absatzmärkte kann man nur vereint überleben. [...]"

Es vergingen allerdings zwei weitere Jahre, bis Russland, Belarus, Kasachstan und Kirgisistan im März 1996 die Gemeinschaft Integrierter Staaten gründeten. Tadschikistan trat 1999 bei. Dieser Integrationsversuch innerhalb der Gemeinschaft Unabhängiger Staaten (GUS) hatte allerdings wenig Erfolg, weil die supranationalen Institutionen kaum funktionierten. Erst im Oktober 2000 nahmen die Integrationsbemühungen wieder Fahrt auf, als die fünf Staaten die Bildung der Eurasischen Wirtschaftsgemeinschaft (EAWG) beschlossen. Ihre Mitglieder verpflichteten sich zum Abbau von Handelshemmnissen und Zöllen sowie zur wirtschaftlichen Zusammenarbeit. Es dauerte jedoch ein Jahrzehnt, bis Belarus, Kasachstan und Russland im Jahr 2010 tatsächlich eine Zollunion ins Leben riefen.

[...] Am 1. Januar 2012 entstand der Gemeinsame Wirtschaftsraum (EEP) zwischen Belarus, Kasachstan und Russland. Er sollte den freien Verkehr von Waren, Dienstleistungen, Kapital und Arbeitskräften ermöglichen. [...] Russlands Versuche, neben der wirtschaftlichen Integration auch eine politische Union anzustreben, wurden in der Folgezeit von Kasachstan und Belarus abgelehnt. [...]

Am 29. Mai 2014 wurde in Astana der Gründungsvertrag der Eurasischen Wirtschaftsunion unterzeichnet. [...] Schon am 2. Januar 2015 trat Armenien der EAWU bei, im Mai 2015 folgte Kirgisistan. Die Republik Moldau hat seit 2018 einen Beobachterstatus. Außerdem versucht die Wirtschaftsunion, Freihandelsabkommen mit anderen Ländern oder Bündnissen abzuschließen. [...] Vom Integrationsgrad der Europäischen Union ist die Eurasische Wirtschaftsunion weit entfernt. Noch liegen zu viele Kompetenzen bei den Nationalstaaten. Die Eurasische Wirtschaftsunion arbeitet allerdings daran, neben dem freien Warenaustausch auch den freien Verkehr von Kapital, Arbeitskräften und einigen Dienstleistungen zu regeln. Außerdem werden die Transport-, Agrar- und Industriepolitik, die Regulierung des Energie- und des Finanzmarktes sowie die makroökonomische Planung harmonisiert. Die EAWU-Gremien erarbeiten Regeln für gemeinsame Märkte für Arzneimittel und Medizinprodukte sowie für Elektroenergie, Erdgas und Erdöl.

Quelle: Gerit Schulze: Die Geschichte der Eurasischen Wirtschaftsunion. GTAI 14.3.2019

M 7 Quellentext zur Eurasischen Wirtschaftsunion (EAWU)

4.9 Wirtschaftsräumliche Verflechtungen mit China

Die Beziehungen zwischen Russland und China waren von Phasen der Zusammenarbeit, aber auch von Spannungen und offener Konfrontation geprägt. Nach dem wechselvollen Kampf der beiden sozialistischen „Bruderstaaten" um die Deutungshoheit über den Marxismus und die Ausweitung ihrer Machtsphären begann nach dem Ende der Sowjetunion eine neue Phase. Diese fiel in die Zeit des rapiden wirtschaftlichen Wachstums der weiter sozialistischen Volksrepublik China. Verschiedene Faktoren führten dazu, dass sich Russland seinem asiatischen Nachbarn vermehrt zugewendet hat und große Hoffnung etwa in die chinesische Seidenstraßeninitiative* steckt. Es stellt sich für Russland allerdings die schmerzliche Frage, ob es in dieser Beziehung nur noch die Rolle eines Juniorpartners einnimmt.

1. Fassen Sie die Phasen der russisch-chinesischen Beziehungen zusammen (M1, M6).
2. Analysieren Sie die Entwicklung und die Struktur der Handelsbeziehungen zwischen Russland und China (M2–M4).
3. Erläutern Sie die Interessen Russlands und Chinas an dem Ausbau ihrer wirtschaftlichen Beziehungen (M6, M9).
4. Beurteilen Sie Chancen und Risiken der Seidenstraßeninitiative Chinas für Russland (M6–M9).
5. China erscheint für Russland im Kampf gegen die Dominanz des Westens als natürlicher Verbündeter. Erörtern Sie diese Aussage.

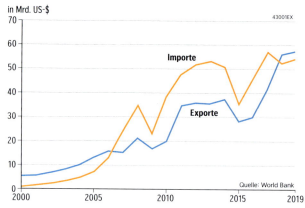

M2 Handelsbilanz Russlands mit China (2000–2019)

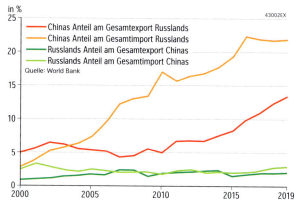

M3 Handelsbeziehungen Russlands und Chinas (2000–2019)

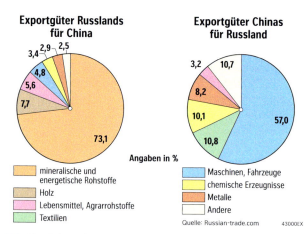

M4 Handelsstruktur Russlands und Chinas (2019)

Die ersten bilateralen Beziehungen zwischen dem russischen Zarenreich und China wurden wohl im 17. Jahrhundert angebahnt. 1689 unterzeichneten beide den Vertrag von Nertschinsk, der zum ersten (aber bei weitem nicht zum letzten) Mal die Grenze zwischen beiden Reichen definierte. Während Russland sich nach den Reformen von Alexander II. sehr dynamisch entwickelte, war das chinesische Imperium am Schwächeln [...]. Diese Schwäche ermöglichte Russland damals, große Stücke Land von China zu pachten – die das russische Imperium im Zuge des Russisch-Japanischen Kriegs 1904-1905 allerdings wieder verlor. Nach Gründung der Volksrepublik 1949 entwickelten die zwei sozialistischen Länder eine enge Beziehung. Die Sowjetunion half der Volksrepublik China beim Wiederaufbau des Landes nach dem Bürgerkrieg und der japanischen Besatzung: Es gab eine enge militärische Kooperation, sowjetische Ingenieure halfen beim Bau von Kernkraftwerken und Atomwaffen. Doch nach dem Tod Stalins 1953 war es vorbei mit der sowjetisch-chinesischen Freundschaft: Mao verstand sich als Nachfolger Stalins, während sich Chruschtschow ab dem XX. Parteitag der KPdSU gegen den Personenkult um den Diktator wandte. In den 1960er-Jahren kam es sogar zu militärischen Zusammenstößen an der sowjetisch-chinesischen Grenze. Ende der 1970er-Jahre sanken die Beziehungen auf einen neuerlichen Tiefpunkt: Nachdem der sowjetische Verbündete Vietnam zur Beendigung des Terrorregimes der Roten Khmer 1978 in Kambodscha einfiel, wandte sich China gegen Vietnam und erklärte dessen Verbündeten, die Sowjetunion, zum „Feind Nummer 1".

Diese Feindschaft währte jedoch nicht lange: Seit der Mitte der 1980er-Jahre verbesserten sich die Beziehungen wieder allmählich. 1991 besuchte Generalsekretär und Präsident Jiang Zemin die UdSSR und unterzeichnete mit Michail Gorbatschow einen Vertrag, der die Grenze zwar weitgehend festlegte, einige Stücke jedoch weiterhin als strittig festhielt. Endgültig wurde die Grenzfrage von Wladimir Putin und Hu Jintao in einem Vertrag von 2005 geklärt. Dabei übergab Russland an China einige Inseln im Grenzfluss Amur, insgesamt rund 337 Quadratkilometer Land. Der Zerfall der Sowjetunion war für die chinesischen Eliten ein Schock. Russland wandte sich ab vom Sozialismus und hin zum Westen, dabei vernachlässigte es den östlichen Nachbarn. Erst als Jewgeni Primakow 1996 Außenminister wurde, brachte er die östliche Dimension der russischen Außenpolitik zurück auf die Agenda.

2001 gründeten China, Russland, Kasachstan, Kirgisistan und Tadschikistan die Shanghaier Organisation für Zusammenarbeit* (SCO). Gleichzeitig wurde die Annäherung zwischen China und Russland 2001 in dem Vertrag über Freundschaft und Zusammenarbeit festgehalten.

Quelle: Anastasia Vishnevskaya-Mann: Russland und China. Dekoder 25.4.2019

M1 Quellentext zur Geschichte der russisch-chinesischen Beziehungen

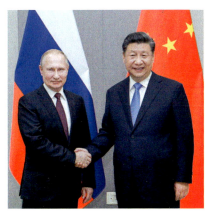

M 5   Wladimir Putin und Xi Jinping

M 8   Eisenbahnverbindungen zwischen China, Russland und Europa

Die vergangenen zwei Jahrzehnte waren eine Periode einer stetigen Annäherung zwischen Russland und China. Dieser Prozess ist Mitte der 2010er-Jahre – angesichts der „Krimkrise", der Verschlechterung der Beziehungen Russlands zum Westen und des Beginns des chinesischen Integrationsprojektes „Belt and Road Initiative" (BRI), in dem Russland eine gute Möglichkeit zur Bewältigung seiner geopolitischen und wirtschaftlichen Aufgaben erblickte, – intensiver geworden. [...] Nachdem Russland vor finanziellen Problemen stand und den Zugang zu westlichen Finanzierungsinstrumenten verloren hatte, musste es den Blick unweigerlich nach China richten, von dem sich im Laufe der Jahrzehnte stürmischen Wirtschaftswachstums das Bild eines reichen und großzügigen Nachbarn herausgebildet hatte. Das Vorgehen der chinesischen Seite (Einrichtung des Seidenstraßen-Fonds, die Entwicklung der „Asiatischen Infrastruktur-Investitionsbank" (AIIB), die Vielzahl von Erklärungen von Offiziellen unterschiedlichen Ranges) schien dies zu bestätigen. Daraus ergaben sich Hoffnungen auf chinesische Investitionen, die den fehlenden Kapitalfluss aus Europa würden ausgleichen oder vollständig ersetzen können. Russland erwartete Investitionen auf drei Ebenen: 1) bei der Schaffung einer neuen Transport- und Logistikinfrastruktur für eine Verbindung zwischen Europa und Asien, die über Russland führt; 2) chinesische Direktinvestitionen bei der Schaffung von Hightech-Unternehmen; 3) Beteiligung der chinesischen Seite (durch Investitionen, Kredite und Technologien) an der Umsetzung von Projekten im Zusammenhang mit neuen Entwicklungsinstrumenten für den Fernen Osten Russlands [...]. Russland ist allerdings – anders als andere postsowjetische Staaten – nicht bereit, die Investitionen zu beliebigen Bedingungen zu empfangen. [...] [Zudem] würde man in Russland gern großzügige Investitionen Chinas in den Hightech-Bereich bei maximaler Schaffung von Standorten und maximalem Einsatz lokaler Ressourcen sehen. China, dessen Interesse an der Verwirklichung der BRI darin begründet liegt, seine überschüssigen Produktionskapazitäten und Arbeitskräfte zum Einsatz zu bringen, möchte verständlicherweise das Gegenteil.

Quelle: Ivan Zuenko: Die »Neue Seidenstraße« und Russland: zwischen Geopolitik und Wirtschaft. Russland-Analysen 374, 1.10.2019, S. 2 – 4

M 6   Quellentext zu Chinas Seidenstraßeninitiative

Viele Verträge in Milliardenhöhe, große Worte über die neue russisch-chinesische Freundschaft, neue Männerfreundschaft zwischen Xi und Putin, [...] 2015 sah es aus, als ob ein neues Tandem der Weltpolitik geboren wäre. Doch ist in der Sache seitdem nicht viel passiert. [Das Pipeline-Projekt] Sila Sibiri wurde zwar tatsächlich umgesetzt [...]. Auch bei Jamal kam chinesisches Geld an, auch wenn erst 2016. Jedoch ist die russisch-chinesische Partnerschaft weder allumfassend, noch nachhaltig. So machen zwar die chinesischen Staatsbanken gelegentlich Geld für Großprojekte locker, doch private chinesische Firmen vermeiden es angesichts der US-Sanktionen, mit den russischen Staatskonzernen zusammenzuarbeiten [...] Auch auf symbolischer Ebene tun sich Asymmetrien auf: So hat der Bau einer Brücke über den Grenzfluss Amur wegen Problemen auf russischer Seite viel länger gebraucht, als ursprünglich geplant. Monatelang endete die chinesische Seite der Brücke mitten über dem Fluss, das Bild dieser abrupt endenden Brücke [...] schien Sinnbild für die Unfähigkeit Russlands, das chinesische Wachstum anzuzapfen. Auch bei dem wichtigsten Element der Seidenstraße – dem Ausbau der Eisenbahnschiene – war Russland außen vor. Seine ursprüngliche Erwartung, dass der Ausbau der Belt and Road Initiative (BRI) die russische Transsib zur Grundlage nehmen würde, wurde von China enttäuscht: Die meisten chinesischen Züge fahren nun durch Westchina und Kasachstan, auf die russische Schiene kommen sie erst relativ weit im Westen, in der Oblast Kurgan. Der östliche Teil der Transsib, der ohnehin am wenigsten ausgelastet ist, geht leer aus. [...]

Seit den 1990er-Jahren ist China zwar einer der wichtigsten Absatzmärkte russischer Waffen. Doch durch den (nicht immer legalen) Technologietransfer stellt es immer mehr Waffen selber her, sodass es unklar ist, wie lange China noch auf russische Waffensysteme angewiesen sein wird. [...] Neben wirtschaftlichen, militärischen und symbolischen Asymmetrien erschwert auch der innerrussische Diskurs die Zusammenarbeit. Spätestens seit 2005 ist er vermehrt durch Begriffe wie „gelbe Gefahr" oder „chinesische Bedrohung" geprägt. In Medien sowie sozialen Netzwerken gibt es regelmäßig Berichte von zehntausenden illegalen chinesischen Einwanderern im fernen Osten Russlands, die den Russen ihre Jobs wegnehmen würden.

Quelle: Anastasia Vishnevskaya-Mann: Russland und China. Dekoder 25.4.2019

M 9   Quellentext zu den chinesisch-russischen Beziehungen

	Investitionsvolumen	Projekte in Russland (Beispiele)	Volumen
Pakistan	18,56 Mrd. US-$	Flüssiggasanlage in Sabetta auf Jamal (inkl. Verkehrsinfrastruktur)	14,3 Mrd. US-$
Russland	17,99 Mrd. US-$	Great Wall Motors-Autofabrik in Tula	0,5 Mrd. US-$
Kasachstan	11,85 Mrd. US-$	450MW-Kraft-Wärme-Kopplungs-Anlage in der Yaroslavl Oblast	0,15 Mrd. US-$
Vietnam	9,92 Mrd. US-$	Brücke über den Amur bei Chabarowsk	0,1 Mrd. US-$
Indonesien	7,86 Mrd. US-$	Kohleexplorationsunternehmen	0,45 Mrd. US-$

Quelle: Merics

M 7   Chinesische Investitionen im Rahmen der Seidenstraßeninitiative (2013 – 2021)

4.10 Klausurtraining

Nomadische Weidewirtschaft in Kirgisistan – ein zukunftsfähiger Wirtschaftszweig?

1. Beschreiben Sie die Lage von Kirgisistan und kennzeichnen Sie die naturräumlichen Voraussetzungen für eine agrarische Nutzung.
2. Erläutern Sie die Entwicklung und heutige Bedeutung der Weidewirtschaft in Kirgisistan.
3. Erörtern Sie die Zukunftsfähigkeit der nomadischen Weidewirtschaft in Kirgisistan.

Weitere Materialien
- Diercke Weltatlas S. 168, 170, 173.4, 174
- S. 82 – 83: M 1, M 6, M 9

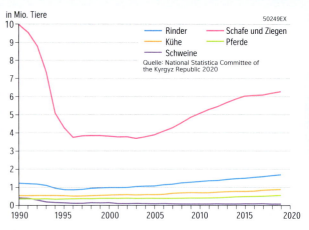

M5 Tierbestände in Kirgisistan (1990 – 2019)

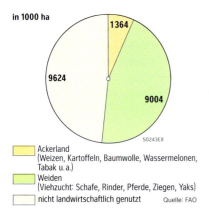

M1 Landnutzung (2019)

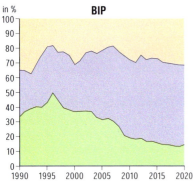

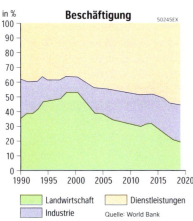

M2 Anteil der Sektoren am BIP und an der Beschäftigung (1990 – 2019)

Prä- und frühsowjetische Phase (bis 1930)
- Nomadische Weidewirtschaft
- horizontale und vertikale Wanderungen
- Rotationssystem: Wechsel der Weideflächen in unterschiedlichen Höhenlagen, jahreszeitlich bedingt; alpine Hochweiden als Sommerweiden, intermontane Täler als Winterweiden, Weidegebiete der mittleren Höhenstufen als Frühjahrs- und Herbstweiden
- Subsistenzwirtschaft*
- Anpassung der Viehbestände an die natürlichen Gegebenheiten
- Regeneration der Weidegründe

Sowjetische Phase (1930 – 1991)
- ab 1936 Sowjetrepublik der Sowjetunion (Kirgisische Sozialistische Sowjetrepublik, KSSR)
- Sesshaftmachung der Bevölkerung
- Umverteilung der Herden auf die neu gegründeten Kollektivbetriebe
- Spezialisierung der einzelnen Sowjetrepubliken auf bestimmte Aufgaben: Kirgisistan: Produzent für Fleisch, Milch, Wolle und Leder (KSSR: „Wollproduktionsstätte")
- zentral organisierte Vermarktung der Produkte
- Preise, Ablieferquoten, Produktionsumfang und Tierzahl staatlich festgelegt
- starker Anstieg der Viehzahlen, Anstieg des Bedarfs an Futtermitteln
- mobile Tierhaltung: Kolchoshirten betreuen die Viehbestände
- Einstallung des Viehs im Winter, teilweise Import von Winterfutter aus anderen SSR
- Frühjahrs- und Herbstweiden in der Nähe des Kollektivbetriebs
- Transport der Tiere per LKW zu entfernt gelegenen Sommerweiden

Postsowjetische Phase (ab 1991, Unabhängigkeit Kirgisistans)
- selbstständige Privatbesitzer
- in der Regel bezahlte Hirten, die mit eigenem und fremdem Vieh auf die Weiden ziehen
- früher Auftrieb des Viehs auf die Frühjahrs- und Herbstweiden, Produktion von Winterfutter auf den Ackerflächen um das Dorf
- in der Regel keine finanziellen Möglichkeiten zum Zukauf von Winterfutter
- in der Regel keine finanziellen Möglichkeiten zur Reparatur der Ställe, keine Einstellung der Tiere in den Wintermonaten, erhöhter Weidedruck auf die Winter- und Übergangsweiden
- nur noch ein kleiner Teil des Viehs auf weiter entfernten Sommerweiden
- Aufgabe des Rotationssystems: ganzjährige Nutzung der Weiden
- Überweidung, zunehmende Degradation der Weideflächen auf den Sommerweiden insbesondere an gewässer- und jurtennahen Standorten

M3 Entwicklung der Viehweidewirtschaft in Kirgisistan (nach Böckel, Becker 2014)

M4 Jurten – temporäre Unterkünfte der Familien im Sommer auf den Hochweiden

M 6 Im Sommer befindet sich das Vieh – hier Ziegen und Schafe – auf den Hochweiden (2000 m – 3500 m) in den Bergen.

Sie arbeiten bereits seit vielen Jahren mit Bauern, die Kaschmirziegen züchten. Weshalb entscheiden diese sich für Ziegenhaltung?
Wir haben in unseren Forschungen herausgefunden, dass die Bauern sich Ziegen vor allem deshalb halten, weil sie billig sind, sich schnell vermehren und weder viel noch besonderes Futter brauchen. Sie bieten zudem eine gute Einnahmequelle: Man kann sie jederzeit leicht verkaufen oder tauschen, und auch der Verkauf von Kaschmirwolle bringt zusätzliches Einkommen. Mit fünf Ziegen kann ein Bauer ein Kilogramm Kaschmir im Jahr produzieren. Das bringt ihm rund 40 Dollar, was für einen armen Bauern hier sehr viel Geld ist. Deshalb raten wir ihnen seit Jahren, ihre Ziegen auszukämmen und die Wolle zu verkaufen. Wir erklären ihnen, wie sie es richtig machen und wie sie die Wolle aufbewahren müssen.

Welche Rolle spielt Kirgistan als Kaschmirproduzent auf dem Weltmarkt?
Mit 200 bis 250 Tonnen Kaschmir im Jahr ist Kirgistan ein verhältnismäßig kleiner Anbieter. Die Qualität der Wolle ist sehr unterschiedlich, was natürlich auch die Preise beeinflusst. Eine Nachfrage ist aber für alle Qualitätsstufen vorhanden, meist aus China, der EU oder den USA. Andere Länder produzieren vielleicht mehr, aber immerhin können wir alles, was wir produzieren, auch verkaufen. Allein aus Umweltschutzgründen wäre es nicht gut, die Kaschmir-Produktion hier stark auszuweiten. Wir sollten eher darauf setzen, die Qualität zu verbessern und höhere Preise zu erzielen.

Experten meinen, dass die Kaschmirwolle aus Kirgistan zwar gut ist, aber besser sein könnte. Wieso?
Internationale Labore haben bestätigt, dass unsere Kaschmirwolle genauso gut ist wie die aus China oder der Mongolei. Die Ziegen haben sich an unser kaltes Klima angepasst. Um die Tiere vor der Winterkälte schützen zu können, muss das Fell sehr feine Haare haben – das ist bei uns genauso wie anderswo. China und die Mongolei sind uns aber in der Zuchtauswahl weit voraus. Doch wir holen auf. Wir wissen nun, welche Ziegenart am vielversprechendsten ist. Schon aus geschichtlichen Gründen liegen wir aber noch hinter unseren Konkurrenten zurück. Als Kirgistan noch zur Sowjetunion gehörte, galten unsere Ziegen als weniger produktiv als diejenigen aus der Don-Region, da diese mehr Haare haben. Zwar ist deren Wolle von viel schlechterer Qualität, aber damals wurde darauf kaum geachtet. Daher wurde die Kaschmirproduktion bei uns in dieser Zeit vernachlässigt.
Quelle: Sabyr Toigonbaev: „Je feiner, desto besser". www.dandc.eu, 18.03.2015

M 7 Kaschmirwolle aus Kirgisistan: Interview mit Sabyr Toigonbaev, der Tierhalter in Kirgisistan berät

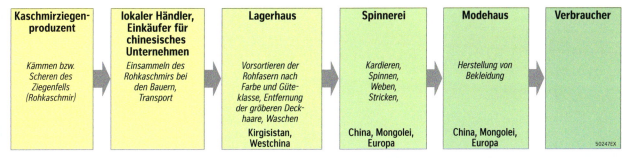

M 8 Kaschmirwolle aus Kirgisistan: Warenkette

Die Nachhaltigkeit der Weidepraxis spielt für die Haushalte eine untergeordnete Rolle. Die Existenzsicherung des Haushaltes steht im Vordergrund und somit wird die Weidepraxis den menschlichen Bedürfnissen und nicht unbedingt den naturräumlichen Gegebenheiten angepasst. Es ist zu vermuten, dass die Viehwirtschaft aufgrund mangelnder Alternativen an Bedeutung gewinnen wird und somit auch die Viehzahlen in den nächsten Jahren weiter ansteigen werden. Investitionen werden gerne in Vieh getätigt, da es als sichere Kapitalanlage gilt. Zudem ist aufgrund steigender Nachfrage nach Fleisch- und Milchprodukten ein guter Absatzmarkt vorhanden.
Quelle: Berit Böckel, Fabian Becker: Viehwirtschaft als Lebensunterhaltsstrategie im ländlichen Kirgistan und ihre Folgen für die Weidegebiete. Hannover 2014

M 9 Weidewirtschaft und Nachhaltigkeit

Das Gebirgsland Kirgisistan ist von den Auswirkungen des Klimawandels stark betroffen. Der Rückgang der Gletscher und der Schneebedeckung, die verstärkte und jahreszeitlich früher einsetzende Schneeschmelze und die Wasserverluste durch erhöhte Verdunstung werden dazu führen, dass immer weniger Wasser für die Bewässerung zur Verfügung steht und dass sich der Hauptwasserabfluss immer stärker von der Vegetationsperiode entfernen wird.
Das bestehende System zur Bewirtschaftung von Wald- und Weideflächen ist nicht an die Veränderungen angepasst, wodurch die Bodenerosion verstärkt werden dürfte. Dies wiederum wird voraussichtlich eine weitere Degradataion von Wald- und Weideflächen zur Folge haben.

M10 Weidewirtschaft und Klimawandel

Zusammenfassung

Transformation nach Zusammenbruch der Sowjetunion

In den 1980er-Jahren strebten die Ostblockstaaten zunehmend nach Unabhängigkeit. Unübersehbar war im wirtschaftlichen Bereich der technologische Rückstand gegenüber dem Westen. Staatspräsident Michail Gorbatschow konnte mit seinem Reformprozess die Auflösung der Union der Sozialistischen Sowjetrepubliken (UdSSR) nicht mehr verhindern. Wegen der wirtschaftlichen Abhängigkeit von Russland traten bis auf die baltischen Staaten die europäischen und asiatischen Nachfolgestaaten zunächst der Gemeinschaft Unabhängiger Staaten (GUS) bei. Später entstanden unter einigen Nachfolgestaaten weitere multilaterale Organisationen.

Während der ersten Transformationsphase wurde die russische Wirtschaft privatisiert und liberalisiert und von der Zentralverwaltungswirtschaft zur Marktwirtschaft umgebaut. Dies betraf alle drei Wirtschaftssektoren, wobei der Transformationsprozess noch immer nicht abgeschlossen ist. Insbesondere ist die russische Wirtschaft kaum diversifiziert, und es besteht seit den 2000er-Jahren eine große Abhängigkeit vom Rohstoffsektor.

Die Landwirtschaft

Vor 1991 war die sowjetische Landwirtschaft verstaatlicht bzw. kollektiviert (Sowchosen und Kolchosen). Es herrschten Großbetriebe mit weit mehr als 6000 ha Fläche vor. Dies hat sich durch den marktwirtschaftlichen Umbau nicht geändert, obwohl die Großbetriebe Land zur Betriebsgründung an „Neueinrichter" abgeben mussten. Die privaten Betriebe sind meist zu klein (unter 100 ha) und leiden unter Kapitalknappheit. Betriebe wurden wieder aufgegeben; große Flächen fielen brach. Der Staat stützt die Landwirtschaft, die seit 2013 zu den vier nationalen Förderprojekten gehört. Immerhin konnte – auch infolge des Importstopps für landwirtschaftliche Waren aus der EU und den USA als Reaktion auf deren Sanktionen – die Importabhängigkeit verringert werden. Russland hat sich vom größten Weizenimporteur der 1980er-Jahre zum weltgrößten Weizenexporteur entwickelt. Trotz Verbesserungen ist die landwirtschaftliche Produktivität noch nicht mit der von Ländern wie Deutschland zu vergleichen. Die Eigenversorgung (privater Nebenerwerb) spielt weiterhin eine große Rolle.

Die Industrie

1991 brach auch das Verarbeitende Gewerbe ein. Trotz Rüstungs-, Luftfahrt- und Raumfahrtindustrie und einiger Hightech-Standorte wie Nowosibirsk war das Verarbeitende Gewerbe unter marktwirtschaftlichen Bedingungen nicht konkurrenzfähig. Betriebe wurden aufgegeben (Deindustrialisierung). Eine Reindustrialisierung ist bis heute nicht abgeschlossen. Während etwa die russische Automobilindustrie immer kleiner wurde, verlegten westliche Automobilkonzerne ihre Produktion zunehmend zu ihren Kunden nach Russland. So entstand in Kaluga ein Automobil-Cluster. Auch in den ehemaligen Erfolgsbranchen wie Rüstung und Flugzeugbau konnte man nicht an die alten Erfolge anknüpfen. Die russische Raumfahrt- und Atomindustrie agiert allerdings auch international erfolgreich.

Wirtschaftliche Verflechtungen

Die wirtschaftliche Abhängigkeit der einzelnen asiatischen Nachfolgestaaten der UdSSR von Russland ist groß. Ihr Außenhandel verlief viele Jahre weitestgehend nur innerhalb der GUS. Mittlerweile hat der Handel, insbesondere der Export von Rohstoffen, mit der EU und vor allem mit China stark zugenommen. Innerhalb der zentralasiatischen Staaten und auch innerhalb der 2014 gegründeten Eurasischen Wirtschaftsunion (EAWU: Russland, Kasachstan, Belarus, Armenien, Kirgisistan) will man die wirtschaftliche Zusammenarbeit weiter forcieren. Zwischen den EAWU-Staaten besteht ein Binnenmarkt mit Zollunion.

In gewisser Konkurrenz dazu stehen die Bemühungen Chinas, im Rahmen seiner Seidenstraßeninitiative die wirtschaftliche Zusammenarbeit und den Ausbau von Infrastruktur in den zentralasiatischen Ländern voranzutreiben. Auch Russland erhofft sich von chinesischen Investitionen eine Modernisierung seiner Wirtschaft, wenn es auch zugleich besorgt ist, wirtschaftlich von dem einstigen Bruderstaat abgehängt worden zu sein. Die wirtschaftlichen Verflechtungen von Russland mit Europa sind in den letzten Jahren problematisch, wie die Kontroverse um das Nord-Stream-2-Vorhaben exemplarisch zeigt. Während die Angst vor russischen Expansionsplänen wächst, sind viele europäische Länder mehr oder weniger abhängig von russischen Erdgaslieferungen. Mittelfristig wird der Bedarf an fossilen Energieträger in Europa aber abnehmen.

Weiterführende Literatur und Internetlinks

Deutsch-Russische Auslandshandelskammer
• https://russland.ahk.de/

Wirtschaftsstatistik
Russisches Finanzministerium
• https://minfin.gov.ru/en/statistics/

Bank of Russia
• www.cbr.ru/eng/statistics/

World Bank
Statistikportal der Weltbank mit vielen Wirtschaftsdaten
• http://data.worldbank.org

Statistikportal der UN Conference on Trade and Development
• https://unctad.org/statistics

Statistikportal des Weltwährungsfonds
• www.imf.org/en/Data

Statistikportal der Welthandelsorganisation WTO
• www.wto.org/english/res_e/statis_e/statis_e.htm

Statistikportal der Ernährungs- und Landwirtschaftsorganisation der UN (FAO)
• http://faostat3.fao.org

Transformatinsindex
• https://bti-project.org/de/home.html?&cb=00000

Nordstream 1 und 2
• www.nord-stream.com/de/
• www.nord-stream2.com/de/

Wirtschaftsbeziehungen Russland – EU
• www.europarl.europa.eu/factsheets/de/sheet/177/russland

Eurasische Wirtschaftsunion
• www.eaeunion.org/?lang=en
• www.eurasiancommission.org/en
• https://docs.eaeunion.org/en-us
• http://eawu.news/

Shanghaier Organisation für Zusammenarbeit
• http://eng.sectsco.org/

Informationen zu Seidenstraßeninitiative
Mercator Institute for China Studies
• https://merics.org/de

Verbindliche Operatoren

Anforderungsbereich I	Anforderungsbereich II	Anforderungsbereich III
beschreiben strukturiert und fachsprachlich angemessen Materialien vorstellen und/oder Sachverhalte darlegen	**analysieren** Materialien, Sachverhalte oder Räume beschreiben, kriterienorientiert oder aspektgeleitet erschließen und strukturiert darstellen	**begründen** komplexe Grundgedanken durch Argumente stützen und nachvollziehbare Zusammenhänge herstellen
darstellen Sachverhalte detailliert und fachsprachlich angemessen aufzeigen	**charakterisieren** Sachverhalte in ihren Eigenarten beschreiben, typische Merkmale kennzeichnen und diese dann gegebenenfalls unter einem oder mehreren bestimmten Gesichtspunkten zusammenführen	**beurteilen** den Stellenwert von Sachverhalten oder Prozessen in einem Zusammenhang bestimmen, um kriterienorientiert zu einem begründeten Sachurteil zu gelangen
gliedern einen Raum, eine Zeit oder einen Sachverhalt nach selbst gewählten oder vorgegebenen Kriterien systematisierend ordnen	**einordnen** begründet eine Position/Material zuordnen oder einen Sachverhalt begründet in einen Zusammenhang stellen	**entwickeln** zu einem Sachverhalt oder zu einer Problemstellung eine Einschätzung, ein Lösungsmodell, eine Gegenposition oder ein begründetes Lösungskonzept darlegen
wiedergeben Kenntnisse (Sachverhalte, Fachbegriffe, Daten, Fakten, Modelle) und/oder (Teil-)Aussagen mit eigenen Worten sprachlich distanziert, unkommentiert und strukturiert darstellen	**erklären** Sachverhalte so darstellen – gegebenenfalls mit Theorien und Modellen –, dass Bedingungen, Ursachen, Gesetzmäßigkeiten und/oder Funktionszusammenhänge verständlich werden	**erörtern** zu einer vorgegebenen Problemstellung eine reflektierte, abwägende Auseinandersetzung führen und zu einem begründeten Sach- und/oder Werturteil kommen
zusammenfassen Sachverhalte auf wesentliche Aspekte reduzieren und sprachlich distanziert, unkommentiert und strukturiert wiedergeben	**erläutern** Sachverhalte erklären und in ihren komplexen Beziehungen an Beispielen und/oder Theorien verdeutlichen (auf Grundlage von Kenntnissen bzw. Materialanalyse)	**Stellung nehmen** Beurteilung mit zusätzlicher Reflexion individueller, sachbezogener und/oder politischer Wertmaßstäbe, die Pluralität gewährleistet und zu einem begründeten eigenen Werturteil führt
	vergleichen Gemeinsamkeiten, Ähnlichkeiten und Unterschiede von Sachverhalten kriterienorientiert darlegen	**überprüfen** Inhalte, Sachverhalte, Vermutungen oder Hypothesen auf der Grundlage eigener Kenntnisse oder mithilfe zusätzlicher Materialien auf ihre sachliche Richtigkeit bzw. auf ihre innere Logik hin untersuchen

Glossar

Agglomeration
Ballungsraum, städtischer Verdichtungsraum.

Arbeitsmigration
Wanderung von Menschen zum Zweck der Arbeitsaufnahme. Dabei geht es vorwiegend um Arbeitskräfte, die aus ökonomisch weniger entwickelten Regionen den Zugang zur Arbeit in Gegenden mit besseren Lebens- und Arbeitsverhältnissen suchen.

Ausschließliche Wirtschaftszone
Meeresgebiet seewärts des Küstenmeeres bis maximal zur 200-Seemeilen-Grenze. In der Ausschließlichen Wirtschaftszone hat der Küstenstaat souveräne Rechte zum Zweck der Erforschung und Ausbeutung, Erhaltung und Bewirtschaftung der lebenden und nicht lebenden natürlichen Ressourcen, des Meeresbodens und des Untergrundes (siehe M1, S. 94).

Ausländische Direktinvestitionen (ADI)
Kapitalanlagen im Ausland durch Erwerb von Immobilien, Gründung von Auslandsniederlassungen und Tochterunternehmen, Übernahme von ausländischen Geschäftsanteilen (z. B. Aktien) bzw. von Unternehmen sowie gezielte Direktinvestionen in Unternehmen.

Biodiversität
Vielfalt der lebenden Organismen jeglicher Herkunft.

BIP (Bruttoinlandsprodukt)
Gesamtwert aller Güter, d. h. Waren und Dienstleistungen, die innerhalb eines Jahres innerhalb der Landesgrenzen einer Volkswirtschaft hergestellt wurden, nach Abzug aller Vorleistungen. BIP ist ein Maß für die wirtschaftliche Leistung einer Volkswirtschaft in einem bestimmten Zeitraum.

Brain Drain
Abwanderung von Wissenschaftlern und anderen hoch qualifizierten Arbeitskräften ins Ausland.

BRICS
Vereinigung der großen Schwellenländer Brasilien, Russland, Indien, China und Südafrika.

Cluster
Räumliche Konzentration spezialisierter wirtschaftlicher Aktivitäten mit Agglomerations- und Fühlungsvorteilen sowie mit ausgeprägten Standortgemeinschaften. Fühlungsvorteile sind Standortvorteile für Unternehmen derselben Branche, die sich am gleichen Standort ansiedeln, z. B. durch ein spezialisiertes Arbeitskräfte-Potenzial sowie durch spezialisierte Zuliefer-, Dienstleistungs- oder Transportunternehmen.

Datscha
Garten- oder Wochenendhaus.

Deflation
Auswehung von Lockermaterial durch den Wind.

demografischer Übergang
Modellhafte Beschreibung des Übergangs von hohen zu niedrigen Sterbe- und Geburtenraten mit fortschreitender Modernisierung eines Landes, aus dem ein verändertes natürliches Bevölkerungswachstum resultiert.

Devisen
Ausländische Zahlungsmittel.

Diaspora
Ethnische Gruppe, die ihre Heimat verlassen hat, über weite Teile der Welt zerstreut ist und als Minderheit in einer Mehrheitsgesellschaft lebt; aber auch das Gebiet, in dem die Minderheit lebt.

Drainage
Entwässerung, Abführen von unerwünschtem Grund- bzw. Niederschlagswasser unterhalb der Geländeoberfläche.

Diversifikation/Diversifizierung
Maßnahmen zum Abbau einseitiger Wirtschaftsstrukturen.

Eislinse
Linsenartiger Eiskern von buckel- und hügelartigen Aufwölbungen in Moorgebieten, die durch Frosthebung entstanden sind. Sie bleiben auch außerhalb von Permafrostböden erhalten.

energetische Rohstoffe
Rohstoffe zur Erzeugung von Energie. Zu ihnen gehören fossile Rohstoffe wie Kohle, Erdöl und Erdgas, Luft, Wasser und Sonne als Grundlagen erneuerbarer Energie und das Uran als Rohstoff zur Erzeugung von Kernenergie.

erneuerbare Energien
Energiequellen, die im menschlichen Zeithorizont für nachhaltige Energieversorgung praktisch unerschöpflich zur Verfügung stehen oder sich verhältnismäßig schnell erneuern (Bioenergie, Geothermie, Wasserkraft, Meeresenergie, Sonnenenergie und Windenergie).

Flüssigerdgas
(auch LNG für englisch liquefied natural gas) Durch Abkühlung auf -161 bis -164 °C verflüssigtes aufbereitetes natürliches Erdgas. Flüssigerdgas hat ein sehr viel kleineres Volumen (1/600 des gasförmigen Volumens) und lässt sich mit Tankern transportieren. Allerdings wird ein beträchtlicher Teil seines Energiegehalts für seine Kühlung benötigt.

Föderationssubjekt
Verwaltungseinheit in Russland. Es gibt 85 der mit einer gewissen administrativen Autonomie ausgestatteten Föderationssubjekte. Zu den Föderationssubjekten gehören 22 Republiken, eine autonome Oblast, vier autonome Kreise, neun Regionen (Krai), 46 Gebiete (Oblast) und drei Städte mit Subjektstatus.

FuE
Forschung und Entwicklung.

Fruchtbarkeitsrate
Die Kennzahl gibt an, wie viele Kinder eine Frau (15 bis 45 Jahre) im Laufe ihres Lebens bekommen würde, wenn die für den gegebenen Zeitpunkt maßgeblichen Fruchtbarkeitsverhältnisse der betrachteten Population als konstant angenommen werden. Das Erhaltungsniveau beträgt 2,1 Kinder je Frau.

Gated Community
Geschlossener Wohnkomplex mit verschiedenen Arten von Zugangsbeschränkungen.

Gemeinschaft Unabhängiger Staaten/ GUS S. 10

Glasnost
Schlagwort für die von Michail Gorbatschow in der Sowjetunion 1985 eingeleitete Politik einer größeren Transparenz und Offenheit der Staatsführung gegenüber der Bevölkerung.

Global Competitiveness Index
Index zum Vergleich der Wettbewerbsfähigkeit von Staaten.

Großwohnsiedlung
Großwohnsiedlungen ermöglichen eine verdichtete Wohnbebauung zumeist am Rande von Kernstädten. Sie entstanden in den 1960er- und 1970er-Jahren vor allem in den sozialistischen Staaten als integraler Bestandteil eines städtebaulichen Leitbildes, aber auch im Rahmen des sozialen Wohnungsbaus in westeuropäischen Staaten. Von Großwohnsiedlungen wird meist ab 1000 Wohnungen aufwärts gesprochen. Als sogenannte Satellitenstädte dienen Großwohnsiedlungen fast ausschließlich der Wohn- und Versorgungsfunktion, als Trabantenstädte bieten sie daneben auch zahlreiche Arbeitsplätze vor Ort.

Holländische Krankheit
Als Ende der 1960er-Jahre in der Nordsee vor den Niederlanden ein großes Erdgasfeld entdeckt wurde, wertete die Landeswährung stark auf und verteuerte so die Exporte von Industriegütern und Dienstleistungen. Der stark wachsende Rohstoffsektor zog außerdem Investitionen und Arbeitskräfte aus anderen Wirtschaftszweigen ab.

indigenes Volk
Bevölkerungsgruppe, die Nachkommen einer Bevölkerung sind, die vor der Eroberung, Kolonisierung oder der Gründung eines Staats durch andere Völker in einem räumlichen Gebiet lebten und die sich bis heute als eigenständiges „Volk" verstehen und eigene soziale, wirtschaftliche und politische Einrichtungen und kulturelle Traditionen beibehalten haben.

Kolchose S. 74

Kreml
Befestigter Stadtteil in russischen Städten (auch Verwendung als Synonym für russische Führung). Der Kreml in Moskau entstand im 12. Jahrhundert auf einer Anhöhe etwa 40 Meter über der Moskwa und ist heute Amtssitz des russischen Präsidenten. Darüber hinaus ist der Kreml ein einzigartiger Museums- und Kulturbezirk mit Palästen und Kirchen, der für die Öffentlichkeit zugänglich ist.

Liberalisierung
Beseitigung von gesetzlichen Vorschriften,

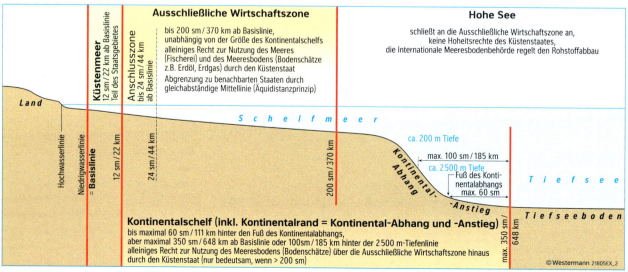

M1 Internationales Seerechtsübereinkommen

die den Wettbewerb behindern oder den freien Zutritt zu Märkten oder Kapital erschweren, Abbau staatlicher Vorschriften (Deregulierung).

Lingua franca
Verkehrssprache eines größeren mehrsprachigen Raums.

materieller Fußabdruck
Menge an Biomasse, Mineralien und fossilen Brennstoffen, die für die Herstellung der von den Haushalten konsumierten Güter entnommen werden.

Megastadt/Megacity
Städtischer Ballungsraum mit mehr als zehn Mio. Einwohnern.

Migration
Dauerhafte oder zumindest längerfristige Verlagerung des Hauptwohnsitzes innerhalb eines Landes (Binnenmigration) oder über die Landesgrenzen hinweg (Internationale Migration bzw. Ein- und Auswanderung) aus unterschiedlichen Gründen.

mineralische Rohstoffe
Metallrohstoffe aus Erzen (z. B. Eisen, Aluminium, Kupfer, Edelmetalle, Grundrohstoffe des Maschinen-, Schiff- und Automobilbaus bzw. Schmuckindustrie), chemische Rohstoffe (z. B. Kalk, Salz, zur Weiterverarbeitung in der chemischen Industrie), Bau- und Keramikrohstoffe (z. B. Sand, Kies, Grundstoffe der Bauindustrie).

Monostadt
Stadt, die hauptsächlich oder vollständig von einem einzigen Unternehmen oder Industriezweig abhängig ist.

Nachhaltigkeit
Ursprünglich aus der Forstwirtschaft stammender Begriff, der dort bedeutet, dass nicht mehr Bäume gefällt werden als nachwachsen. Heute wird darunter verstanden, dass überall so gewirtschaftet und gehandelt werden soll, dass die nachfolgenden Generationen die gleichen Möglichkeiten haben wie die heutige Generation und ein intaktes ökologisches, soziales und wirtschaftliches Gefüge bleibt.

nachwachsende Rohstoffe
Organische Rohstoffe, die aus land- und forstwirtschaftlicher Produktion stammen, die stofflich oder zur Erzeugung von Wärme, Strom oder Kraftstoffen zum Einsatz kommen.

Nettomigration
Zahl der innerhalb eines bestimmten Zeitraums zugewanderten Personen abzüglich der abgewanderten Personen.

nichterneuerbarer Rohstoffe
Rohstoffe, bei denen die Geschwindigkeit ihres Verbrauchs die Geschwindigkeit ihrer Regeneration übersteigt (z. B. fossile Rohstoffe wie Erdöl, Erdgas und Kohle, Metalle, Salze, Gesteine).

offshore
Bauwerke, die in der offenen See vor der Küste stehen.

Oligarchie/Oligarch/Oligopol
Oligarchie ist die Staatsform, in der eine kleine Gruppe die politische Herrschaft ausübt. In Russland wird der Begriff Oligarch seit den 1990er-Jahren auch verwendet, um Unternehmer zu bezeichnen, die in der Zeit nach der Auflösung der Sowjetunion auf verschiedenen Wegen zu großem Reichtum und politischem Einfluss kamen. In der Wirtschaft ist ein Oligopol eine Marktform, die durch wenige Marktteilnehmer gekennzeichnet ist.

Palsa
Niedrige Bodenerhebung in der Auftauschicht des Permafrostbodens. Entstanden durch an einer Eislinse oder einem Eisblock von oben eindringendes gefrierendes Wasser, das sich bei Volumenvergrößerung ausdehnt und den Boden anhebt.

Perestroika
Ab Anfang 1986 eingeleiteter Prozess zum Umbau und zur Modernisierung des gesellschaftlichen, politischen und wirtschaftlichen Systems der Sowjetunion durch Michail Gorbatschow.

Permafrostboden S. 20

Primacy
Vormachtstellung einer Stadt. In einer Primatstadt konzentriert sich nicht nur ein überdurchschnittlich großer Anteil der Bevölkerung eines Staates (demografische Primacy), sondern auch der Wirtschaftskraft (funktionelle Primacy).

Primacy Index
Verhältnis der größten zur zweitgrößten Stadt eines Landes. Bei einem Index von deutlich größer als 2 wird von einer Vormachtstellung gesprochen.

Primärenergie
Energieträger, die in der Natur vorkommen und noch nicht durch technische Prozesse umgewandelt oder veredelt worden sind.

Primärrohstoffe
Natürliche Ressourcen, die bis auf die Lösung aus ihrer natürlichen Quelle noch keine Bearbeitung erfahren haben.

räumliche Disparitäten
Unterschiede in der Entwicklung von Staaten bzw. Regionen, die sich entscheidend auf Lebenserwartung, Lebenschancen, Lebensstandard, Lebensqualität und Lebensstil ihrer Bewohner auswirken. Wichtige Ursachen für die Entstehung räumlicher Disparitäten sind Ungleichheiten zwischen Staaten bzw. Regionen in Bezug auf die räumliche Lage und die naturräumliche Ausstattung (Relief, Klima, Böden und Ressourcen), auf die infrastrukturelle Ausstattung (z. B. Verkehrs- und Datennetze), auf die zentralörtliche Ausstattung sowie auf die wirtschaftliche, soziale und politische Entwicklung.

Rente
Einkommen, denen im Gegensatz zu unternehmerischen Gewinnen keine Investitions- und Arbeitsleistungen gegenüberstehen.

Reserven
Nachgewiesene, zu heutigen Preisen und mit heutiger Technik wirtschaftlich gewinnbare Rohstoffe.

Ressourcen
Nachgewiesene, aber derzeit technisch-wirtschaftlich und/oder wirtschaftlich nicht gewinnbare Rohstoffe sowie nicht nachgewiesene, aber geologisch mögliche, künftig gewinnbare Rohstoffe.

Russland/Russische Föderation S. 10

Säuglingssterblichkeitsrate
Anteil der Kinder, die vor Erreichung des ersten Lebensjahres sterben.

Schelf
Randlicher Bereich eines Kontinentes, der vom Meer bedeckt ist.

Schwarzerde S. 17

Shanghaier Organisation für Zusammenarbeit
2001 gegründete Organisation zur sicherheitspolitischen und wirtschaftlichen Zusammenarbeit; heutige Mitglieder: China, Indien, Kasachstan, Kirgisistan, Pakistan, Russland, Tadschikistan und Usbekistan (Sitz Peking).

Seidenstraßeninitiative
(auch „Belt and Road Initiative", BRI) Seit 2013 Projekt Chinas zum Auf- und Ausbau interkontinentaler Handels- und Infrastruktur-Netze zwischen der Volksrepublik und über 60 weiteren Ländern Afrikas, Asiens und Europas (angelehnt an die historische Seidenstraße).

Sowchose S. 74

soziale Disparitäten

Ungleiche Lebensbedingungen innerhalb eines genau definierten Raumes in sozialer und wirtschaftlicher Hinsicht (Arbeitsplätze, Dienstleistungen, Infrastruktur).

Städtesystem

Ein Städtesystem umfasst die durch Verkehrs- und Informationsnetze unterschiedlich eng miteinander verknüpfte Gesamtheit der Städte in einem administrativ oder funktional abgegrenzten Raum. Diese Städte besitzen ein jeweils unterschiedliches demografisches, wirtschaftliches, politisches bzw. kulturelles Gewicht – und zwar auf regionaler, nationaler, kontinentaler oder globaler Maßstabsebene.

Taiga S. 15

Transformation

Wechsel der politischen und/oder wirtschaftlichen Grundordnung. Im Kontext Russlands Übergang vom sozialistischen zum demokratisch/marktwirtschaftlichen System.

Tundra S. 15

Vegetationszeit S. 16

Verarbeitendes Gewerbe

Wirtschaftszweige, deren wirtschaftliche Tätigkeit überwiegend darin besteht, Erzeugnisse zu be- oder verarbeiten, mit dem Ziel, andere Produkte herzustellen oder bestimmte Erzeugnisse zu veredeln, zu montieren oder zu reparieren.

Verstädterungsgrad

Anteil der Stadtbevölkerung an der Gesamtbevölkerung.

Warschauer Pakt

Von 1955 bis 1991 bestehender militärischer Beistandspakt des sogenannten Ostblocks unter der Führung der Sowjetunion.

Zensus

Volkszählung, gesetzlich angeordnete Erhebung statistischer Bevölkerungsdaten.

Zentralverwaltungswirtschaft

(auch Planwirtschaft) Wirtschaftsordnung, in der eine zentrale Planungsbehörde den gesamten Wirtschaftsprozess unter politischen und wirtschaftlichen Gesichtspunkten plant, lenkt und kontrolliert. Kennzeichen sind zum Beispiel Kollektiveigentum an den Produktionsmitteln, zentrale Wirtschaftsplanung, staatliche Preisfestlegung der Güter und Dienstleistungen oder staatliche Lenkung von Berufs- und Arbeitsplatzwahl.

Bildnachweis

akg-images GmbH, Berlin: Sputnik 74.1.
Alamy Stock Photo, Abingdon/Oxfordshire: Hopkins, Cindy 24.1; Lemmens, Frans 32.1; Mao, Yanan 35.3; Theodore Kaye 6.6; Vinokurov, Nikolay 38.1, 39.1.
Alamy Stock Photo (RMB), Abingdon/Oxfordshire: ALAMTX 48.1.
Arbugaeva, Evgenia, London: 59.1.
Bricks, Prof. Wolfgang, Erfurt: 17.3.
Brinkmann-Brock, Ursula, Paderborn: 82.1, 90.4, 91.1.
dreamstime.com, Brentwood: 02irina 43.3.
Ekosem-Agrar AG, Walldorf: 77.2.
Food and Agriculture Organization (FAO) of the United Nations, Rom: Food and Agriculture Organization of the United Nations. Reproduced with permission. 64.3, 64.4.
Getty Images, München: AFP/Antonov, Mladen 22.1.
Güttler, Peter - Freier Redaktions-Dienst (GEO), Berlin: 7.3.
Institut für Bodenwissenschaften, Göttingen: Ahl, Christian 17.1.
iStockphoto.com, Calgary: 14.3; Alextov 67.2; Butorin, Sergei 28.3; duncan1890 34.1; KadnikovValerii 25.1; LYagovy 19.1; Medvedkov 6.2; Mordolff Titel; natmint 46.1; Nordroden 22.2, 62.2; Pro-syanov 14.1; Vladimir_Timofeev 52.4.
Karto-Grafik Heidolph, Dachau: 15.1.
Kartographie Michael Hermes, Hardegsen Hevensen: 11.1, 11.2, 19.2, 20.2, 30.1, 31.1, 31.2, 31.3, 32.2, 33.3, 33.4, 35.1, 36.2, 36.3, 36.4, 37.1, 37.2, 37.3, 38.2, 38.3, 39.2, 41.1, 42.2, 44.1, 44.2, 44.3, 45.3, 45.4, 46.2, 46.3, 47.1, 52.1, 52.2, 52.3, 56.2, 56.3, 57.1, 57.2, 57.3, 57.4, 58.1, 58.2, 60.2, 60.3, 62.1, 64.2, 66.2, 67.1, 68.2, 72.2, 72.3, 76.1, 76.2, 76.3, 77.1, 78.1, 80.1, 82.3, 85.1, 86.1, 87.1, 88.1, 88.2, 88.3, 90.1, 90.2, 90.3, 91.2.
Mathias Ulrich, Leipzig: Copyright 07/2014
Mathias Ulrich, Universität Leipzig. – All

rights reserved. 23.2; Copyright 09/2008 Mathias Ulrich, Universität Leipzig. – All rights reserved 23.1.
NASA - Earth Observatory: data courtesy Marc Imhoff (NASA/GSFC) and Christopher Elvidge (NOAA/NGDC). Image by Craig Mayhew (NASA/GSFC) and Robert Simmon (NASA/GSFC). 28.1.
PantherMedia GmbH (panthermedia.net), München: ParStud 60.1.
Picture-Alliance GmbH, Frankfurt a.M.: AP Photo 21.2, 72.1; dpa/Alfred-Wegener-Institut/Graupner, Stefan 6.1, 7.2; dpa/Ilnitsky, Sergei 35.2; dpa/ITAR-TASS/Bobylev, Sergei 81.2; dpa/TASS/Krasilnikov, Stanislav 77.3; Evgeny Biyatov/Sputnik/dpa 3.4, 71.1; Novosti, Ria 34.2; Photoshot 89.1; REUTERS/Shemetov, Maxim 6.3; REUTERS/Stringer 68.1; robertharding/Runkel, Michael 7.4.
Rieke, Michael, Hannover: 17.2.
Shutterstock.com, New York: aapsky 28.4; Alrandir 33.2; aquatarkus 12.1; Christopher Meder 8.1; Eydlin, Valeriy 36.1; Golovin, Georgy 9.2; Leypounsky, Mikhail 43.2; Melnik, Vladimir 21.1; Melnikov, Vladimir 3.3, 51.1; Nordroden 7.1, 81.1; Olenyok 9.1; Olga_Kuzmina 42.1; Sergei Drozd 14.2; V Kuzmishchev 7.5; Viktor, Karasev 28.5; witaya ratanasirikulchai 3.2, 27.1; Yershov, Andrey 13.1; zhykova 33.1.
stock.adobe.com, Dublin: 64.1, 84.1; aapsky 43.1; Deniz 54.1; Dmitrii 16.1; DmytroKos 6.5; Ekaterina, Beliakina 7.6; Evgenii, Emelianov 79.1; fifg 45.2; fotograupner 85.2; Letopisec 56.1; Losevsky, Pavel 28.2; Lutcenko, Aleksandr 20.1; masar1920 13.2; nastyakamysheva 45.1; r_andrei 41.2; tashas 22.3; xan844 82.2; yulenochekk 6.4.
ullstein bild, Berlin: 74.2.
USGS - U.S. Geological Survey, Reston: Landsat-7 image courtesy of the U.S. Geological Survey 3.1, 5.1.
Voith GmbH & Co. KGaA, Heidenheim: 66.1.

Quellenverzeichnis

(Texte ohne Quellenangabe unter Text)

S. 24 M 1 Arild Moe: Russlands Nördlicher Seeweg. Nationale Exporttrasse statt internationaler Handelsroute. Osteuropa 5/2020, S. 64
S. 57 M 12 Ministry of Energy: The Interview with russian Energy Minister Nikolay Shulginov to Energy Police magazine https://minenergo.gov.ru/en/ Übersetzung: Thilo Girndt
S. 59 M 9 Arctic life, indigenous Rights now! Februar 2021 Bern: Gesellschaft für bedrohte Völker

S. 63 M 9 Aleksandra Jolkina, Roman Netze: Ölunfall in Norilsk: „Der Zeitfaktor ist extrem entscheidend" Deutsche Welle 10.6.2020
S. 85 M 6 Reinhard Bütikofer: Europaparlament fordert Aus für Gaspipeline Nord Stream 2
Gerhard Schröder beklagt „Russland-Bashing" Tagesspiegel 30.1.2021 https://reinhardbuetikofer.eu